张 祥 / 著

转型与崛起：
全球视野下的中国服务经济

Transformation and Take-off: China SERVICE ECONOMY in the New Era of Globalization

社会科学文献出版社
SOCIAL SCIENCES ACADEMIC PRESS (CHINA)

张祥近照

作者简介

张祥，1941年出生于上海市。1959年毕业于上海市上海中学。1959~1968年，就读于清华大学工程物理系和研究生院，先后获学士学位和硕士学位。1968~1978年，在机械部上海工业自动化和仪表研究所担任工程师。1979~1984年，就读于美国哥伦比亚大学，获硕士学位和博士学位。1984~1986年，在美国福克斯波罗公司工作。1986~1996年，担任上海市政府对外经济贸易委员会副主任。1996~1997年，在美国纽约担任上海美洲集团副董事长。1997~1998年，在中共中央财经领导小组办公室工作。1998~2002年，担任中国对外贸易经济合作部副部长。2002~2003年，担任"博鳌亚洲论坛"秘书长。第十届全国政协经济委员会委员。1993~2003年，兼任上海交通大学管理学院院长、教授、博士生导师，2004年开始继续兼任上海交通大学管理学院教授、博士生导师，同时任名誉院长。中欧国际商学院第一届董事会董事。现在是中国国际经济交流中心常务理事、中国经济50人论坛成员，中国国际经济交流中心及国家信息中心博士后工作站指导老师。中国科协科技与人文专门委员会副主任。

张祥博士长期在企业、学术研究机构和国家政府机关担任领导职务，曾出访94个国家和地区。在担任上海市政府外经贸委副主任期间，开始主持重大国际商务谈判。

在担任中国外经贸部副部长期间，主要负责中欧经贸事务、中国高新技术贸易和国际经济贸易政策研究等工作，组织制定并启动实施"科技兴贸"战略，多次参与重要的国际双边和多边经贸关系谈判。

主要著作和论文

《新经济和国际经济贸易》（2001年）

《知识经济和国际经济贸易》（1999年）

《国际商务谈判——原则、方法、艺术》（1994年），先后翻译成德文、匈牙利文、越南文

《服务经济的发展规律和特征》，2010年12月24日《人民日报》

《科技兴贸战略：外贸跨世纪发展的必然选择》，《求是》2000年第3期

努力把服务业发展成为
国民经济主导产业

（代序）

　　服务业的兴旺发达，是现代经济的重要特征，是产业结构优化升级的主要方向，也是转变经济发展方式的重要标志。改革开放特别是1992年中央提出建立社会主义市场经济体制以及作出加快发展第三产业的决定以来，我国服务业快速发展，服务业规模持续扩大，服务业就业迅速增加，服务业领域不断拓宽，服务产品不断丰富，服务质量得到改善，企业竞争力逐步增强，有力地促进了产业结构调整升级、经济发展和社会进步。但是，我国服务业发展总体落后，与经济社会全面协调可持续发展的要求还不相适应，应当从战略和全局的高度，充分认识加快发展服务业的重要意义，采取切实有效措施，推动服务业发展达到一个新水平。

　　加快发展服务业，是实现经济社会现代化的大趋势。上世纪后半叶以来，在欧美发达国家的带动下，全球经济呈现出"工业型经济"向"服务型经济"转型的大趋势。服务业的发展，促进了专业化分工，推动了社会化生产，完善了市场化体系，改善了生产效率和经济效益，极大地提高了经济社会现代化的水平。当前，全球服务业产值比重平均已超过60%，发达国家超过70%，而我国服务业产值比重低于世界平均水平甚至发展中国家平均水平。为实现全面建设小康社会和未来经济社会发展目标，必须顺应时代潮流，把握经济社会发展国际趋势和规律，提高服务业比重和水平。

加快发展服务业，是改善人民生活的必然要求。随着经济社会发展和人均收入水平提高，我国居民消费结构逐步升级。人民群众生活需要由生存型向享受型、发展型转变，由物质型向服务型、文化型转变。我们提出坚持以人为本、解决民生问题，也要求扩大公共服务范围，完善社会管理，不断满足人民群众对政治、文化、社会等方面生活改善的新期待。加快发展服务业还有利于创造更多就业岗位，增加劳动收入，更好地改善人民生活。

加快发展服务业，是保持经济平稳较快发展的战略举措。近几年来，我国经济增长主要依靠投资和出口拉动，消费对经济增长的贡献减弱。服务业具有引领消费、创造需求的特点，拉动经济增长的潜力很大，尤其是现代服务业附加价值较高，拉动能力较强，是未来新的经济增长点。而且服务业区域性特点明显，需求弹性波动也不大，是国民经济及地方经济稳定的增长点。培育壮大服务产业，有利于促进生产与消费衔接，有效扩大和开拓内需，保持经济平稳较快发展。

加快发展服务业，是构建现代产业体系的重要内容。从产业发展的沿革看，服务业的兴起和繁荣建立在工农业发展基础上，同时又支持了工农业发展。随着产业结构不断调整，现代服务业已经成为现代产业体系的前沿领域，是当代最重要最活跃的产业形态，对工农业发展的促进和保障作用越来越突出。我国主要工农业产品产量位居世界前列，已经成为一个经济大国，但还不是一个经济强国，重要原因之一在于服务业与工农业结合不够紧密，对产业的支撑能力还不够强。从这个意义上讲，发展服务业既是完善现代产业体系的主要方向，也是促进产业结构优化升级、增强国家经济竞争力的重要途径。

加快发展服务业，是推进节能减排的有效措施。服务业主要以人的智力、体力等非物质投入为主，能源、原材料等物质投入较少，与工农业相比，资源消耗较低、污染排放较少。同时，科技、环保等服务业的发展，还能够通过提供有关专业服务，促进其他产业节约资源、保护环境。近年来，我国经济快速增长，但也付出了巨大的资源和环境代价，节能减排的形势相当严峻。这种状况的产生，与产业结构总体偏重、重工业发展偏快直接相关。促进服务业加快发展，推动产业结构合理化，是有效缓解经济发展与资源环境矛盾的必然选择。

加快发展服务业，是深化改革开放的客观需要。进入新世纪，我国社会主义市场经济体制初步建立，但市场经济发展中还存在一些薄弱环节，如社会化服务不充分、要素市场功能不健全、中介服务不完善等。而这些服务既是现代市场体系的重要内容，又是市场经济正常运行的重要保障，其发展滞后以及不规范，直接影响整个市场体系的运行效率，也限制了市场配置资源基础性作用的有效发挥。完善社会主义市场经济体制，客观上要求进一步健全要素市场，大力发展金融、咨询、评估等服务业，完善社会化服务体系，为整体改革发展提供动力和支撑。在经济全球化的大背景下，无论是海外营销、贸易融资，还是国际经营、跨境并购，都需要大量的国际化服务。服务业的国际化，是发展外贸、利用外资和对外投资的重要支撑，直接反映了一个国家对外开放的水平。面对激烈的国际竞争，谁能在这些领域赢得优势，谁就占据了发展的主动权和制高点。

当前和今后一个时期，是我国全面建设小康社会的关键时期，也是服务业发展壮大的重要时期。在新的形势下，促进服务业加快发展，要坚持重点突破与全面发展相结合，坚持发展服务产业与强化公共服务相结合，坚持推进自主创新与深化改革开放相结合，坚持利用市场机制与加大政策支持相结合，不断提高服务业专业化、社会化、产业化、市场化、国际化和现代化水平。

一是加快发展现代服务业。这是带动服务业全面发展的战略举措，也是提升产业整体水平的关键所在。我们要顺应世界服务业发展的趋势，适应国内转变发展方式和提升产业结构的需要，充分利用后发优势，不失时机地培育和发展现代服务业。加快发展现代物流业，促进物流社会化和现代化。大力发展信息服务业，推进信息化与工业化融合。推动科技服务业加快发展，为经济社会发展提供科技支撑。深化金融体制改革，增强金融服务功能。优化发展商务服务业，形成专业化、高水平的服务体系。规范房地产市场秩序，促进房地产业平稳健康发展。鼓励工业企业加强产品开发、市场营销和售后服务，推进业务外包、专业化生产，形成现代产业链，增强企业核心竞争力。立足地方现有基础和比较优势，通过优化资源配置、改善发展环境，努力形成一些布局科学、功能完善、特色鲜明的现代服务业集聚区。

二是全面提升传统服务业。传统服务业门类多，量大面广，与工农业生产和人民群众生活密切相关，就业容量大，是服务业发展的重要领域，必须调整结构，提升水平，突出特色，优化发展。创新管理模式，加快应用先进适用技术改造传统服务业，促进科学管理在传统服务业广泛应用，提高经营效率和经济效益。发展专业经营、健全服务网络，积极推进批发零售、住宿餐饮、居民服务等行业连锁经营、特许经营和联盟发展，提高服务水平。大力发展贴近人民生活、满足群众需求的社区服务业，积极发展文化体育旅游业，健全居民生活服务体系。把发展劳动密集型、知识密集型服务业放在重要位置，努力吸收更多的劳动业就业。

三是大力发展农村服务业。受自然、历史、经济等因素的影响，我国农村服务业十分薄弱。这是农业生产方式落后、农民生活质量不高的重要原因之一。统筹城乡发展，建设社会主义新农村，必须大力推进各类服务业向农村延伸，加快发展农村服务业，为农业农村发展和农民生活改善提供良好条件与环境。以农业产业化和发展现代农业为中心，加快健全农业技术支持体系和社会化服务体系，发展农民专业合作社和农村服务组织，为农业生产提供专业化服务。以农产品入市和工业品下乡为重点，推进农村商品市场建设，为农副产品销售提供稳定可靠的平台，为农民生产生活提供价廉物美的商品。进一步加强农村基础设施建设，健全农村金融服务体系，发展农村信息服务，以多种方式为农民生产生活提供便利条件。

四是着力发展开放型服务业。这是提高整个对外开放水平和国家竞争力的重要条件。把商品贸易与服务贸易结合起来，大力发展服务贸易，不断提高服务贸易的规模、层次和水平，促进外贸增长方式加快转变。把服务贸易与吸引外资结合起来，进一步履行我国加入世贸组织关于服务领域对外开放的承诺，逐步扩大服务业开放范围，更多地吸引跨国公司来华设立研发中心、运营中心和地区总部。发挥我国人力资源的优势，积极承接国际服务业转移。把"引进来"与"走出去"结合起来，支持具备条件的服务企业走向国际市场，拓宽营销渠道、开展研发合作、参与工程承包、扩大劳务交流，为其他产业提供运输、融资、保险、技术、信息咨询、法律等服务，发展壮大一批具有国际竞争力的服务大企业和企业集团。支持文化产业及中医药等特色行业到海外发展，积极传播中华优秀文化，多渠道开拓国际市场。

五是切实加强公共服务事业。社会事业和公用事业是服务业的重要组成部分。必须从推进以改善民生为重点的社会建设的高度出发，把发展服务产业与发展服务事业结合起来，大力加强公共服务和社会管理。高度重视教育科学文化事业发展，重点发展义务教育、职业教育事业，搞好职工、农民工和农民培训，推进科学普及和文化扫盲，加强基层文化工作，提高城乡居民素质，促进人的全面发展。完善城市和农村最低生活保障制度，加强城乡医疗卫生服务体系建设，提高养老保险水平，发展公共卫生和计划生育事业，逐步建立覆盖城乡居民的社会保障体系。进一步加强市政公用事业建设，优先发展公共交通，不断完善城市道路、供排水、供气、供热等服务体系，努力改善人居环境质量。大力推进保障性住房建设，为低收入群众提供住房保障。

加快发展服务业是一项紧迫而重要的任务，必须进一步解放思想，转变观念，付诸行动。要把服务业发展放在重要位置，在充分发挥市场配置资源基础性作用的同时，发挥好政府的公共职能，加强综合协调，加大政策支持，深化改革开放，推进科技创新，强化人才开发，优化发展环境，增强服务业发展的内生动力和基础能力，促进服务业又好又快发展。

* *　* * *

以上内容为本人 2008 年 2 月在人民日报上发表的文章精简而成，以此作为张祥同志所著《转型与崛起：全球视野下的中国服务经济》一书的代序。该书将中国服务经济放在全球化大背景下加以考察与研究，把服务经济的发展作为促进中国经济平稳较快发展的重要动力，兼具学术性和知识性，相信能给关心这一问题的研究者和工作者带来启发和思考。

2011 年 12 月

自　　序

　　历经 20 世纪末和 21 世纪初两场国际金融危机的洗礼，世界经济结构大调整、大重组、大变革时代来临，新一轮经济全球化潮流涌动。我的学术与职业生涯嵌入这个生机勃勃的时代，既是一种幸运也是一种使命。谨以此书献给读者，愿与您分享多年的思考与积累。

　　放眼世界，在这个崭新的时代里，中国崛起于新一轮的经济全球化，需要在服务经济领域实现跨越式的深度发展。

　　服务经济深化发展，将推动中国经济突破结构性瓶颈，实现发展模式的转型。历经三十余年快速增长，中国的产业结构升级、经济结构调整和发展方式转变正面临着严重的制约。资源、能源和环境不堪重负，人口红利"天窗期"正在收窄，外部竞争压力日益加剧。我们看到，中国经济转型到了关键时刻。我想，中国经济的战略转型，服务业是主导，服务业是关键，服务业是突破口。大力发展服务经济，实现经济跨越式转型，是当前中国的战略选择。惟其如此，中国经济崛起于世界才有更大的希望！

　　服务经济深化发展，将推动中国更加深入地参与全球经济竞争与合作，实现在国际社会中的崛起。进入 21 世纪以来，全球范围内的政治动荡与经济震荡，像历史潮流激起的巨浪，一次又一次拍打着人类文明之门，警示人们——正视这新一轮的全球化，正视这多极推动、共同治理、互利共赢的全球化，你的国家，你的人民才有可能成为胜者。我们看到，服务革命和信息技术革命加快全球产业链的建构，把各国产品和服务更快更深地融入全球价值链，加速解构和重构世界经济的经纬度。我们看到，发达经济体、新兴经济体共同构成全球化的多元参与者、多极推动者，而新兴经济体更是主要的推动力量。我们看到，各国经济互利共赢基础上的全球经济良性循环和区域经济安排内的利益均衡，成为新一轮经济全球化维持长期推进态势的两块基石。更重要的是，我们还可以敏锐地捕捉到这样一个时代强音——新一轮全球化是服务业的全球化。然而，在这样一个历史时刻，随着中国经济融入国际经济的深度和广度的提升，在市场话语权、产业主导权和经济自主权上面临的考验却更加严峻。我想，只有在新一轮全球化的服务经济革命中，主导服务产业的创新，掌握服务市场的导向，引领服务经济发展的潮流，才能更好地抓住经济发展的主动权和主导权。惟其如此，中国经济崛起于世界才有更大的希望！

向服务经济转型是中国经济和社会发展面临的战略任务。中国服务经济的发展，基础薄弱，但是前景广阔。在过去一个时期，由于受发展模式的限制，中国服务业基础比较薄弱，占比、质量和效益偏低，国际竞争力不强。勿庸置疑，我这一代人，对中华民族的崛起，更加充满期盼，心中更加迫切。作为改革开放后赴美留学的第一代学子，学成回国后即投身于一个民族重新崛起于世界民族之林这个伟大梦想的实践。三十余载如白驹过隙，我所服务的外经贸领域早已发生翻天覆地的变化，中国制造业基础更加牢固，基础设施更加完备，人力资源更加丰富，新的服务业态和新兴增长点正在不断产生，服务供给潜力巨大。而且，随着中国产业升级趋势加快，城市化进程加速，产业融合趋势渐强，社会保障体系逐步完善，生活性服务、生产性服务、公共服务的需求迅速扩大。可以说，中国发展服务经济的后发优势十分明显。恰因为此，中国经济崛起于世界就有更大的希望!

  转型,崛起,服务经济将书写中国经济新的历史。能够作为这一段历史的见证者、参与者,我们应感到庆幸与荣耀,更应为之努力不懈!

  成书之际,心生感慨,是为序。

二〇一一年十二月于上海

目录
CONTENTS

上 篇
全球服务经济时代的来临

第一章　现状：服务经济时代的来临 ……………………… 003

　第一节　全球步入服务经济时代 …………………………… 004

　　　　　揭示世界服务经济发展现状与特征；

　　　　　介绍服务经济发达形态：经济体先锋与产业前沿

　第二节　服务经济时代的发展模式 ………………………… 040

　　　　　阐述服务业对于创新的引领；

　　　　　规模经济与国际竞争中的先机抢占；

　　　　　政府的重要性；

　　　　　服务经济的宏观经济内涵

第二章　规律：服务经济的发展机理与维度 ……………… 055

　第一节　服务经济发展的基本规律 ………………………… 055

　　　　　规律Ⅰ：服务业产生的"外部化"；

　　　　　规律Ⅱ：服务业内容的"中间化"；

　　　　　规律Ⅲ："创新"是服务经济的"生命线"；

　　　　　规律Ⅳ：服务业升级的"知识化"；

　　　　　规律Ⅴ：服务业分布的"集聚化"（即"城市化"）；

　　　　　规律Ⅵ：服务业拓展的"离岸化"；

　　　　　规律Ⅶ：服务业深化的产业融合化

　　第二节　服务经济发展的三个维度 ………………………… 108

　　　　　沿着"市场化、社会化"方向挖掘"深度"；

　　　　　沿着"信息化、知识化"方向提升"高度"；

　　　　　沿着"离岸化、全球化"方向拓展"广度"

第三章　趋势：全球化深度发展与服务经济国际竞争 ………… 120

　　第一节　服务经济为主导的世界经济发展趋势 ……………… 120

　　　　　服务创新推动产业加快融合的趋势不会改变；

　　　　　经济全球化深度发展推动产业加快融入全球价值链的趋势不会改变；

　　　　　服务外包、服务业跨国投资共同引领的服务业跨国转移趋势不会改变；

　　　　　区域、次区域服务经济一体化与服务经济全球化相互促进又相互制约的趋势不会改变

　　第二节　服务经济国际竞争优势的确立——美国案例 ………… 124

　　　　　顶层设计：国家出口战略+服务先行策略；

　　　　　支撑体系：法制+政策+促进体系+经济外交；

　　　　　奠定基础：基础设施+统计研究；

　　　　　重点扶持：重点企业+重点行业

第四章　变革：服务经济的自我调整 ……………………………… 150

　　第一节　服务经济的创新异化与潜藏的危机 ………………… 150

　　　　　创新与价值源泉；

　　　　　服务创新异化和世界经济危机

第二节　服务经济的自我调整与发展转型 ·················· 161
　　　　维持创新中的有序竞争与密切合作；
　　　　维持创新中的嵌入与传导；
　　　　维持创新中的均衡与多元

下　篇
中国迎接服务经济时代

第五章　形势：问题与瓶颈 ·················· 167

第一节　中国经济发展转型的必然性 ·················· 167
　　　　服务业大发展是中国经济结构转型的必然；
　　　　服务业大发展是参与国际经济竞争的必然；
　　　　服务业大发展是参与全球经济治理的必然

第二节　中国服务业发展面临的突出问题 ·················· 176
　　　　从规模、结构、质量、效益等各方面来看都明显滞后

第三节　中国服务业发展需要突破的瓶颈 ·················· 189
　　　　观念很落后、市场不开放、体制不健全、市场需求弱、保障不齐备

第六章　转型：机遇和挑战 ·················· 201

第一节　中国服务业发展面临的机遇 ·················· 201
　　　　后危机时代，全球产业大重组、大调整；
　　　　世界贸易组织仍在积极推进服务业市场自由化；
　　　　亚太区域化战略发展空间大；
　　　　中国经济进入新的发展阶段，发展服务经济后发优势明显

第二节　中国服务业发展面临的挑战 ·················· 216
　　　　内部挑战：制造业和货物贸易发展优势弱化、升级缓慢、自然环境和资源压力加大；

外部挑战：面临来自发达经济体、新兴经济体、其他发展中国家的竞争压力

第七章　崛起：方向与战略 …………………………………… 222

第一节　"中国服务"起航：深度参与经济全球化 ………… 223

我们需要什么样的全球化？

中国深度参与经济全球化；

中国服务：抓住机遇参与经济全球化

第二节　打造"中国服务"：主导四大全球价值链 ………… 233

打造金融服务部门　强化全球资源调配；

主导全球服务外包价值链　掌控全球资源布局；

扼住物流运输分销服务命脉　掌握资源集散和配置；

打造文化产业　增强国家软实力

第三节　"中国服务"崛起：实施四大战略举措 …………… 265

举措一：以开放促改革，以开放促发展；

举措二：调整产业发展思路，规划产业升级道路，促进产业大融合；

举措三：创造优化的政策环境和市场环境；

举措四：踏踏实实抓好服务业发展的基础工作

跋 …………………………………………………………………… 299

参考文献 …………………………………………………………… 301

上篇 全球服务经济时代的来临

第一章
现状：服务经济时代的来临

> 骑士时代已经过去；随之而来的是智者、经济学家和计算机天才的世界。
>
> ——埃德蒙·伯克①

从 20 世纪 80 年代开始，世界经济全面向服务经济转型。这是继工业革命后一次新的产业革命，可以称为"服务革命"。服务革命是从技术到产业组织、经营管理、商业模式、运行体制、发展方式的全方位变革。如果说工业革命是一次崭新的产业革命，服务革命则是一次深刻、全面的经济革命。它代表着经济发展的战略方向和总体趋势。随着全球进入服务经济时代，服务业占世界经济比重已经超过 3/5，服务业占发达国家经济比重已经超过 70%，占发展中国家经济比重约 60%。服务业跨国投资占国际投资总额的比重超过了 2/3。服务贸易总额占世界贸易总额的比重超过了 1/5。更重要的是，进入服务经济时代，服务业成为引领技术创新和商业模式创新的主导力量。

---

① 埃德蒙·伯克（Edmund Burke），18 世纪爱尔兰的政治家、作家、演说家、政治理论家和哲学家。引言转引自〔美〕保罗·萨缪尔森、威廉·诺德豪斯著《经济学》（第十八版），萧琛主译，人民邮电出版社，2008。

第一节　全球步入服务经济时代

（一）世界服务经济发展现状与特征

服务经济是从产业角度对经济发展阶段和特征的把握，指的是基于服务业的经济发展形态。它在历史逻辑上区别于农业经济、工业经济；在事实范围上包括生产性服务业、生活性服务业和公共服务；在基本内容上主要包括服务产业和服务贸易。①

丹尼尔·贝尔曾提出经济发展的三阶段理论，即前工业社会、工业社会和后工业社会三个阶段。后工业社会生产与消费都不再以物质产品为主，而是以服务为主。② 从这一分类方法出发，后工业社会完全可以视为"服务社会"——以"服务"为主，这也许就是服务社会的关键。在人类进入服务社会后，随着服务经济全球化进程的加快，地球成为一个不以产品为工作对象，每个人都以其他人为工作对象的相互服务的"超级村庄"。

对于全球经济经历的这场结构性变革，维克托·R. 富克斯（Victor R. Fuchs）在其著作《服务经济学》中称之为"服务经济"（Service Economy），并认为美国已经首先进入服务经济社会，同时认为服务经济在所有西方发达国家已经开始出现。③

一般用服务业增加值占 GDP 的比重、服务业就业比重来衡量经济体是否进入服务经济发展阶段。如果一种经济形态中服务业增加值在 GDP 中的相对比重超过 60%，或者服务业的就业人数在整个国民经济就业人数中的相对比重超过 60%，则可初步认为它处于服务经济发展阶段。

---

① 张祥：《服务经济的发展规律和特征》，2010 年 12 月 24 日《人民日报（理论版）》。
② Daniel Bell, The Coming of Post-Industrial Society, New York: Harper Colophon Books, 1974.
③ Victor R. Fuchs, The Service Economy, Assisted by Irving F. Leveson, Published in 1968 by National Bureau of Economic Research, 1968.

【专栏 1-1】

"生日蛋糕"与经济形态的历史逻辑

关于"农业经济—工业经济—服务经济"的经济形态演变体验，首次提出"体验经济"概念的美国学者约瑟夫·派因和詹姆斯·吉尔摩曾以"蛋糕的故事"叙述经济发展的过程。经济形态演变有如小孩过生日的模式变化。在农业时代，母亲是拿自家产的面粉、鸡蛋等材料，亲手做蛋糕；在工业时代，母亲到商店里买混合好的蛋糕粉回家，自己烘烤生日蛋糕；进入服务经济时代，母亲向西点店订购做好的蛋糕，母亲不但不再烘烤蛋糕，也不再自己办生日宴会，而是花上100美元将生日宴会外包给某家专门的公司，请他们为小孩办一次难忘的生日宴会。

世界服务经济时代具有一些明显的特征。

特征一：服务创新成为价值增值的主要源泉。

对"服务"与"创新"紧密关系的把握，不宜只停留于字面含义和直观体验。现代经济增长中效率提高的源泉来源广泛，有几个方面尤其不容忽视。一是"与科学有关的技术"的广泛应用，二是服务业的发展提高了经济的整体效率，三是现代信息通信技术（Information and

Communications Technologies，简称 ICT）渗入和改造各产业部门。①

格朗罗斯（Gronross）指出，许多服务项目实质上是在充当企业创造竞争优势的战略和策略。企业为了提升竞争力，必须寻求新的竞争优势来源，了解顾客价值的内生过程。基于以下三个方面，无形的服务将逐渐补充或取代有形产品，成为给顾客创造价值的要素。② 首先，顾客的需求已经不仅仅局限在具体的产品或者技术上，顾客群变得十分复杂，他们的信息获取量比以往任何时候都大。相应的，他们的需求也日益复杂。有的时候，顾客自己都无法准确描述自己的需求。以产品为导向的传统制造业在锁定顾客方面遇到了前所未有的挑战。新兴消费越来越多地体现出对个性化产品、增值服务以及完整解决方案的需求。2007 年一项对消费电子类产品的消费者的调研显示，82% 的消费者将服务列为极其重要的购买考虑因素，服务已经取代价格和品牌，成为第二重要的购买考虑因素。苹果公司系列产品的热卖正是因为它们最大限度地满足了消费者的这种需求。③ 其次，激烈的竞争强化了顾客的严苛需求。最后，科学技术特别是信息通信技术的飞速发展，使得企业能够不断地推出新的服务项目。信息通信技术对传统产业的改造，改变了产品和服务的价值增值模式，拓展了产品和服务的价值增值空间。美国经济学家甚至认为，信息技术革命是一个服务业的故事（参见专栏 1-9）。④ 服务业发展对于 20 世纪中期以后科技创新和技术进步具有深远的影响。但中国国内通常的认识与此存在差距，我

---

① 吴敬琏：《中国增长模式抉择》，上海远东出版社，2009。
② Gronross C., Service Management and Marketing: A Customer Relationship Management Approach, Second Edition, Chichester: John Wiley & Sons, Ltd., 1998。转引自裴长洪、彭磊著《中国服务业与服务贸易》，社会科学文献出版社，2008，第 44 页。
③ Saul Berman, Perter Korsten, Ragna Bell 等著《未来企业之路——洞察全球顶尖企业愿景与制胜策略》，华晓亮、冯月圻编译，北京大学出版社，2010，第 179 页。
④ Jack E. Triple & Barry P. Bosworth, Productivity in the U.S. Services Sector: New Sources of Economic Growth, Brookings Inst Pr., 2004.

们似乎更习惯把这一轮的技术革命及其重大意义归结为一个"制造业的故事",似乎认为制造业才是科技的主要运用者、传播者和引领技术进步的主要推动者。事实似乎并非如此。把技术进步回溯到受益于技术进步的一类产业本身所产生的"幻觉",让我们忽视了对更重要的另一类产业的观照。①

当前,以云计算、物联网为代表的新一轮信息技术革新方兴未艾,催生了新的服务业态,提升了服务业的产业能级,扩大了增值空间,为高附加值服务贸易和高附加值服务外包快速发展提供了新的空间(见图1-1)。

智慧地球

云计算 物联网

信息技术 互联网

图1-1 服务外包的技术支撑不断变化

---

① 关于服务业对技术进步的推动作用,详见本书第二章的介绍。

【专栏 1-2】

创新：一个民族的崛起

1776 年，美国的革命家们发表《美国独立宣言》，争取自由、反对暴政；同年，亚当·斯密在《国富论》中提出了将贸易和工业从封建贵族统治的桎梏中解放出来的革命学说。

1888 年，恩格斯完成为期一个月的北美之旅。恩格斯观察美国后，思考了人类的未来。恩格斯指出："我们通常都以为，美国是一个新世界，新不仅是就发现它的时间而言，而且是就它的一切制度而言；这个新世界由于藐视一切继承的、传统的东西而远远超过了我们这些旧式的、沉睡的欧洲人；这个新世界是由现代的人们根据现代的、实际的、合理的原则在处女地上重新建立起来的。""而他们这个前进最快的民族，对于每一个新的改进方案，会纯粹从它的实际利益出发马上进行试验，这个方案一旦被认为是好的，差不多第二天就会立即付诸实行。"① 恩格斯赞扬美利坚民族"具有真正伟大民族的良好品质和素质"，"在他们当中蕴藏着 20 世纪伟大民族的天赋"。让创新智慧在传统中迸发，也许就是这个民族的"天赋"。此后的 100 多年间，人们见证了美国走向繁荣。

【专栏 1-3】

云计算、物联网与新一代服务外包②

云计算（Cloud Computing）是分布式处理（Distributed Computing）、

---

① 《马克思恩格斯全集》第 21 卷，人民出版社，2003，第 534 页。
② 此处主要参考中国服务外包研究中心课题组完成的《云计算、物联网背景下服务外包产业发展政策研究——新一代服务外包环境分析及政策》，在此对课题组全体成员表示感谢。

并行处理（Parallel Computing）和网格计算（Grid Computing）的发展，指基于互联网的超级计算模式——把存储于个人电脑、移动电话和其他设备上的大量信息和处理器资源集中在一起，协同工作。云计算支持用户在任意位置、使用各种终端获取应用服务。"云"是一个庞大的资源池，按需购买；云可以像自来水、电、煤气那样计费，提供更加廉价的计算服务。

物联网指通过射频识别（RFID）、红外感应器、全球定位系统、激光扫描器等信息传感设备，按约定协议，把任何物品与互联网连接起来，进行信息交换和通信，以实现智能化识别、定位、跟踪、监控和管理的一种网络。物联网被誉为继互联网以来的第三次信息产业革命。

国内学者认识到新形态的服务外包与建立在互联网时代的服务外包的明显区别，把以云计算、物联网核心技术为支撑的服务外包定义为"新一代服务外包"。新一代技术深刻地改变着现有服务外包市场。

首先，云计算给现有服务外包市场带来巨大改变。第一，云计算改变现有IT服务外包市场企业结构。IT服务提供商向规模化方向发展，IT服务提供商数量减少。更多中小企业从IT服务外包中获益。第二，云计算服务使企业的成本收益发生变化。云计算带来更低的硬件成本、更优的软件性能、更低的管理费用以及更高的利用效率。第三，云计算带来产业平衡的变化和转移。大型云计算公司通过并购传统软件外包公司获取业务经验，巩固其地位，一些不具备向云计算外包模式转型的中小外包商将被收购或淘汰。云计算平台不再需要过多的技术人才，企业管理专业的人才将成为主力军。第四，服务市场的增量将发生变化。规模经济性导致成本和费用迅速下降，将促使更多的企业选择将自己的部分业务外包，使得进入外包市场的门槛降低。第五，离岸与在岸外包的界限将日益模糊。云计算的虚拟化特点，使发包方可以在全球范围内寻找接包企业，这将打破地域的界限，使得离岸与在岸外包的界限日益模糊。品牌和规模效应将在竞争格局中起到更加重要的作用。

其次，物联网给现有服务外包市场带来巨大改变。一是实现服务外包的实时监控。物联网能有效解决业务流程外包（Business Process Outsourcing，BPO）信息准确性和实时性问题。射频技术能有效地批量识别贴上标签的物品，获得准确的物品信息。对BPO全过程进行实时监控，随时获取物品信息，提高自动化程度，使BPO透明化。二是实现服务外包的智能化。通过物联网，带射频标签的物品信息，能实时传到中央数据库，实现智能化识别、定位、跟踪、监控和管理。三是提供基于位置的增值服务（Location Based Service，LBS）。由于人类的活动80%左右与空间位置有关，LBS结合完备的地理数据、与位置相关联的属性数据和信息搜索引擎，可以提供给用户丰富的位置信息服务，可以增加服务外包的附加值。

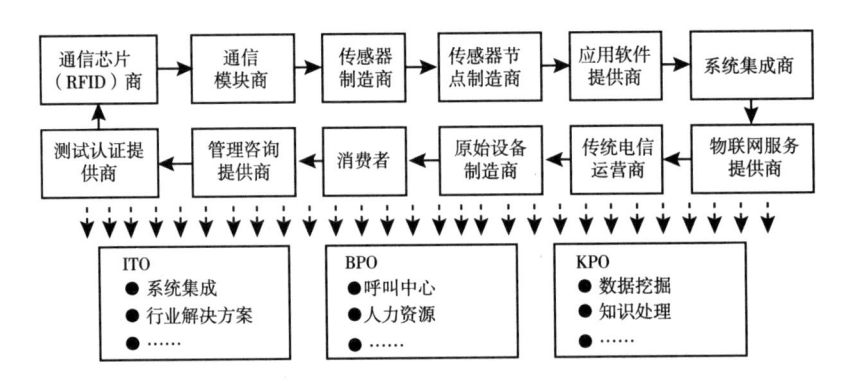

图 1-2 物联网产业催生的服务外包

【专栏 1-4】

服务创新：从"青苹果"到"红苹果"

1976年，两个20多岁的青年——斯蒂夫·乔布斯（Steve Jobs）和斯蒂夫·沃兹尼亚克（Steve Wozniak）——设计出了一种新型微机

Apple I。风险投资紧随其后。1977年，苹果公司正式注册成立，并启用了沿用至今的新苹果标志。苹果公司之所以选用"苹果"作为自己产品的名字，是因为当时有人认为计算机会对外行造成伤害，取苹果之名给人友好、普通的印象，容易让公众接受。

1977年，最早的个人电脑Apple Ⅱ开始发售。1984年，苹果公司又推出革命性的Macintosh电脑。

1980年，苹果公司公开上市，市值达到12亿美元，1982年便迈入《财富》杂志500家大企业行列。一家新公司在5年之内就进入500家大公司排行榜，苹果公司就是首例。苹果电脑公司发展成世界性的公司，除了硅谷的总部外，在新加坡、爱尔兰和得克萨斯州都设有工厂。

2001年，苹果推出iPod数码音乐随身听。2003年，推出最早的64位元个人电脑Apple PowerMac G5。2007年1月9日，苹果电脑公司正式推出iPhone手机。

进入21世纪，它如同IBM一样，向服务提供商转变的步伐在加快。2010年5月26日，苹果超越微软，成为世界上市值最大的高新科技公司。2010年，全球售出的1600万台平板电脑中，1500万台是iPad。梅赛德斯—奔驰的汽车销售顾问们已经开始使用iPad作为工具，给顾客提供各种贷款信息。

2011年3月2日，苹果公司推出第二代iPad平板电脑。iPad一亮相就取得了巨大成功。

目前，苹果最知名的产品是其出品的Apple Ⅱ、Macintosh电脑、iPod数位音乐播放器、iPhone、iPad和iTunes音乐商店。

苹果在高科技企业中以创新而闻名。2010年苹果第六次蝉联美国《商业周刊》"全球最具创新力企业50强"冠军。苹果成功的动力来自基于用户的创新（以"i"为典型标志）。苹果总是能推出既能满足客户需求同时又超越客户想象的新产品。苹果公司所信奉的哲学，即人们预想不到他们真正需要的东西。客户会告诉你一大堆他们所需要的

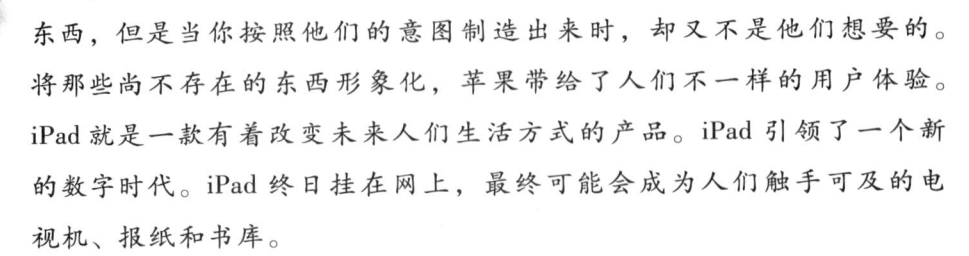

东西，但是当你按照他们的意图制造出来时，却又不是他们想要的。将那些尚不存在的东西形象化，苹果带给了人们不一样的用户体验。iPad就是一款有着改变未来人们生活方式的产品。iPad引领了一个新的数字时代。iPad终日挂在网上，最终可能会成为人们触手可及的电视机、报纸和书库。

苹果"红"了，蛀虫侵害的风险大了。苹果一直秉持与IT时代似乎格格不入的"封闭式创新"理念。苹果公司曾深受封闭式创新之害。那是一种最真实的原创，但是风险也很大。苹果曾因此一度败给微软。1991年苹果电脑的操作系统与流行的兼容机软硬件不兼容。微软的操作系统很快占领了广大的市场。自1985年微软推出Windows 1.0后，Windows家族依靠持续不断的创新而一直在稳健而快速地壮大。如今，使用Windows操作系统的电脑约占全球电脑总数的92%。1994年苹果发布其家用机PowerMac，这是第一台基于IBM和Motorola合作开发的高速处理器PowerPC芯片的机型。但因为其封闭的市场策略，只有少数厂家得到有限的技术许可，仍然不能很好地打开市场。面对开放的兼容机市场，苹果的大门却越关越紧，路也越走越窄。1995年微软Windows 95发布，这更令其雪上加霜。苹果的冬季来临。

封闭模式的技术创新和模式创新的主要优势是可以更好地实现苹果对人性的关注，而不会像很多硬件生产商、软件生产商那样产品丧失个性化和人文气息。苹果要把它的产品的购买者看成情感丰富的欣赏者、享受者、思考者，而不是千人一面的物质消费者。苹果总是不停地否定过去设计中的不合理及不足之处，不断地推陈出新，使其产品总能以独特的风格傲立于时代前沿。苹果完全无视IT领域所强调的兼容性概念，在苹果公司的历史上，它数次采用新的操作系统和新的芯片构造，这些决策总是使它原来的生产组装基地立刻变得过时。苹果煞费苦心地创建了一套封闭系统。封闭式的技术创新创造的垄断优势明显，完全符合"基于用户的创新"的自我定位，但是成本高、风险大。苹果的工程师要花费100%的时间去设计由一小部分资深经理或是乔布斯一个人计划的产品。有权作出决策的人是如此之少，以至于苹果一年仅能够推出一项或两项创新产品。它既有制约其他竞争对手的产品进入封闭系统的措施，也有将网上出售的各类产品加密销售的办法。封闭式的技术创新路径也将苹果置于较大的市场风险之中。

此外，为了抢占市场先机，苹果的封闭式商业模式与其封闭式技术创新"一脉相承"。苹果公司的时间表是严格按照其自身的经营策略和长期愿景目标来制定的，其受市场态势和竞争者状况的影响较为轻微，这样苹果公司总能掌握主动权，适时地推出一些新产品，占尽市场先机。以其整体促销模式为例，首先，苹果公司通过精细入微的方式来培养粉丝对苹果品牌的狂热。最重要的方式是强化苹果产品的象征意义。苹果公司用颜色、声音、形状等元素的组合，构建了清晰的品牌形象。这一点在苹果发布新产品时表现得尤为明显。其次，苹果产品往往实施捆绑销售。苹果不仅向客户出售各种产品，而且在经营全球唯一仅销售苹果软件产品的网上店铺。早在为iPods产品销售数字音乐时就以iTunes Store进行尝试，随后又推出App Store来为iPhone消费者提供需要的更多内容。这与互联网开放、自由和免费的基础理念似乎格格不入。但苹果认为封闭的控制思想可为用户创造一个几乎无缝隙的使用环境（Seamless User Experience），即用户的iTunes账户上存有他们的信用卡信息，让其在购买苹果各项产品和服务时非常轻松和便捷。显然，苹果利用iTune平台将产品从iPod的硬体经济，改成平台的需求经济，然后用需求经济扩大硬体经济的市场。换言之，苹果是在用iTune卖iPod。

封闭还是开放？这是个关系到苹果创新究竟能维持多久的问题。在开放与共享成为时代精神的今天，苹果以"封闭"为特色的商业模式可称为"异类"，但由于这一成功过于辉煌，"异类"甚至有逐渐成为主流的趋势。当然，从长远角度讲，如果整个产业因为苹果的成功而走向封闭的话，似乎又不是人们所愿意看到的。对于未来，苹果如果能在封闭的完美产品及开放共享之间找到一个可持续发展的契合点，它就有可能时刻保持新生活力。

特征二：产业边界日益模糊，产业融合与分工细化不断催生新型业态。

技术创新是产业融合和分工细化的驱动力。技术创新和技术融合则是当今产业融合发展的催化剂，在技术创新和技术融合基础上产生的产业融合是"对传统产业体系的根本性改变，是新产业革命的历史性标志"，成为产业发展及经济增长的新动力。技术创新开发出了替代性或关联性的技术、工艺和产品，然后通过渗透扩散融合到其他产业，从而改变了原有产业产品或服务的技术路线，因而改变了原有产业的生产成本函数，从而为产业融合提供了动力。技术创新改变了市场的需求特征，给原有产业的产品带来了新的市场需求，从而为产业融合提供了市场的空间。重大技术创新在不同产业之间的扩散导致了技术融合，技术融合使不同产业形成了共同的技术基础，并使不同产业之间的边界趋于模糊，最终促使产业融合现象产生。

20世纪90年代以来，产业融合成为全球产业发展的浪潮，其主要原因就在于各个领域发生的技术创新，以及将各种创新技术进行整合的催化剂和黏合剂——通信与信息技术的日益成熟和完善。作为新兴主导产业的信息产业，近几年来以每年30%的增长速度发展，信息技术革命引发的技术融合已渗透到各个产业，导致了产业的大融合。信息技术革命大大降低了信息收集与传递的时空与成本。随着信息技术在各产业的融合发展，各产业在顾客管理、生产管理、财务管理、仓储管理、运输管理等方面大力普及在线信息处理系统，顾客得以随时随地获得自己所需要的信息、产品、服务，致使产业间的界限趋于模糊。

服务经济的重要特点之一是生产性服务业从制造业中逐渐分离，并与制造业形成互动融合的关系。制造业服务化可以划分为投入服务化和产出服务化两个层次。从投入产出的角度来看，价值链中的服务环节可分为两类：一类是面向生产的、作为生产要素的服务，属于制造业的投入；另一类是面向顾客的、作为产品的服务，属于制造业的产出。就服务投入而言，它在制造业的发展过程中发挥着日益重要的作用，不仅影响着制造业的生产率，还决定着制造业的竞争力。就服务产出而言，价值链中的某些服务环节如售后服务等是制造业企业向顾客提供服务产品，有时企业加工制造的产品仅仅被视为传递服务的工具和载体，就像苹果的iPod、iPhone那样。投入服务化指的就是服务要素在制造业全部中间投入中所占比重不断增加、作用日益重要的现象；产出服务化指的是服务产品在制造业的全部产出中比重不断增加、地位日益突出的现象。①

【专栏1-5】

制造业服务化的产业实践

在产业实践中，制造业从两个层面逐步呈现服务化新趋向。一是依托制造业发展服务业，核心技术服务化。如耐克、米其林等，通过产业链重组，逐渐将企业的经营重心从加工制造转向诸如提供流程控制、产品研发、市场营销、客户管理等生产性服务，从制造企业转型为服务提供商。二是战略转型发展服务业，主营业务多元化。如IBM、

---

① 刘继国：《制造业服务化带动新型工业化的机理与对策》，《经济问题探索》2006年第6期。

GE 等，原有的电器电子业务逐渐转型，并向管理咨询、医疗、金融等新兴高增长业务拓展。2005 年，IBM 把全球 PC 业务剥离给中国联想，并从 2005 年开始，收购了超过 20 家提供各类业务分析服务的公司，不断向全球价值链高端攀升。

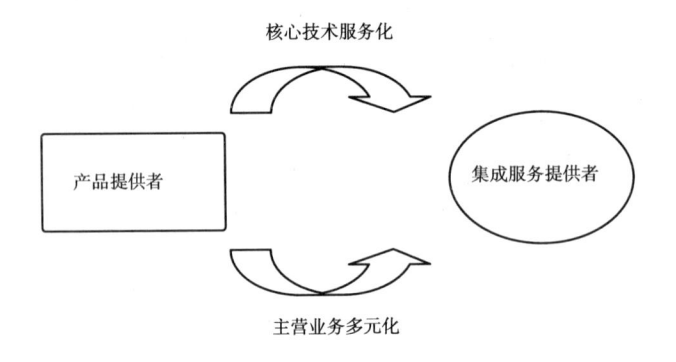

图 1-3 制造业服务化

特征三：服务业增加值占经济总量的比重占绝对优势，服务消费、服务业就业成为经济和社会发展的动力源泉。

（1）服务业比重上升。

据世界银行统计，2009 年，全球服务业总体规模约 58.26 万亿美元，世界各国服务业增加值占 GDP 比重达到 70%，高收入国家达到 74%，中等收入国家达到 55%，低收入国家达到 50%。[1]

从世界发达国家服务业发展的轨迹分析，近百年来，服务业从最初的零星规模发展到今天占据国民经济 70% 的比重，服务成为世界各大知名企业的成长战略主导，服务业成为国民经济的支柱产业。总体上发达国家服务业在经济总量中所占比重是上升态势并且上升幅度很大。1970~2009

---

[1] 资料来源：世界银行：《世界发展指数（WDI）2011》（英文版）。

年，美国、英国、西班牙、日本、意大利、德国、法国、加拿大和澳大利亚 9 个工业发达国家，服务业占 GDP 的比重变动都保持上升趋势（如图 1-4 所示）。20 世纪 90 年代中期，这些国家服务业占比就已达到或超过 60%，其中，美国、日本、法国和英国四国服务业在经济总量中的比重上升更快，2009 年，美国、日本、法国和英国服务业占 GDP 比重超过 70%，美国则超过 75%，其余四国一直保持在 60%~65%。①

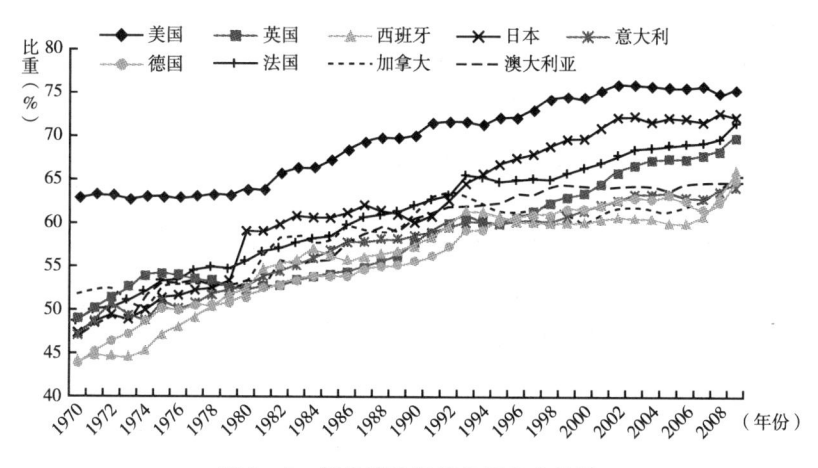

图 1-4 部分发达经济体服务业比重

1970~2009 年，中国、印度、巴西、南非、新加坡和韩国后发工业化国家服务业占 GDP 比重也呈上升趋势，但上升缓慢（如图 1-5 所示），而且这些国家间的差别也比较大。其中中国服务业占比最低，20 世纪 80 年代中期以前，服务业占比为 20%~25%，而之后至今也只在 30%~43% 之间徘徊。2009 年，除新加坡以外，其他国家服务业占比接近或低于 60%，与发达国家 20 世纪 90 年代初接近。

总体来看，无论是发达国家还是发展中国家，抑或是高收入国家或低

---

① 资料来源：http://unstats.un.org/unsd/snaama/dnllist.asp，服务业数据的选取 ISIC 分类中 G-H 项的数据。按照服务业不同的分类标准、不同的数据源，选取的数据计算出的服务业占 GDP 比重会有差异。

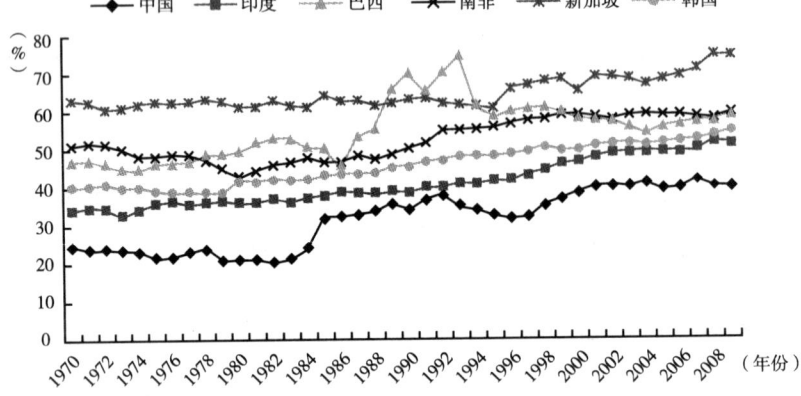

图 1-5　发展中国家服务业比重

收入国家，服务业在国民经济中的比重仍将处于不断上升的态势。后发工业化国家在向工业化国家转变过程中，服务业发展将起到更重要的作用。

(2) 服务业就业比重上升。

随着服务业的快速发展，它不仅吸纳了越来越多的就业人员，同时由于以知识技术密集型为本质特征的现代服务业占服务业的比重不断增加，服务业从业人员的知识层次也不断提高，商业服务、金融服务以及教育、卫生、社会服务等领域的就业人数比重不断提高。

发达国家服务业就业人员占就业人数的比重基本在 60%～75%，中等收入发展中国家的比重在 45%～60%，低等收入发展中国家的比重则在 30%～45%。中国的比重则只有 34%。这也反映出经济越发达，服务业吸纳的就业人数越多。这可为发展中国家发展服务业以及解决就业问题提供参考和借鉴。

【专栏 1-6】

就业结构的历史性转折

1956 年，美国的白领工人数第一次超过蓝领工人数，成为现代服务业发展的标志之一。此后，各国服务业就业比重快速上升。到20世纪90年代中后期，发达国家服务业的就业人口已经超过60%。1995年，OECD各国服务业就业劳动力占总就业人口的比重，美国为74.5%，法国为68.0%，德国为62.3%，加拿大为72.5%。进入21世纪，发达国家服务业就业比重普遍达到70%左右，少数接近或达到80%。2005年，美国服务业就业人口已占总就业人口的78.8%；英国、法国、丹麦和加拿大的服务业就业人数占全国总就业人数的比重分别为79.8%、72.3%、74.9%和74.3%；澳大利亚2004年服务业就业人数占总就业人数的75%（参见图1-6）。

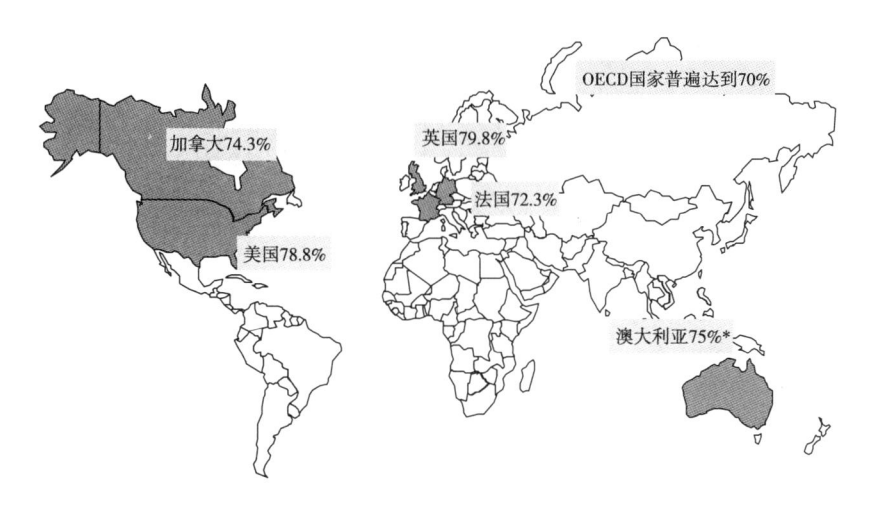

图 1-6　2005 年一些国家服务业就业人口占总就业人口的比重

资料来源：OECD。＊为 2004 年度数据。

（3）服务消费引领增长。

在服务经济时代，服务消费成为引导经济增长的重要力量。根据联合国的认定，2008 年是世界城市人口超过农村人口的第一年。随着全球城市化进程的加快与人均收入水平的增加，需求结构日益升级，服务消费成为消费需求的重要内容，服务消费成为引领市场需求发展的主要力量。在服务经济发达国家（如美国），服务消费已经是私人消费的主要形式，服务消费支出迅速扩张，成为拉动经济增长的强劲动力（参见图1-7）；在发展中国家，收入增长、公共服务和社会保障的逐步完善，也增强了服务消费方面的有效需求。随着世界经济的调整与变革，主要经济体纷纷倡导向"绿色低碳"经济转型，服务消费继续引领服务经济快速发展的趋势得以延续。

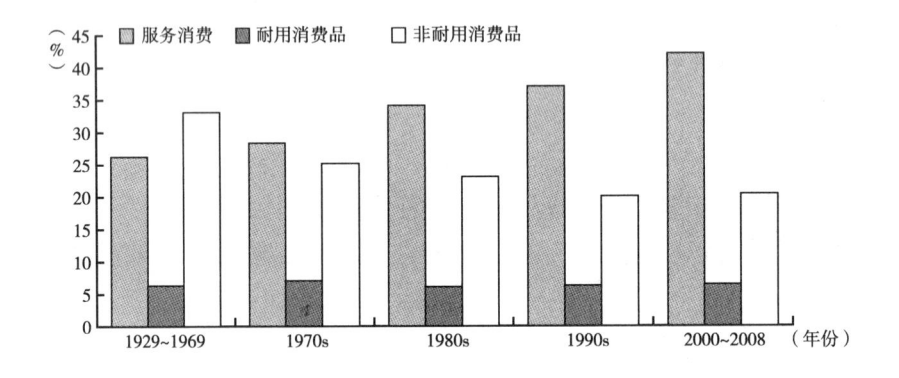

图1-7 美国消费结构演变

特征四：以服务为黏合剂的贯穿各国开放型经济的全球价值链，成为解构与重构世界经济体系、推动全球经济增长的重要动力。

价值链理论认为，价值链中关键的战略环节集中了绝大部分附加值，某些辅助或支撑环节仅能提供很少的附加值。迈克尔·波特指出，制造业企业为了获取竞争优势，将价值链由以制造为中心向以服务为中心转变。① 价值链是由基本活动和辅助活动组成的，换个角度看就是制造活动和服务活动组成了价值链。由于价值链的加工制造环节很容易被模仿，通常只具有短期的低成本优势，而服务环节尤其是研发、

---

① 〔美〕迈克尔·波特：《竞争优势》，陈小悦译，华夏出版社，2005。

设计、营销、售后服务等不易被模仿，能够获得较长时期的差别化竞争优势，因此制造业企业为了获取竞争优势，往往以加工制造环节为起点，向研发、营销等服务环节延伸。在全球化过程中，国际分工按照价值链分工模式展开，单个企业在全球产业竞争中的竞争优势，取决于它能否在价值链的全球化整合中抓住这些战略环节。只有抓住这些战略环节，才能在整个价值链中处于治理者地位，拥有整条价值链和所在产业的控制权。研究表明，生产商提供服务是他们为了在战略价值链中占优势地位而作出的主动战略选择。[①]

服务经济时代，服务贸易成为各国融入全球价值链、参与国际竞争的重要平台。服务贸易推动各国产品和服务更多、更快地融入全球价值链，成为沟通全球经济贸易活动和企业跨国生产经营的联系纽带。跨国公司加快全球资源整合，通过离岸服务外包、服务业跨国投资加快了服务业国际化进程。服务业发达国家通过大力扶持服务贸易发展，巩固和增强了本国服务业在国际市场上的竞争优势。新兴经济体通过大力扶持服务外包等新兴领域的发展，抓住服务业跨国转移机遇，创造了新的比较优势。

【专栏 1-7】

国际服务贸易

根据世界贸易组织（WTO）《服务贸易总协定》（GATS）的规定，国

---

① 这方面的研究如：Davies A., Are Firms Moving Downstream into High-value Services? In Tidd J. and F. M. Hull (eds.), Service Innovation, *Series on Technology Management*, Vol. 9, Imperial College Press, London, 2003。Davies 指出，在提供商品和售后服务的过程中，生产厂商转移到了价值链的下游，而服务企业却变成了价值链的上游；服务为产品制造提供了良好的解决方案和综合平台，确保了生产过程的有效运转。

际服务贸易包括四个模式：（1）过境交付（Cross-border Supply），从一成员的境内向另一成员的境内提供服务；（2）境外消费（Consumption Abroad），从一成员的境内向另一成员的服务消费者提供服务；（3）商业性存在（Commercial Presence），通过一成员的法人在另一成员的境内的商业性存在提供服务；（4）自然人流动（Movement of Personnel），由一成员的自然人在另一成员境内提供服务（如图1-8所示）。

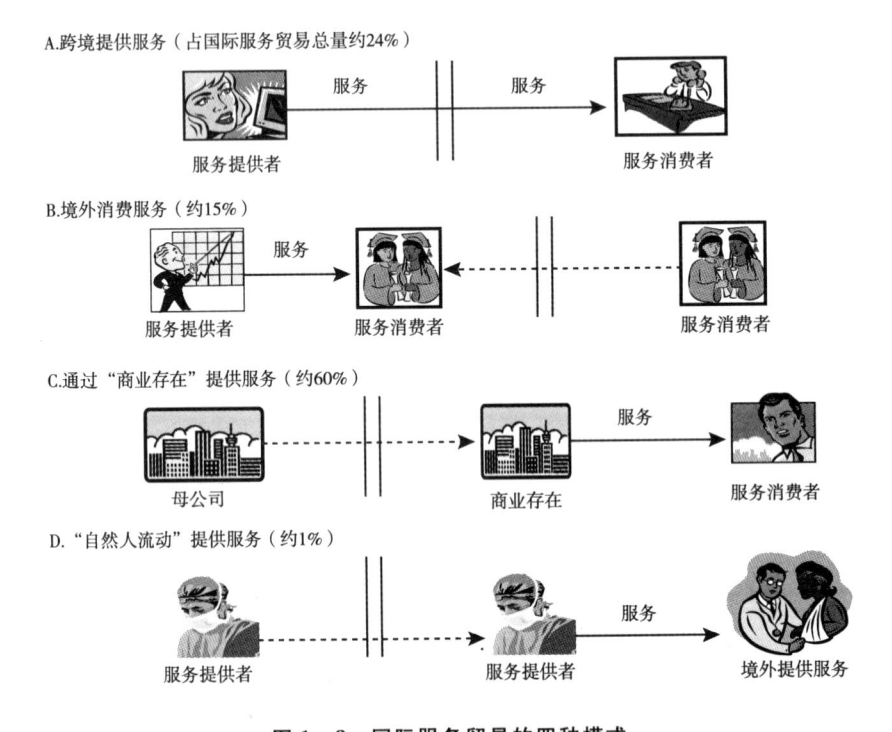

图1-8 国际服务贸易的四种模式

国际服务贸易涉及范围很广，世界贸易组织一般将其分为12个领域，包括160多个部门或独立的服务活动。这12个领域是：（1）商业服务；（2）通信服务；（3）建筑和相关工程服务；（4）分销服务；（5）教育服务；（6）环境服务；（7）金融服务；（8）与健康相关的服务和社会服务；（9）旅游及与旅游相关的服务；（10）娱乐、文化和体育服务；(11) 运输服务；(12) 别处未包括的服务。

根据国际货币基金组织（IMF）1993年编制的《国际收支手册》（第五版），国际服务贸易主要包括以下11个领域共155个部门：(1) 运输服务；(2) 旅行服务；(3) 通信服务；(4) 建筑服务；(5) 保险服务；(6) 金融服务；(7) 计算机和信息服务；(8) 特许权的使用和许可费用；(9) 其他商业服务；(10) 个人、文化和娱乐服务；(11) 别处未包括的政府服务。

两种分类方法的最大差异在于所涵盖的范围不同。国际货币基金组织将国际服务贸易列入国际收支平衡表经常项目项下，指以成员居民与非居民之间服务的输出和输入。可见，其所定义的国际服务贸易主要是服务的跨境交易。而世界贸易组织所界定的服务贸易不仅包括了"居民与非居民之间的服务的跨境交易"，而且把范围进一步拓展到作为东道国居民的"外国商业存在"与东道国其他居民之间的交易，即居民与居民之间的交易，如在中国的普华永道会计师事务所为中国居民提供的会计服务。

特征五：在全球经济治理的多边机制与区域框架的势力权衡此消彼长的过程中，服务经济越来越成为经济合作的核心内容。

如何看待经济全球化（Globalization）与区域经济一体化（Regionalization）之间的关系？它们不是敌人而是朋友，它们有竞争，但更多的是合作。在人类社会历史的长河中，它们也许在此时一个是主流，一个是支流，也许在彼时都变为支流，但终究将交汇入海。多边治理模式与区域经济安排并行不悖。多边渠道要达成最小公倍数难，所以进展速度慢；双边进展速度会最快；区域经济安排则是承上启下的，它往往成为全球低迷时期的避风港，依然在推动各国规则趋同、市场开放，向着经济全球化方向前进。在新一轮经济全球化中，多边模式与区域模式之间的合作与竞争依然会同时存在。

20世纪90年代以来，一轮真正意义上的经济全球化席卷世界，危机前、危机后都没有改变。实际上，一直存在三对力量的紧张角力，它们影响甚至决定着经济全球化的总体方向与整体步伐：第一对力量，政治意识与市场存在的角力。"冷战"结束后，政治鸿沟被跨越，意识形态隔绝被打破，经济市场化、自由化成为共同选择。随着市场经济的世俗价值赢得人类社会普遍共识，尽管政治与经济之间的紧张关系偶尔还会成为经济全球化的重要阻力，但经济合作发展的趋势在全局上超越了政治隔阂。诺贝尔经济学奖得主迈克尔·斯彭斯（Michael Spence）主持编写的世界银行增长与发展委员会有关研究报告指出，在超过25年的时间里保持年经济增速平均不低于7%的13个经济体，都实行的是市场经济。第二对力量，科学技术与社会成本的角力。科技革命特别是信息技术革命使世界变平、变小，平均交易成本随之下降。目前，后危机时期世界各主要经济体对科技制高点的控制又将给新一轮的成本下降和经济增长添加燃料。第三对力量，全球一体与区域多元的角力。这一对力量的博弈有别于前两对力量。可以说，区域经济一体化与经济全球化之间的合作胜于竞争。欧盟就是一个典型的例子。后危机时期，区域经济一体化步伐不仅没有停止，反而呈现许多新动向，成为多边经济体制受阻后推动全球化发展的现实选择。全球范围内区域经济合作特别是东亚区域合作出现新特点：为规避外部危机影响，各国推动区域经济合作的愿望趋于加强；为稳定和恢复经济，各国在开展区域经济合作方面的矛盾分歧减少；为实现经济可持续复苏，各国都将加强区域经济合作作为启动经济的新引擎。危机后，区域经济一体化迎来新高潮，将带动区域内双向贸易和投资的发展。目前，区域内贸易已接近世界贸易的50%，其中东亚区域内贸易比重超过50%。相对于全球的多边合作，区域经济一体化的政治属性更强一些，也更容易维持局部的实力均衡。经济全球化是人类社会发展的长期历史趋势。这是不以人的意志为转移的大趋势，应该成为世界各国共同的选择。后危机时期，全球化的步伐可能稍微放缓，但是不会停止。同时，上一轮全球化模式将发生调整，但是全球化的大趋势不会改变，而会在上一轮全球化的基础上加以延续。区域经济一体化与经济全球化此消彼长的竞合态势不会改变。

当今世界，全球治理机制主要包括以条约和国际法为基础的具有约束力的常设治理机制和为解决特定问题而组成的特设机制或安排。新一轮经济全球化进程中，以国际经济组织和区域经济组织为代表的常设性治理机制将成为推动区域化、多边化、全球化的重要平台。多极化世界的治理机制，国际组织是理想选择，国际经济组织又是最有效的。20世纪中叶以来，历史形成的国际经济金融体制虽然存在很多不足，但在国际协调上仍发挥了积极作用，特别是多边贸易体制总体上维持了贸易投资自由化、便利化的大势，从危机以来的情况看，这种势头不会发生根本逆转。在这次金融危机中，世界贸易组织框架下的贸易谈判再受重创。但是，它所建立的国际贸易法制却依然有效运作，成为抵抗贸易保护主义的利器。但是，由于它依然是美国单极推动的全球化产物，在反补贴、反倾销等领域留下了美国经济霸权的深刻印记，它们同时也助长了贸易保护主义的气焰。新一轮的全球化离不开世界贸易组织等国际经济组织创造的共同治理平台，但是如何完善其决策机制与运行规则将是关键问题。

新一轮全球化是服务业的全球化。与上一轮制造业领域的国际产业转移不同，新一轮全球化的产业转移重点是服务业。生产力的提高、科学技术的进步、国际分工的深入发展、世界市场的不断扩大以及跨国公司的全球战略等构成经济全球化的主要推动力量。但是其中最基本、最直接的动因还是在于跨国公司对于成本最低化和利润最大化的追求。跨国公司控制着全世界1/3的生产、70%的对外投资、2/3的世界贸易、70%以上的专利和其他技术转让。随着经济的逐步复苏，跨国公司之间的竞争空前加剧。为了在世界范围内整合资源，跨国公司推动下的服务业跨国转移和外包趋势将进一步加强。实际上，在危机期间，大型跨国公司对其服务供应链的局部调整就没有停止过，不仅没有全面收缩，反而在业务流程外包、整合式外包等方面有新的推进。随着新型智能网络的充分运用，未来跨国公司服务供应链网络将不断拓展，服务业全球化将掀起新的高潮。

（二）服务经济发达形态：经济体先锋与产业前沿

1. 美国服务经济具备总体优势

美国服务经济在世界占据支配地位。在国际竞争中，美国在服务贸易领域具有总体优势，在世界服务贸易市场居于主导地位。运输服务、旅游服务是服务贸易的传统项目。随着技术的发展和人们生活水平的提高，金融服务、电信服务及专业服务也发展成为服务贸易的重要部门。[①]

（1）美国继续拥有世界上最大的服务贸易顺差。2008 年，美国的服务贸易顺差为 1580 亿美元，其中专利和许可费净出口 650 亿美元；其次是旅游服务，净出口 495 亿美元；金融服务净出口 410 亿美元。在美国服务贸易整体保持巨额顺差的同时，在某些领域也存在逆差。2008 年，美国保险服务净进口 322 亿美元，主要是对欧洲再保险公司大额保险的支出；运输服务净进口 142 亿美元，主要是美国对货物贸易赤字的反映。

（2）美国在附属机构提供专业服务方面很有竞争力。美国母公司的海外子公司服务销售很好，对许多服务部门（包括基础设施服务）扩大在海外的商业活动产生了重要影响。2006 年，美国通过附属机构提供的专业服务达 1081 亿美元，远超过进口。计算机系统设计和相关服务是通过附属机构提供最大的专业服务领域（占 48%），而广告是通过附属机构进口的最大专业服务领域（占 43%）。

（3）美国专业服务对经济增长的贡献与日俱增。美国专业服务领域就业人数占美国总就业人数的比重不断提高，其雇员工资水平和生

---

① 中国商务部：《中国服务贸易发展报告 2009》，中国商务出版社，2009。

产效率也高于其他部门。2007年，美国专业服务贸易占美国跨境出口的19%，占进口的18%。此外，美国专业服务有着巨大的贸易顺差，达到306亿美元。管理和咨询服务是美国最大的专业服务行业，占整个专业服务出口的27%，进口的34%。

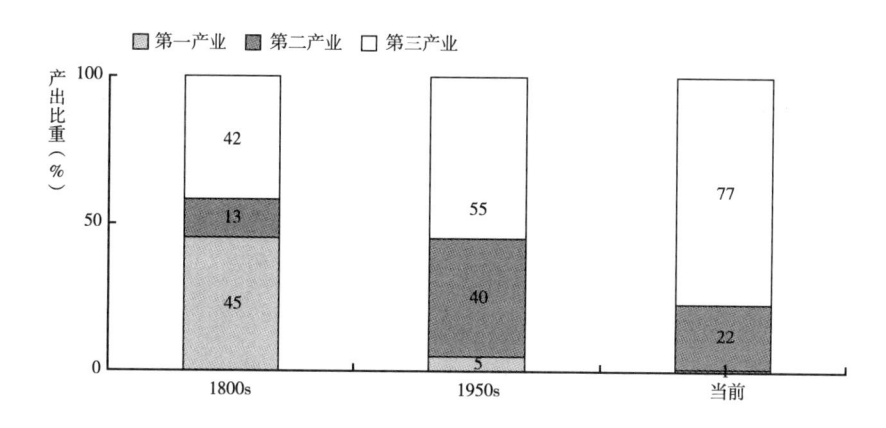

图1-9 美国经济结构向服务型经济转型

2. 欧盟区域服务经济发展成果显著

进入21世纪以来，欧洲经济结构发生了巨大变化。统一大市场的出现推动了贸易和投资的快速增长，一个统一的服务大市场逐渐成形。

（1）服务业在欧盟27国内有着重要地位，占整个经济增加值的70%，就业人数的69%。服务贸易增速远远高于GDP增速和服务业增加值增速。最近10年内，服务对欧盟经济的重要性稳步提高。银行、金融服务、电信等服务部门非关税壁垒的降低和自由市场的建成使其成为对外直接投资（FDI）最主要的部分。

（2）2008年，欧盟服务贸易总额达32540亿美元，比2007年增长10%，其中出口17380亿美元，进口15160亿美元，均比2007年增长10%。英国和德国分别为欧盟成员国中最大的服务出口国和进口国。2008年，英国为欧盟成员国中最大的服务出口国，出口额为2830亿美元，占比为16.3%；其次是德国和法国，出口额分别为2350亿美元和

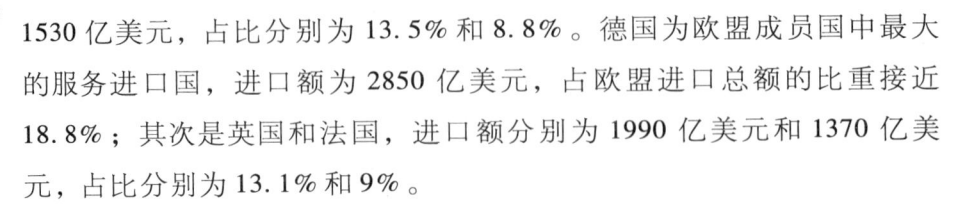

1530亿美元,占比分别为13.5%和8.8%。德国为欧盟成员国中最大的服务进口国,进口额为2850亿美元,占欧盟进口总额的比重接近18.8%;其次是英国和法国,进口额分别为1990亿美元和1370亿美元,占比分别为13.1%和9%。

(3)欧盟一个最主要的成就是在欧盟成员内实现了商品、服务、资本和劳动力的自由流动。单一市场的出现使得企业能够建立更为庞大的网络,充分利用各种资源提高自己的竞争力。欧盟内部是欧盟成员最主要的和优先考虑的市场。欧盟的服务贸易数据显示,欧盟区域内的贸易和对外直接投资超过了区域外的贸易和投资,区域内外的贸易比例为57%对43%,区域内外的对外直接投资比例为55%对45%。

3. 日本服务经济快速发展

近些年,日本服务业上升迅速,服务贸易飞速发展,其服务进出口额均进入世界前列。日本服务贸易逆差呈不断缩小的趋势,服务贸易整体竞争力不断增强。

(1)进入21世纪后,虽然日本服务贸易仍然落后于货物贸易的发展,但仍然取得了较为可观的成就。交通运输、金融服务等贸易领域,在日本政府的指导下取得很大进步。据世界贸易组织统计,进入21世纪以来,日本服务贸易总额一直居于世界前列。2008年,日本服务贸易进出口总额达3183亿美元,比2007年增长13.9%,其中进口1695亿美元,出口1488亿美元。

(2)服务出口增长快于进口。2000~2008年,除在2001年和2004年,服务贸易逆差额两次小幅上升,其余年份均比上年出现不同幅度的下降,其中2008年较上年下降1.2%,逆差已缩减至220亿美元。

(3)服务进出口集中于少数几个行业。日本服务贸易主要集中在运输、专有权利使用费和特许费、旅游以及其他商务活动共四个主要行业,运输业为第一大服务贸易进出口行业。2008年,日本运输服务出口额和进口额分别达到468亿美元和540亿美元,比上年分别增长11.5%和

10%，运输服务的逆差达到72亿美元。旅游业作为日本服务贸易第一大逆差行业，2008年旅游服务逆差额下降到近171亿美元。

4. 不断拓展变化的产业范畴

服务经济时代，产业融合、产业升级不断强化，产业前沿不断推进。即便在服务业内部，"传统"服务业与"现代"服务业的差异也不再绝对化，一些"传统"服务业正在不断扩充"现代"内涵。

（1）咨询业蓬勃发展。

咨询业像一只无形的手在操纵智慧（见图1-10）。[①] 从20世纪70年代起，美国咨询业快速发展。据统计，1982年，美国咨询机构已达8700余家，专业咨询人员逾26万人，年营业收入达300亿美元以上。至1991年，美国咨询业产值占国民生产总值的3%，并以每年10%的速度递增，咨询业已从第三产业中分化出来，形成第四产业。目前，美国的咨询企业大约有1万家，其中智囊团类型的综合咨询研究机构有400~500家。美国的咨询服务市场范围非常广泛，从工程咨询、决策咨询、管理咨询，到会计、法律、医药和个人咨询等，涉及社会生活的各个方面。[②]

德国咨询业发展始于20世纪50年代，1989年以来，德国咨询业增长率均超过10%，1991年则超过20%。1996年德国咨询业营业额比1989年增长了一倍多，达到153亿马克，从业人员总数达到46900人，人均营业额高达32.6万马克。目前德国拥有各种咨询机构9000多家。从总体上看，德国咨询业保持着稳定、快速的发展，年增长率远远高于德国国民经济增长率，已成为德国一个成熟的现代产业，在德国社会经济中扮演着重要的角色。[③]

[①] 咨询业的国别发展情况参阅元利兴《发达国家咨询业发展特点及其对我国咨询业的启示》，载徐伟主编《加快服务业发展问题研究》，社会科学文献出版社，2011。

[②] 梅伟、胡一蓉：《发达国家咨询业发展历程、特点及趋势》，《中国科技信息》2010年第18期。

[③] 王质勤：《德国和中国咨询业比较浅析》，《经纪人学报》2005年第1期。

成功经验（rule of thumb）：
独立运作、人才素质高、执业资格严、信贷优惠、政府倚重"智囊团"（卡特政府：布鲁金斯研究所；里根政府：斯坦福大学胡佛研究所）

美国咨询业像一只"无形的手"在操纵"智慧"

大型企业实力雄厚：约1万家，智囊团400~500家

产值高、增长快、优势明显：占GDP3%，增速10%

国际化程度高：国外业务比例；咨询业务收入国外比例高。

咨询服务范围广泛：工程、决策、管理、会计、法律、理财、医药、社会管理……

图1-10　美国咨询业

20世纪70年代以后，日本咨询业发展速度很快。21世纪初，日本的咨询公司、机构、团体等达到6000家左右，从事经营的咨询师人数有1万人左右，涌现出了在世界上享有盛誉的咨询机构，如野村综合研究所、日本三菱综合研究所和日本亚洲经济研究所等。

（2）文化产业异军突起。①

文化产业部门是世界经济增长速度最快的一个部门。根据联合国贸发会议（United Nations Conference on Trade and Development，简称UNCTAD）统计，1994~2002年，该部门的出口由390亿美元增长到590亿美元。据估计，该部门产值占世界GDP的7%，并预测每年的增长率可达10%。随着现代科学技术沿着硬件—软件—互联网—文化的方向纵深发展，整个产业链的核心价值也沿着制造—信息—知识—文化内容的链条转移。在生产、制造、发行（分配）和营销上快速的技术经济变化（如iPod，iTunes，Amazon，Google），以及在数字世界里

---

① 感谢中国对外文化集团董事长张宇提供此部分相关数据。

知识产权的日益商业化，可以说明这种增长。

最近10年来，文化和版权产业产生了超过世界平均值的持续和稳定的增长，文化产业在国民经济中所占的比重不断增大，文化产业对经济的贡献越来越大，文化贸易也成为一些国家的支柱性行业。

进入21世纪以来，在西方发达国家，文化产业在GDP中的比重都普遍高于10%，美国文化产业在GDP中的比重高达25%以上，在其国内产业结构中仅次于军事工业。正如美国学者沃尔夫所言，"文化、娱乐——而不是那些看上去更实在的汽车制造、钢铁、金融服务业——正在迅速成为新的全球经济增长的驱动轮"。①

自1996年以来，美国的文化产品出口就超过航空航天工业成为第一大出口创汇产业。据统计，美国文化产业就业人员占全部就业人员比例达到20%。英国2002年的文化产业出口就达到175亿美元，2003年仅次于金融业。日本文化产业的规模比电子业和汽车业还要大。截至2005年底，日本与动漫有关的市场规模已超过2万亿日元，动漫产业成为日本第三大产业，广义的动漫产业占日本GDP十几个百分点。在日本，文化产业作为高增长领域，其产业规模超过电子和汽车业，成为经济支柱。类似的趋势也在一些大的发展中国家如印度、墨西哥和巴西同时出现。

目前，传播于世界各地的新闻，90%以上由西方七大国垄断。世界音乐市场被大的公司所主导，最近的估计认为环球公司占有世界音乐市场销售的23.5%，百代公司占有13.4%，索尼公司占有13.2%，时代华纳公司占有12.7%，贝图斯曼占有11.9%，其余独立公司占有25.3%。当前，全球50家媒体娱乐公司占据了当今世界95%的文化市场。

随着文化产业的蓬勃发展，文化贸易成为国际经济竞争新的焦点。作为国际服务贸易的一个重要组成部分，国际文化贸易已成为当今全

---

① 〔美〕沃尔夫：《娱乐经济》，光明日报出版社，2001，第14页。

球服务贸易竞争的重点领域之一。表1-2可以反映当前主要经济体的文化贸易开展情况。

表1-1 2009年财富500强中的国际大型文化集团名次

单位：百万美元

排名	企业	国别	行业分类	销售收入
159	时代华纳	美国	娱乐	46984
201	沃特迪斯尼	美国	娱乐	37843
250	新闻集团	美国	娱乐	32996
347	贝塔斯曼	德国	出版、娱乐	25647
452	Maruhan	日本	娱乐	20465

表1-2 2009年主要国家和地区世界个人、文化和娱乐服务情况

单位：百万美元，%

排名	国家或地区	出口额	出口占比	排名	国家或地区	进口额	进口占比
1	美国	13808.800	39.3	1	法国	3513.7	11.7
2	英国	3077.910	8.8	2	德国	2762.5	9.2
3	法国	1886.900	5.4	3	加拿大	2095.2	7.0
4	德国	1212.360	3.4	4	意大利	2009.8	6.7
5	日本	163.515	0.5	5	西班牙	1957.7	6.5
6	加拿大	1879.250	5.3	6	美国	1938.5	6.5
7	西班牙	1694.170	4.8	7	日本	1055.7	3.5
8	意大利	1197.660	3.4	8	英国	1043.8	3.5
9	卢森堡	1079.480	3.1	9	卢森堡	984.2	3.3
10	匈牙利	1010.460	2.9	10	巴西	958.0	3.2
11	荷兰	805.452	2.3	11	荷兰	936.1	3.1
12	土耳其	774.000	2.2	12	匈牙利	884.9	2.9
13	马耳他	670.417	1.9	13	奥地利	874.7	2.9
14	比利时	583.604	1.7	14	韩国	832.1	2.8
15	韩国	515.600	1.5	15	俄罗斯	805.5	2.7
16	瑞典	494.282	1.4	16	葡萄牙	673.9	2.2
17	挪威	486.922	1.4	17	比利时	673.9	2.2
18	阿根廷	349.771	1.0	18	委内瑞拉	652.0	2.2
19	俄罗斯	347.580	1.0	19	挪威	606.0	2.0
20	葡萄牙	313.581	0.9	20	瑞典	467.9	1.6
	以上合计	32351.700	92.0		以上合计	25726.1	85.6

资料来源：根据IMF数据整理，转引自中国商务部《中国服务贸易发展报告2010》，中国商务出版社，2010。

文化产业的崛起与先进技术的运用密切相关。互联网技术和传统技术革新之间的重要差别在于新技术的功能和属性。20世纪之前，除了印刷术以外，多数技术革新的经济和社会效应在于改进和提升劳动者的身体条件，如内燃机的发明、电的使用和新运输工具的运行，使得人们的肢体劳动条件得到改善，新技术节省了劳动时间，也使得人们的生活变得更轻松。但是随着计算机、互联网的出现，劳动者的智力水平和沟通能力得到了极大的提升。这种翻天覆地的变化发生在工业历史上一个关键时期（这个时期的特点是服务业的地位上升）：经济在非物质化，知识附加值在产品价格中占的比重越来越大。所谓产品价格的知识因素是指与产品有关的销售学、设计和计划、法律、财政金融、推销技术、研发以及为顾客服务等因素，这些因素都是无形资产。这种变化将解构等级森严的大工业秩序。一种新的商业模式的诞生，正在引发一场深刻的经济社会变革。

文化产业迅速成为经济发展的支柱产业还有着独特的社会背景。现代社会的各国都在缩短工作时间。美国、法国、德国等政府都认为，缩短工作时间将改写经济结构和提供最大的就业机会。新技术和其他一些因素可以让人们把生命中一半以上的时间用于休闲。这样的社会需要保证了文化产业在未来社会中的地位将越来越重要。

【专栏 1-8】

文化产业蓬勃发展

1. 创意产业

创意产业的文化价值，不仅仅体现在创意产业本身产品和服务的产出，而且体现在"文化"逐渐成为推动经济活动和产业发展的核心要素。正如许多国家创意产业的成功经验所表明的，创意已经成为整

体经济的推动力。

文化与创意,除了经济功能之外,还有重要的社会功能。创意产业,除了促进经济发展与创造就业之外,还有助于实现联合国提出的需于2015年完成的千年发展目标(Millennium Development Goals, MDGs),包括消除贫困、性别歧视、疾病以及实现可持续发展等。

多年来,创意产业是联合国推进MDGs实践的重要方法之一。创意产业有助于推动贫困地区的经济发展,因为创意产业多以个人或中小企业的规模发展,这有助于地区经济与社区化的产业发展,通过文化、艺术经济活动,重构地区经济发展的动力。创意产业有助于推进落实性别平等,因为社区化、小规模的创意产业,能够为妇女提供就业机会,从而得到社会认可。创意产业有助于实现可持续发展。创意产业的投入,不是有形的自然资源与能源,而是文化和历史的积淀,以及人们的创造力和想象力。创意产业的产出,除了经济效应之外,还有文化和价值的多样性,有助于形成持久的发展模式。创意产业有助于促进对新生代的社会包容(Social Inclusion),提供新生代在文化、艺术等领域的就业机会,避免新生代成为反社会的因素。

当前,创意产业是国际贸易中最有活力的领域之一。据联合国贸发会议统计,2005年,国际创意产业贸易额(包括创意产品及服务)达4452亿美元,2000~2005年,平均增长率达8.7%。1996~2005年,全球创意产业出口产品由2340亿美元增长到4452亿美元,其中,创意服务出口翻了两番,由456亿美元增长到1097亿美元,占创意产业出口的比重由19%增长到25%。按此增速测算,2010年,全球创意产业贸易额可以达到7000亿美元,占世界贸易额(包括产品和服务)的比重可以达到1/20。

联合国贸发会议近年来一直在关注创意经济发展问题,先后出版了《2008创意经济报告》、《2010创意经济报告》。其中,《2008创意经济报告》由联合国贸发会议牵头完成,参与部门包括联合国的其他四个附属机构——联合国开发计划署（UNDP）、联合国教科文组织（UNESCO）、世界知识产权组织（WIPO）和国际贸易中心（ITC）。①

2. 出版业

世界出版业前50位领军者的数据显示，2007年全球出版业保持较为稳定的增长。2007年，全球排名前5位的出版公司销售收入总额累加达到318.7亿美元；前10位累加达到428.8亿美元（第10位阿哥斯蒂尼公司的数据不可获知）；全球排名前50位的公司销售总额累加为722.1亿美元（除去数据不可获知的3家出版公司）。50家上榜出版企业中，公司总部母国位于美洲的有11家，位于欧洲的有30家，位于亚洲的有9家。

2007年，美国图书市场总额接近250亿美元，同比上涨3.2%；英国图书出版业总产值为100.4亿美元，出版商共销售图书8.6亿册，销售总额为59.1亿美元，分别比2006年增长9%和6%；法国图书出版种数增长2%，图书销售额增长3%；德国商业街图书销售额增长3.9%，销售额达82亿美元。

美国已把版权产业作为国民经济中一个单独的产业来看待。其所言版权产业包括四类：第一类，核心类的版权产业，其特征是创造有版权的作品或者受版权保护的物质产品，主要对享有版权的作品的再创作、复制、生产和传播。具体而言，包括计算机软件业、录音制品制作业、影视节目制作业、报刊和书籍出版业、电台和电视台广播业、戏剧创作演出、广告业以及数据处理等产业。第二类，属于部分的版权产业，即部分物质产品是有版权的，如纺织业、商业和建筑业。第三类，发行类版权产业，指有版权的作品进行批发和零售。第四类，

---

① 《2008创意经济报告》分五部分内容：第一部分对创意经济的概念及相关背景知识作了介绍，第二部分阐释了创意经济研究理论和分析方法，第三部分分析了创意产品及服务的国际贸易问题，第四部分专门探讨了知识产权和技术在创意经济发展中的功能定位问题，第五部分对促进创意经济发展提出了一些策略。

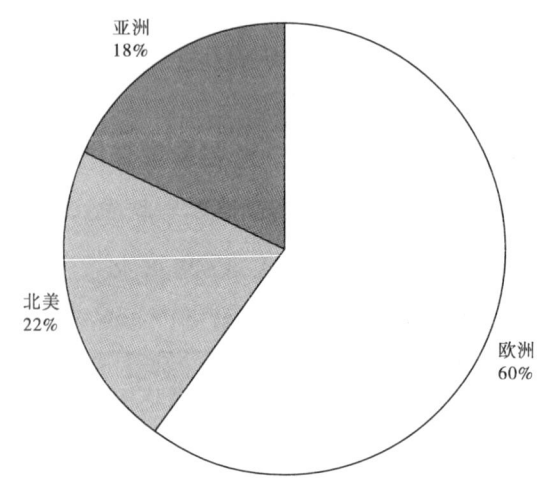

图 1-11　世界图书出版业前 50 位地区分布情况

资料来源：Publishing's World Leaders, Publishers Weekly。转引自中国商务部《中国服务贸易发展报告2009》，中国商务出版社，2009。

与版权有关的产业，指在生产销售过程中，要用到或部分用到与版权有关的材料，如计算机产业、收音机、电视机、录音音响设备等。1999年，全部版权产业为美国经济创造了6167亿美元产值，占国民经济总产值7.33%，比1998年增长了9.9%。其中，核心版权产业创造4572亿美元的产值，占国民经济产值4.94%，同比增长10.9%。1977~1999年，全部版权业的净产值在国内生产总值中的增长率为303%；核心版权业的净产值在国内生产总值中的增长率为360%，年均增长7.2%，是同期美国经济总增长率（3.1%）的2.3倍。美国核心版权业就业人数占全美各行业就业人数的比例，从1977年的1.6%（150万人），增加到1999年的3.24%（430万人）；整个版权业的就业人数占全美人数的比例，1977年为3.3%（300万人），1999年为5.7%（760万人）。从出口看，1991年核心版权业的出口额是361.9亿美元；1996年核心版权业的出口额是601.8亿美元，比1995年增长了13.3%，居美国各行业的第一位，超过了汽车及配件（598亿美元）、农产品、航天业、计算机业（376.3亿美元）等等；1999年为796.5亿美元，比1998年增长了15.1%，仍居各业之首。在核心版权业中，计算机软件业发展最快，出口额从1991年的196.5亿美元增加到1999年的497.9亿美元，增长率为153.3%；电影业的出口额从1991年的70.2亿美元增加到1999年的137亿美元，增长率为95.3%。可见，美国版权业特别是核心版权业已成为美国国民经济中发展最快、就业人数最多、出口最多的产业，在美国占了很重要的比重。

3. 娱乐文化产业

日本文化产业有其代表性的内容领域。漫画、动画、游戏软件等相关产品已代表日本国的形象在世界范围内广泛传播。一些西方国家将现在的日本文化产业称为"Cool Japan"。

从音乐产品市场看，2006年日本占有全球音乐产品销售市场份额的16%，排名第二。而美国以34.3%位居第一。日本的游戏业、出版业则通过各种渠道占据着世界市场一半以上的市场份额。而众所周知的日本动漫则占据了世界动漫市场的65%。

2004年，韩国文化产业在世界市场中的份额已经从5年前的1%上升到5%，韩国的经济实力虽然排在世界前十强之后，但却成为世界第五大文化产业国。2006年韩国游戏产业出口额达6.7199亿美元，网络游戏成为韩国最具创造性的产业经济；韩国目前已经成为世界三大动漫生产国之一，其产值现在仅次于美国和日本，跃居世界第三，其动漫生产量占全球30%，是中国的30倍。韩国的最终目标是成为21世纪文化大国、知识经济强国。

根据美国电影协会（MPAA）公布的数据，2009年全球电影票房收入达299亿美元，比2008年的278亿美元增长了7.5%，创历史新高。其中，北美洲（美国和加拿大）市场票房收入106亿美元，首破100亿美元大关。

表1-3 世界电影票房收入

单位：亿美元

年份 地区	2005	2006	2007	2008	2009
北美	88	92	96	96	106
北美以外	143	163	166	181	193
世界	231	255	263	278	299

资料来源：MPAA, Theatrical Market Statistics, 2009. 转引自中国商务部《中国服务贸易发展报告2010》，中国商务出版社，2010。

尽管印度已经成为每年生产电影超过1000部的最大电影产品生产国（2007年达到了1164部），但美国电影产品依旧在全球市场占据主导地位，美国电影产品通常占有全世界受众的85%。2008年，全球票房收入前十名的电影产品中，由美国电影公司生产的就占8部。美国电影票房收入占全球票房的93%。而2009年中国电影的产量为456部，票房9.06亿美元，占全球票房的比例为3.1%。

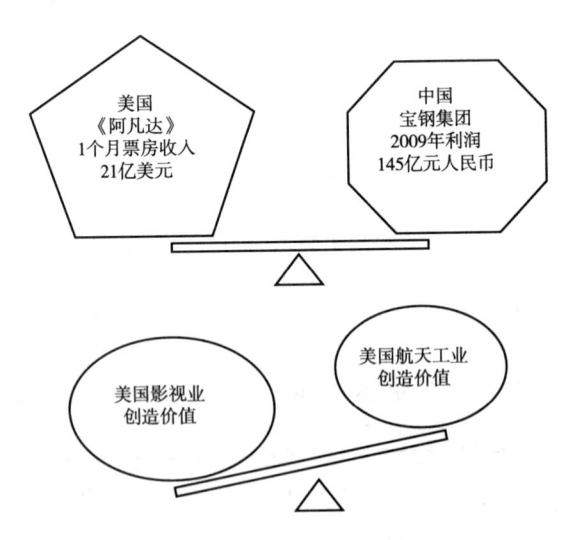

美国《阿凡达》1个月票房收入21亿美元

中国宝钢集团2009年利润145亿元人民币

美国影视业创造价值

美国航天工业创造价值

2008年，中国电影、音像出口4.2亿美元，比2007年增长32.1%；进口2.5亿美元，比2007年增长65.6%；顺差1.7亿美元。2009年，中国电影、音像出口大幅下降，出口额1亿美元，比2008年下降76.2%；进口3亿美元，比2008年增长20%；自2006年以来首次出现逆差，逆差额为2亿美元。2000~2009年，中国电影、音像年均出口增长56.9%，占中国服务出口额的比重一直在0.2%左右；进口年均增长36.4%，占中国服务进口额的比重也一直维持在0.2%左右。

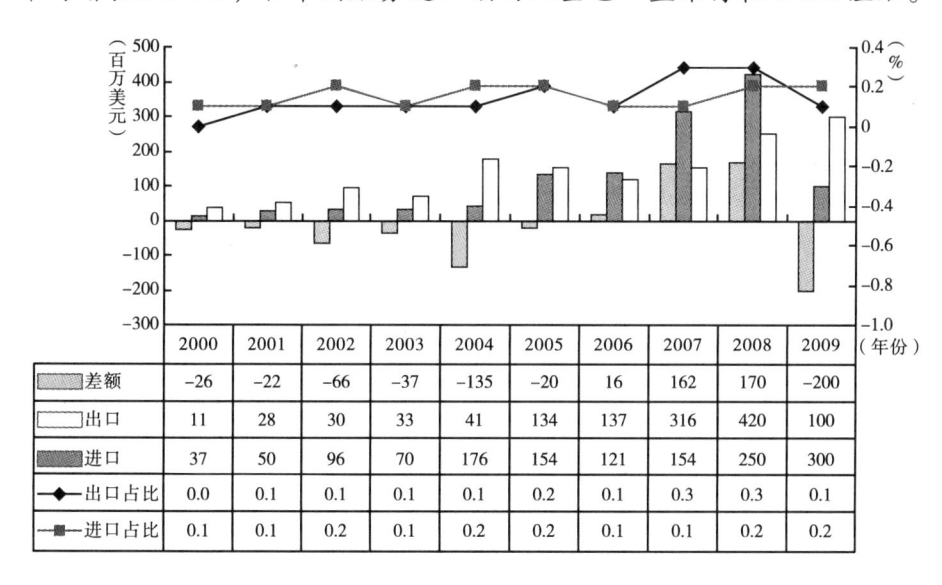

	2000	2001	2002	2003	2004	2005	2006	2007	2008	2009
差额	-26	-22	-66	-37	-135	-20	16	162	170	-200
出口	11	28	30	33	41	134	137	316	420	100
进口	37	50	96	70	176	154	121	154	250	300
出口占比	0.0	0.1	0.1	0.1	0.1	0.2	0.1	0.3	0.3	0.1
进口占比	0.1	0.1	0.2	0.1	0.2	0.2	0.1	0.1	0.2	0.2

图1-12　2000~2009年中国电影音像服务进出口情况

资料来源：国家外汇管理局，转引自中国商务部《中国服务贸易发展报告2010》，中国商务出版社，2010。

4. 体育产业与奥运经济

2000年奥运会在澳大利亚的悉尼召开。据报道，世界上11家著名大公司向奥运会提供了约6.5亿美元，以换取广告权等权利，全世界有1.5万名国际企业的经理人员到悉尼观看奥运会，在悉尼开支高达30亿美元之多。电视转播费收入达到了创纪录的14.8亿欧元，体育场馆的上座率高达91%，达到4.88亿欧元。此外，奥运会的派生产品（如运动衣和奥运小旗）销售额达到2.59亿欧元，而悉尼的旅馆业和餐饮业客人爆满，主要旅馆和饭店入住率竟然高达98%，到底它们赚了多少钱还不知道。奥运会使澳大利亚的经济整体受益，悉尼奥运会组委会的一位领导人说,这届奥运会的成功对澳大利亚经济的促进作用将持续 10 年之久。奥运会促进举办国的经济发展是一个不争的事实,而且其促进作用一次比一次更大,奥运会对于经济的推动意义是一个突出的例证,反映了文化产业的重要时代特征。

第二节　服务经济时代的发展模式

谈到服务经济时代的发展模式,有三个不容忽视的关键词:第一个是创新。它揭示服务的价值源泉。第二个是规模经济。它揭示产业和经济体的国际竞争优势。第三个是政府。历史地看,服务经济的崛起与政府在经济中作用的凸现基本保持同步,这不是一种简单的巧合。它直观地反映一个事实,即服务业发展需要不同于制造业发展的力量支持。

一　服务业引领创新[①]

有学者指出,现代经济增长的源泉,一是"与科学有关的技术"的广泛应用,二是服务业的发展提高了经济的整体效率,三是现代信息通信技术(ICT)渗入和改造各产业部门。[②]

服务业如何推进技术创新?首先,需求引领技术创新。需求引领着创新是熊彼特"创新理论"的基本思想。产业发展的需要,始终是引领和推动技术创新的核心动力。正是从这个意义上,我们说"科技创新不仅仅是科学家的事情,更是企业家的事情"。在服务业领域,这

---

① 本书第二章关于服务业发展规律的论述中,对创新与服务业之间的关系还有更具体的阐述。
② 吴敬琏:《中国增长模式抉择》,上海远东出版社,2009。

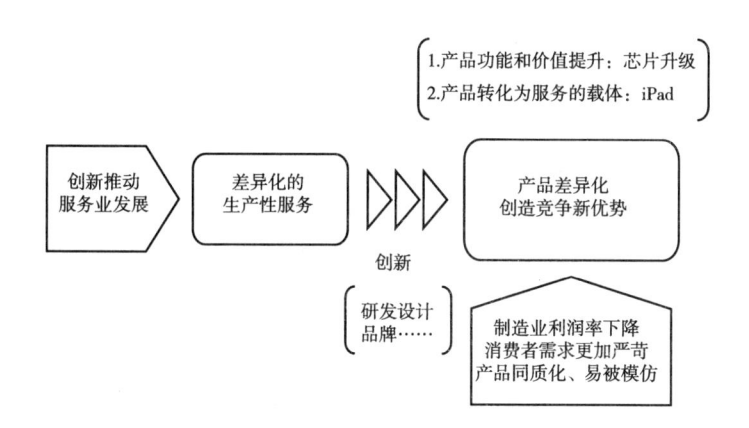

图 1-13 服务业引领技术创新

个规律体现得更加突出，因此，服务业对技术创新的引领和推动作用表现得更加明显。从 20 世纪中期开始，服务经济成为人类经济社会的主导，服务业产业发展的需求不断在增长，正是这种产业发展的需求不断引领和推动着一轮又一轮科技创新与技术进步，而 ICT 技术就是一个典型。美国经济学家 Jack E. Triple 和 Barry P. Bosworth 曾经指出：信息技术革命是一个服务业的故事。服务业而非制造业才是科技的主要运用者、传播者和引领技术进步的主要推动者。可见服务业发展对于 20 世纪中期以后即科技创新和技术进步的重要意义。

当代经济已经发展到了一个只有通过技术进步才能保持竞争优势和持续发展的阶段（如图 1-14 所示）。技术创新成为决定一个产业发展前景的关键。继农业、制造业之后，人类社会已经进入服务业为主导的经济社会形态。服务业发展的主要投入要素向知识要素升级。詹姆斯·马丁在《生存之路》中这样写道："知识以许多不同的方式创造金钱。它转化为有效的市场营销、好的设计、满意的顾客、好的生产方式、更为有利可图的决策。不断更新和提高知识是竞争优势的原始源泉。"服务业的发展也必须依赖于技术创新。在经济全球化时代，服务业面临的市场更加广阔，面临的竞争更加激烈，技术创新的压力更大。

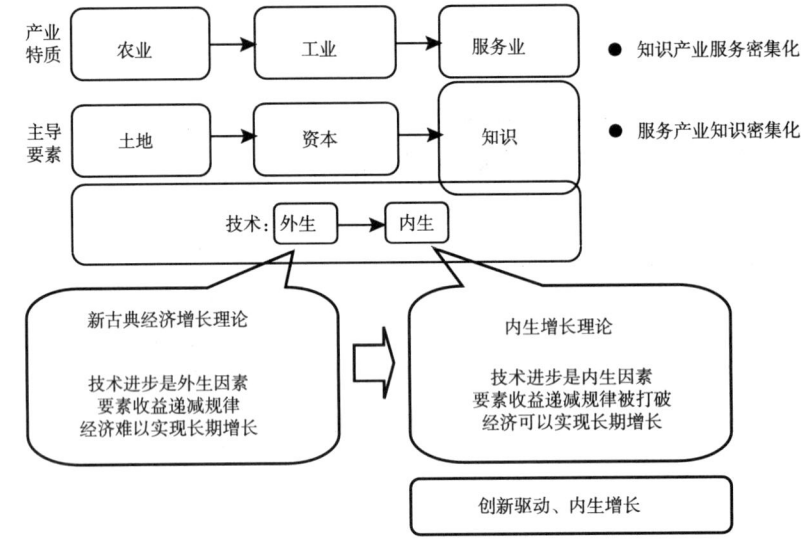

```
产业         ┌────┐    ┌────┐    ┌─────┐        ● 知识产业服务密集化
特质         │农业│───▶│工业│───▶│服务业│
             └────┘    └────┘    └─────┘
主导         ┌────┐    ┌────┐    ┌─────┐        ● 服务产业知识密集化
要素         │土地│───▶│资本│───▶│知识 │
             └────┘    └────┘    └─────┘
                    技术：外生 ──▶ 内生
```

图 1-14 服务经济增长的理论基础

新古典经济增长理论：技术进步是外生因素，要素收益递减规律，经济难以实现长期增长

内生增长理论：技术进步是内生因素，要素收益递减规律被打破，经济可以实现长期增长

创新驱动、内生增长

【专栏 1-9】

信息技术（ICT）革命是一个服务业的故事

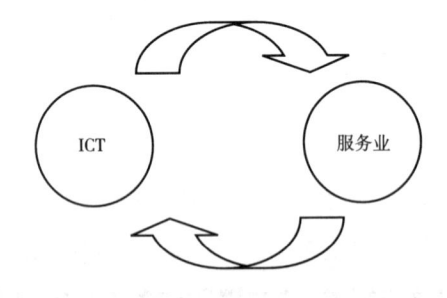

信息技术革命是一个服务业的故事。
——Jack E. Triple & Barry P. Bosworth

经济学把 ICT 视为"服务业的故事"的根据如下。[①]

---

① 摘编自吴敬琏《中国增长模式抉择》，上海远东出版社，2009。

第一，从信息通信产业的兴起来看，它得益于现代经济增长中与科学相关技术的广泛运用和服务业的兴起。以信息通信技术革命的策源地硅谷为例，早期的政府采购、大学、风险投资、股票市场和期权市场、律师和会计师事务所都在其中扮演了非常重要的角色，这些因素在统计上都属于服务部门。

第二，就信息技术的供给而言，随着产业的成熟，美国企业越来越多地通过外包和直接投资在国外进行制造，其本土的信息产业则越来越向服务部门倾斜。其实，这也是世界信息产业的总体格局。《欧洲信息技术观察2004》指出，2003年世界电子信息产品制造业的比重为25%，而软件、IT服务和电信服务业所占的比重则达到了71%。

任何一种产品创新在工艺上相对成熟之后，发达国家就通过外包、直接投资等方式转移到新兴工业化国家或是发展中国家，而发达国家本身则越来越集中于设计、研究开发和市场等方面，集成电路、电子元器件、个人计算机组装、软件等。在这个过程中，IT产业的国际化特征是相当明显的，几乎没有一个国家的信息通信产业体系是完整和自足的，这个行业的生产过程是一个全球化的体系。

第三，就ICT的使用而言，服务部门的IT投资最为密集。根据美国经济分析局在20世纪90年代中期的计算，服务部门使用了近80%的计算机投资。美国IT资本密集使用部门大部分属于服务业。

第四，密集使用IT资本使服务业发生了深刻转型，其劳动生产率和全要素生产率增长开始领先于其他部门。根据Jack E. Triple和Barry P. Bosworth对美国的54个行业（其中包括被列为服务部门的全部29个行业）的研究，1995~2001年，服务业的劳动生产率以年均2.6%的速度增长，超过了物质产品生产部门2.3%的增速。全要素生产率是一个比劳动生产率远为综合的指标，在这个方面的结果也是类似的，服务业的全要素生产率在1977~1995年每年增长0.3%，而在1995~2001年则为1.5%。在这一过程中，服务业IT投资解释了IT对美国劳动生产率贡献的80%。所以，服务行业不仅是ICT的第一大用户，也是促进服务业效率改进的关键因素之一。①

这种IT导致服务业效率大幅提高是与服务业的转型同步进行的。吉福德·平肖认为：创新时代实际上是信息时代的天然的伴随物。尽管我们掌握了新的信息，但仍然有薄弱环节，它不是出现在信息的创造上，也不是出现在信息的储存上，甚至也不在信息的获取上，而是出现在利用新的信息去做新的事情上。信息技术的采用使服务业的劳动分工得以深化，这种趋势的标志之一就是服务贸易的迅速发展，基于IT的服务可以在分离的国家进行了，离岸服务贸易和基于网络的服务（IT-based Services）概念应运而生，并成为目前国际贸易和投资政策的热点。这一转型的核心是服务业与制造业的趋同趋势，或者用弗里曼（Chris Freeman）和苏特（Luc Soete）的话说，"从根本上说，信息通信技术（ICT）使服务业更具贸易性并且更像制造业，使工业和服务业更加趋向一致"。

由于政府部门是信息高度密集的服务部门，使用IT技术将会更加具有提高效率，增加透明度和可问责性的潜力，所以，自从美国政府1993年明确提出电子政府（E-government）理念之后，这一理念的实践也快速发展并向世界扩散。

从上述四个方面来看，经济学家所说的"信息通信技术（ICT）革命是一个服务业的故事"有充分的证据支持。其实从理论的角度看，信息技术（IT）革命与服务部门关系特别密切并不奇怪。既然服务部门是一个受到信息成本极大约束的部门，而信息技术革命通过信息处理手段和信息传播方式的革新使服务部门发生转型，并进而大大推动发达市场经济国家生产率的提高，就是自然而然的事情了。

---

① Jack E. Triple & Barry P. Bosworth, Productivity in the U. S. Services Sector: New Sources of Economic Growth, Brookings Inst Pr., 2004.

其次,服务业具体部门直接为科技创新服务。服务业是知识的生产者、运用者和传播者。服务业将知识资本和人力资本传递到其他产业。我们看得见摸得着的一些服务业都是科技创新的直接推动者和传播者。技术创新包括研究开发、中间试验、商品化、产业化等多个阶段的复杂环节,在此过程中,离不开服务业的介入。生产性服务业站在生产、运用和传播知识与技术的最前沿,因此,生产性服务业自身的技术创新也非常活跃,产生了一批对行业具有重要影响的技术成果。生产性服务业的主要部门,本身就是技术创新产业部门,例如研究与开发服务业、软件服务业、产品设计服务等等。

技术创新的资本融资过程需要金融服务业的直接参与。技术创新具有高投入、高风险、高收益的特点,需要风险投资的支持和介入。金融服务业可以迅速地集聚金融资本并将其集中投入技术创新中,促进技术转化为现实生产力。没有风险投资,就没有高科技产业。金融服务不仅为科技创新提供融资服务,还为其降低风险。金融服务业可以为经济体和市场筛选出最具增长潜力、竞争实力和行为诚信的企业与企业家。

技术创新的研发过程需要研发与科技服务业的直接参与。研发企业是现代服务业的重要组成部分。专门的科技创新服务业,如知识产权中介服务、科技产品推介服务等,可以为科技创新寻找市场。

人力资源服务业,可以为技术研发企业提供人力资本积聚的服务,从而直接提升技术创新的水平。

市场研究、管理咨询、法律、会计、评估等专业服务,可以为技术创新提供市场前景分析、风险评估与规避等服务。

【专栏1-10】

没有风险投资就没有高科技

风险投资是"把资金投向蕴藏着较大失败危险的高新技术开发领

域，以期成功后取得高资本收益的一种商业投资行为"。它是西方发达国家为了适应新科技革命和高新技术产业发展而创新的一种融资方式，在国外经济运行实践中已经取得了巨大的成功。

美国的高新技术之所以能在全球范围内长期保持领先地位，一个重要的原因就是美国拥有世界上最发达的资本市场，该市场具有更加多样化的交易方式、交易规则和多层次的投资群体，是联络处于不同风险期的企业与拥有不同风险偏好的投资者之间的纽带。美国资本市场所具有的特点为高科技产业的发展提供了诸多便利和激励机制：首先，资本市场和风险投资联动的市场化选拔机制是美国高科技产业创新和发展的基础。高科技产业具有高投入、高风险和高回报的特点，风险投资集合社会的资金，通过市场化的运作方式，发现并培育具有发展潜力的中小企业，并将其中的佼佼者推向资本市场。其次，资本市场将科技人员的积极性充分调动起来，大大缩短了科学技术与产业的距离。通过高科技企业上市，许多普通的科技人员积累了巨大财富，激励了成千上万的科研人员怀着同样的梦想辛勤创业，也使得世界各国优秀的科技人才源源不断地流入美国。再次，资本市场不仅为创新企业提供发展所需的资金，也为其提供其他各种社会资源，促其迅速形成竞争优势。资本市场提供的股权和期权计划，帮助创新企业形成良好的激励机制和公司治理结构；资本市场为创新企业提供世界一流的专业财务和管理顾问服务，使其一举脱离传统作坊式的经营方式，成为真正现代意义上的企业；同时，资本市场也为创新企业进行并购和扩大业务范围提供融资便利。最后，资本市场还有利于分散高科技创业风险。

始建于1971年的华盛顿纳斯达克（NASDAQ）市场是全球第一个电子化的股票交易市场，它使得大量无法在纽约证券交易所上市的中小科技型企业获得了融资发展的机会，同时大量新生高新技术中小企业的不断涌入，也推动了纳斯达克市场的不断发展壮大，使其成为美国近40年来发展最快的金融资本市场。

在美国高新技术产业的飞速发展中，风险投资起到了举足轻重的作用。风险投资是硅谷高新技术产业发展的催化剂。全美 600 多家风险投资公司中的一半把总部设在硅谷。1999 年全美一半的风险投资在硅谷。有 271 家接受风险资本资助的公司上市，占当年上市公司总数的一半。平均 5 天就有一个风险资金支持的高新技术公司股票上市，每天可以创造 62 个百万富翁。

最后，服务业发展方式有利于推动科技创新。最典型的组织方式如服务外包。它可以通过充分激发各产业、各企业的比较优势，降低技术创新企业的成本，加快技术创新的步伐。当前，新一代高增加值服务外包的需求，既以云计算和物联网为基础，又极大地拓展了云计算和物联网技术革新的空间与形式，不断催生新的业态与经济增长点。

二 规模经济与国际竞争中的先机抢占

服务经济时代也是服务全球化时代，规模经济、范围经济和产业集聚水平可以决定后发国家产业非线性升级的竞争力。这一点已经在新兴经济体得到验证。它们从各国国情出发，主动或从动地选择了服务业开放式升级的不同战略和实施步骤。如印度是在制造业发展与开放不太充分的情况下，先行推动承接服务外包和软件信息服务业的发展；中国和东亚一些新兴市场则是制造业升级与开放取得重大进展并正对服务业释放出巨大需求的情况下推动服务外包与产业升级。此外，部分后发国家也同步推进制造业与服务业的开放与升级，如一些中东欧国家。总的来看，后发国家产业非线性升级基本上遵循规模经济、范围经济和产业集聚等共性规律与趋势，一些中心城市和产业园区成为先导和主体；服务业对产业集聚、城市集聚的要求更高，培育更高水平的产业集聚成为决定各国承接跨国产业转移与外包能力、助推产业非线性升级的关键要素。

【专栏 1-11】

国际经济竞争中先机的抢占

国际经济学对具备规模经济特征的两国、两种产品的产业内贸易给出了理论解释。该模型的关键在于揭示出生产和消费完全相同的两国之间也可以发生贸易，此其一；其二，更重要的是，最后的两国分工主导地位完全取决于谁抢占了先机。如图 1-15 所示，两国谁最终专注于生产产品或服务 B_1（或 B_2），完全取决于在发生贸易的那一刻，谁先抢占了产业制高点（如果产品或服务 B_1 优于产品或服务 B_2，则制高点在 B_1 产业）。

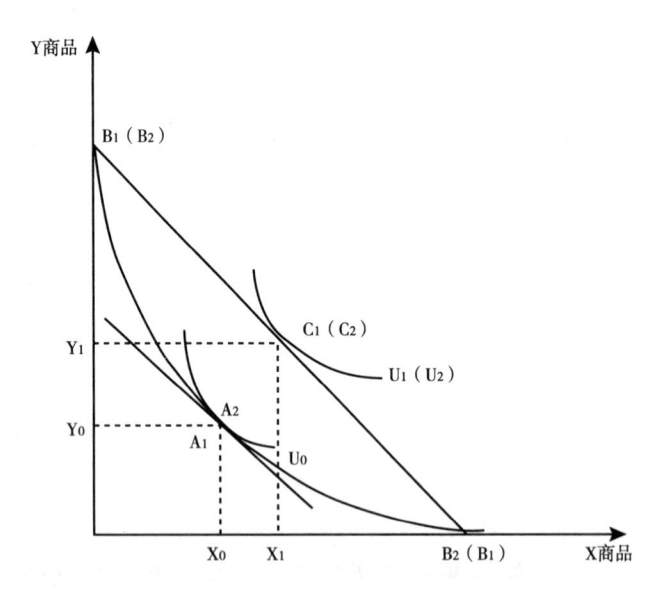

图 1-15 两种商品先机的抢占

注：通过规模经济条件下的自由贸易，两国社会福利均上升，无差异曲线 U_0 从贸易均衡点 A_1（A_2）移至 U_1（U_2），达到新的贸易均衡点 C_1（C_2）。

三 政府为什么重要?

20世纪上半叶开始,完全自由的市场经济已接纳了政府公共力量的干预和调控。服务经济开始勃兴的20世纪80年代,正是政府公共干预力量达到顶峰的时刻。这不是一种巧合。在制造业一度占据主导的经济结构中,服务业的产生、发展与壮大,早已留下深刻的政府烙印。第一,强制性制度变迁只能由政府筹划和推动。政府必须从时代背景、全球视野、战略思维出发,为国家的经济发展运筹帷幄。当一国经济发展面临内部和外部发展瓶颈时,由市场主体自发式的变革与创新可能是局部的、随机的、短期的。经济转型、产业升级这样的宏观经济策略,应该从上至下由政府组织推进。20世纪90年代,英国国内电信市场的国内垄断和对外封闭开始被打破。英国电信市场随之激发了巨大的活力。第二,保护落后服务业的职能只能由政府承担。与产品领域相比较,服务业发展水平均相对滞后,加之服务业天然具有本土属性,服务领域的市场开放和自由化程度比产品领域要低得多。落后产业自我保护能力弱,只有政府可以提供全面有效的保护。发展中国家的服务业有"双弱":一是相对本国的工业体系,服务业产业体系不健全、发展水平滞后;二是相对发达国家的服务业,本国服务业发展水平严重滞后。发展中国家政府的战略性保护可以为本国服务业发展创造市场和机遇。在发达国家,对本国服务业的保护其实一直是政府的主要功能。例如,服务业一直是其社会就业的主渠道,是本国居民就业的集中产业领域,政府在保障就业方面是责无旁贷的。实际上,即便在美国,与其开放的证券市场存在明显差异,银行业受到的保护依然非常严实。政府推动出台很多银行条例,对外国银行在美国的储蓄经营等活动进行严格控制,为的是保护本国银行业的生存环境。世界贸易组织虽然也在国际服务贸易领域提出了规范要求,但是对服务补贴等均没有明确的纪律约束。这是对服务业发展水平不高、政府扶持比较普遍以及部分发达国家恰恰是通过隐性或显在的补贴来抢占国际市场等因素的直接反映。第三，产业发展战略规划由政府完成更为科学。当代政府的基本职能之一在于对宏观经济予以调节和调控。发达国家的经济调节行为从来也没有比发展中国家的弱过，只不过调节经济的手段、途径和方式不同而已。美国的服务业和服务贸易发展就具有很明显的政府规划色彩。美国政府在20世纪90年代推出了服务先行策略，就是公共行政力量引导产业振兴并向国际市场进军的重要举措。第四，服务业对外扩张由政府来推动最为有效。20世纪70年代开始，美国开始将资源从产品领域向服务领域转移。在此过程中，政府推行经济外交，为本国服务业进入他国市场打开了通道。美国政府对其服务贸易的干预是广泛而深入的。美国的经验说明，在服务贸易发展过程中，尤其在服务贸易发展的初期，政府行为的有效介入是十分必要的，也是十分重要的，它可以起到保护新生、促进成长、维持优势的重要作用。进入21世纪后，以英国大力培育创意文化产业为先导，西方主要发达经济体开始在国际服务市场上展开角逐，培育和发挥本国新的竞争优势。

四 服务经济的宏观经济内涵

（一）服务业拥有比制造业更突出的宏观经济地位

第一，服务业而非制造业才是世界各国经济的主体。在英国等第一批工业化国家，工业化后期服务业比重超过制造业；但是，在日本等第三批工业化国家，工业化中期服务业比重就超过了制造业。当前，世界经济结构已经完成向服务经济的过渡。第二，发达国家经济走上科技进步为先导的内生增长模式，其根本动力在于服务业尤其是生产性服务业的发展而非制造业的发展。第三，主要发达国家在国际经济领域的优势主要源于并集中于服务业和服务贸易而不是制造业和货物贸易。美国作为世界上最大的服务贸易出口国，拥有世界上最大的服务贸易顺差，而其货物贸易则长年逆差。

(二) 服务业拥有比制造业更深远的宏观经济效应

第一，与制造业相比较，服务业具有更强的产业关联性。有学者曾指出，农业、采掘业和制造业是经济发展的砖块（Bricks），而服务业是把它们黏合起来的灰泥（Mortar）。① 还有学者认为，服务业是促进其他部门增长的过程产业（Process industry）……服务业是经济的黏合剂（Glue），是便于一切经济交易的产业，是刺激商品生产的推动力。② 大部分制造业的产业关联效应是"直线式"的，带动发展的主要是上、下游产业；而服务业尤其是生产性服务业的产业关联效应更具发散特征，是"辐射式"的，可以推动周边产业成本下降、效益提升、风险分散。第二，与制造业相比较，服务业对整体经济的带动作用是多层次的。制造业主要通过制造工作母机、中间产品来传递规模优势和成本优势；而服务业尤其是生产性服务业则通过产品研发创新、商业运作模式优化、管理效益提升、市场风险分析与规避、品牌建设与维护等服务来改造其他产业，传递着成本之外的竞争优势。第三，与制造业依赖静态比较优势参与国际竞争不同，服务业是动态比较优势的主要创造者。在服务经济崛起并成为世界经济主体之前，制造业是引领经济发展的主要力量，国与国之间通过资源禀赋为基础的比较优势展开竞争和融入国际经济循环。制造业发展受到一国资源优势的极大限制。随着信息通信技术、金融服务等的发展，比较优势可以动态化地在国家内部、国家之间转移和传递，而且这种转移和传递的速度和效益越来越快，后发展国家也可以吸引和积累发达国家才具有比较优势的资源——资本、知识、技术、管理等等——并以此发展本国服务经济。新兴经济体服务外包产业的迅速崛起就是典型例子。

---

① Shelp, Ronald K., Service Industries and Economic Development: Case Studies in Technology Transfer, New York: Praeger Publishers, 1984.
② Riddle D., Service-Led, Growth: The Role of the Service Sector in World Development, New York: Praeger Publishers, 1986.

（三）服务业拥有比制造业更深刻的宏观经济内涵

第一，从当前来看，危机后的复苏期，能否扭转全球经济失衡、促进中国经济再平衡在很大程度上决定着此次危机究竟是一场灾难还是一次机遇。当前，美国的贸易措施，从汇率政策到"两反一保"措施，[①] 其真实指向都是中国失衡的经济结构，而经济结构背后是产业结构的支撑。因此单从结构上看，中国经济再平衡、全球经济均衡化的关节点就在于中国服务业比重的提升。第二，从中期来看，加快服务业发展是事关"十二五"全局的重要任务。"十二五"期间，将把经济结构战略性调整作为加快转变经济发展方式的主攻方向；把科技进步和创新作为加快转变经济发展方式的重要支撑；把保障和改善民生作为加快转变经济发展方式的根本出发点和落脚点；坚持把建设资源节约型、环境友好型社会作为加快转变经济发展方式的重要着力点；把改革开放作为加快转变经济发展方式的强大动力。服务经济发展与这几个方面息息相关。服务业具有消耗资源少、环境污染少、就业容量大的特点，对于保障和改善民生、建设资源节约型和环境友好型社会具有直接而积极的效应；更重要的是，服务业的发展，可以改变创新模式、推动技术进步、优化经济结构。"十二五"期间，扩大内需尤其是扩大消费需求的战略地位提高到前所未有的高度。"十二五"期间，要增加政府支出用于改善民生和社会事业的比重，扩大社会保障制度覆盖面，逐步完善基本公共服务体系，形成良好的居民消费预期。可见，生活性服务业、公共服务业的地位将更加凸显。此外，中国在"十二五"期间加快发展方式转变、促进经济结构调整的直接动力是"城市化"，而服务业的崛起和城市化的发展是同步、互动的。服务业的繁荣，有利于增强城市的服务功能、集聚水平和辐射能力，是提高

---

① 指的是世界贸易组织项下针对某成员国采取的贸易救济措施，包括反倾销、反补贴和特殊保障措施。

城市化水平的重要推动力量。从国家"十二五"规划的要求来看，针对城市化发展实施主体功能区战略的关键就在于把握服务业的比重和质量。第三，从长远来看，世界经济和中国经济维持稳定发展的根本动力来源于"创新"，而从后工业化时期开始，服务业就已经成为引领创新的主导力量。

基于以上内容，服务经济时代的宏观经济政策和产业政策更具有渗透性、辐射性和柔和度。中国在过去一段时期内严重依赖制造业领域投资与出口，没有建立起与服务经济发展相适应的宏观调控机制和政策体系，更多依赖的是财政政策、货币政策的短期组合，以应对外部经济环境变化（如国际金融危机）和内部条件演变，政策缺乏系统性、稳定性、主动性和可预见性。针对经济肌体的结构性顽症，一剂剂"猛药"固然有效，但是经济整体的健康稳健发展，还有赖于综合"调理"。服务业正是渗透在各个经济领域的"经脉"，它对经济运行有激发创新、降低成本、稳定秩序等作用，抓住"经脉"，则纲举目张。这正是服务业发展的宏观经济政策内涵所在。

【专栏1-12】

服务经济的优与劣

要对服务经济发展有客观认识。近来，人们总会质疑：毕竟金融危机是先从服务领域爆发的，服务经济真的是天然具有优越性吗？

我们强调，服务经济拥有深刻的宏观经济内涵，甚至在某些层面、某些领域、某些时候强于其他产业特别是制造业，但却没有由此否定服务经济自身的缺陷与不足。任何一种经济发展模式自它诞生的那一天起，就与"失灵"问题脱不开干系。在当代，金融服务业是服务经济的主体内容。它是服务经济与其他经济形态贯通的血液，是危机传导从实体经济进入虚拟经济的最快捷途径。这一点值得我们关注。正因为考虑到这一点，我们在强调服务业的优势时，主要在于阐释其直接污染较少、就业吸纳能力较大等经济属性和社会属性。实际上，技术落后的服务业所带来的耗费和污染可能不会比先进制造业少多少。生产方式先进与否的评价标准是技术进步程度，而与产业类型没有直接关系。采用落后的、不环保的技术提供服务和制造产品，两者没有任何区别，同样可能污染环境、同样可能浪费资源、同样可能只创造低附加值。①

---

① 进一步的思考和论述，可以阅读本书第三章有关内容。

第二章
规律：服务经济的发展机理与维度

科技进步和经济发展是与产业结构中第三产业的相对壮大同时发生的。

——科林·克拉克①

现代经济增长实际上就是经济结构的全面变化，它绝不仅仅是一场工业革命，它还是一场以交通通信技术变革为基础的服务革命。

——库兹涅茨②

第一节 服务经济发展的基本规律

随着全球进入服务经济时代，服务业占世界经济比重超过60%，服务业占发达国家经济比重超过70%，占发展中国家经济比重在60%

---

① 〔英〕科林·克拉克，著名经济学家，引文出自其著作 The Conditions of Economic Progress。
② 〔美〕西蒙·库兹涅茨：《各国的经济增长》，商务印书馆，1985。

左右；服务业跨国投资占国际投资总额的比重超过了 2/3；服务贸易总额占世界贸易总额的比重超过了 1/5。更重要的是，进入服务经济时代，服务业成为引领技术创新和商业模式创新的主导力量。

世界经济全面向服务经济转型，这是继工业革命后一次崭新的、深刻的、全面的经济革命，是从技术到产业组织、经营管理、商业模式、运行体制、发展方式的全方位变革，可以称为"服务革命"，它代表着经济发展的战略方向和总体趋势。

服务革命带来以下几个方面的重大变化：一是服务创新成为服务业革命的重要标志。服务创新已经比制造业更为密集和频繁，如计算机领域创新更多的是体现在作为服务的软件方面；服务创新更为系统，是涉及技术、产业、组织、管理、业务流程和制度的集成创新；服务创新还具有巨大的综合性溢出效应。二是服务流程与管理变革成为服务业革命的具体体现。服务业技术和产品创新虽然非常重要，但对人类更有意义的是它正在颠覆传统的经营管理和产业组织模式，推动全方位的流程、管理和制度变革，充分发挥服务作为产业组织黏合剂的功能，正在引发一次新的管理革命。三是覆盖整个交易过程的变革。过去的工业革命都发生在生产制造过程；而服务业革命则覆盖到整个交易过程。在现代经济中，产品在生产制造环节的时间和成本只占不到 1/5，而交易流通环节则占据了 4/5 左右。因此，服务业革命可以极大地降低交易成本和风险，必然成为经济效率提高的源泉。四是服务全球化引领服务革命新潮流。服务业全球化成为经济全球化新的高地，跨国公司优化使用外部资源与市场的范围、触角得到了前所未有的延伸，形成了全球生产和服务网络，服务业跨国转移成为新一轮产业转移的重点。服务离岸外包则成为服务全球化的前沿阵地，成为引领服务跨境贸易、投资和管理变革的潮流。五是服务在现代经济中的核心地位进一步凸显。服务业作为促进其他产业发展的过程产业，其自身巨大的变革与创新焕发出巨大活力，其核心地位进一步增强,特别是知识型服务业成为新的引擎。①

有学者指出,服务革命的影响远超过服务业本身。服务业在经济发展中并不是一个被动的角色,从经济史的角度来看,商业革命是工业革命的前奏与先驱。服务业的创新成为工业革命的支撑。②

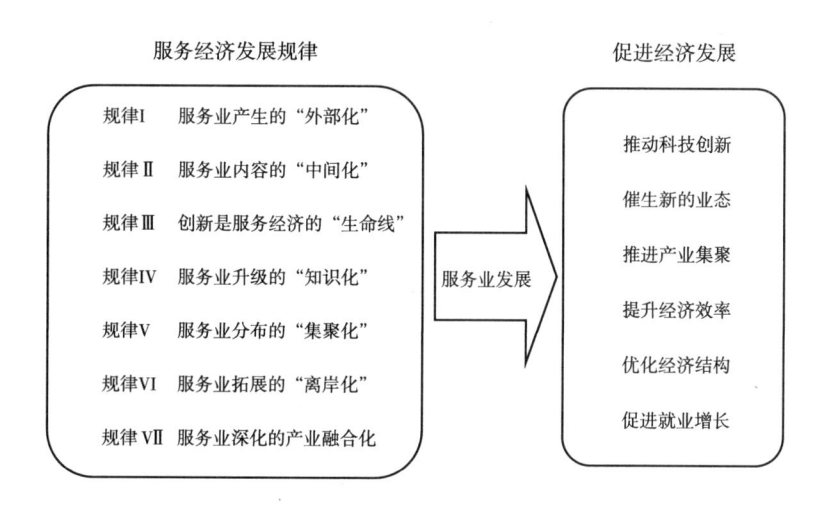

```
服务经济发展规律                          促进经济发展

规律Ⅰ    服务业产生的"外部化"
规律Ⅱ    服务业内容的"中间化"              推动科技创新
规律Ⅲ    创新是服务经济的"生命线"           催生新的业态
规律Ⅳ    服务业升级的"知识化"    服务业发展  推进产业集聚
规律Ⅴ    服务业分布的"集聚化"              提升经济效率
规律Ⅵ    服务业拓展的"离岸化"              优化经济结构
规律Ⅶ    服务业深化的产业融合化             促进就业增长
```

图 2-1 服务业发展规律及其对经济发展的作用

世界经济向服务经济转型,是服务业自身发展规律的体现。

(一) 规律Ⅰ:服务业产生的"外部化"

生产性服务业、生活性服务业产生和发展都走过了一个以市场为导向的外部化过程(如图2-2所示)。随着专业化分工逐步细化、市场化水平不断提高,生产企业的研发、设计、仓储、营销等内部服务职能逐渐完成从"内在化"向"外在化"的蜕变。20世纪50年代以来,企业内部管理职能的外包成为主流趋势,大量跨国公司开始关注核心能力与

---

① 王子先:《全球化下中国服务业跨越式升级的路径及开放战略》,《宏观经济研究》2011年第7期。
② Riddle D., Service-Led Growth: The Role of the Service Sector in World Development, New York: Praeger Publishers, 1986.

业务的发展，把商务活动外包到专业服务公司来经营，从而使得生产性服务在全世界范围内迅速壮大起来。政府公共服务的发展主要是政府职能转变和政府事务以社会为导向的外部化过程。政府向社会和市场购买公共服务，是政府从"管理型政府"向"服务型政府"演变、从"大政府"发展为"小政府"的必然结果。一方面，对于社会和市场能够提供的公共服务，"小政府"不需要设立专门机构并配置人员来参与提供；另一方面，"服务型政府"又必须成为公共服务的最大供给者，因此政府利用财政收入向社会和市场购买服务就是一种必然。在美国，政府服务外包是推动服务外包市场增长的主要力量。

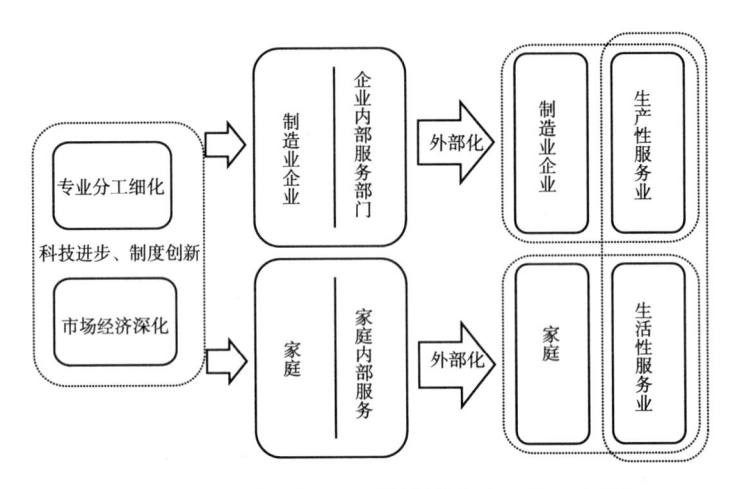

图 2-2　生产性服务、生活性服务的市场化、外部化

表 2-1　服务业的基本分类及其主要特征

	生产性服务		生活性服务	公共服务
功　能	满足厂商的生产需求		满足最终消费需求	提供公共产品
需求性质	中间需求		最终消费需求	中间和最终消费需求
行业细分	金融服务、信息服务交通、物流批发等	研发、设计、技术、咨询会计、律师、工程和建筑服务、广告等	娱乐休闲、文化、艺术、饮食、医疗、教育、房地产等	政府服务、公益服务、义务教育、社会福利、公立医院等
特　点	可以实现标准化	难以实现标准化	个性化、人性化	难以实现标准化
就业特征	吸纳能力较强并且人才高端化		吸纳能力强	难以明确
要素密集	资本和技术密集	人才资本密集知识密集	劳动力密集	

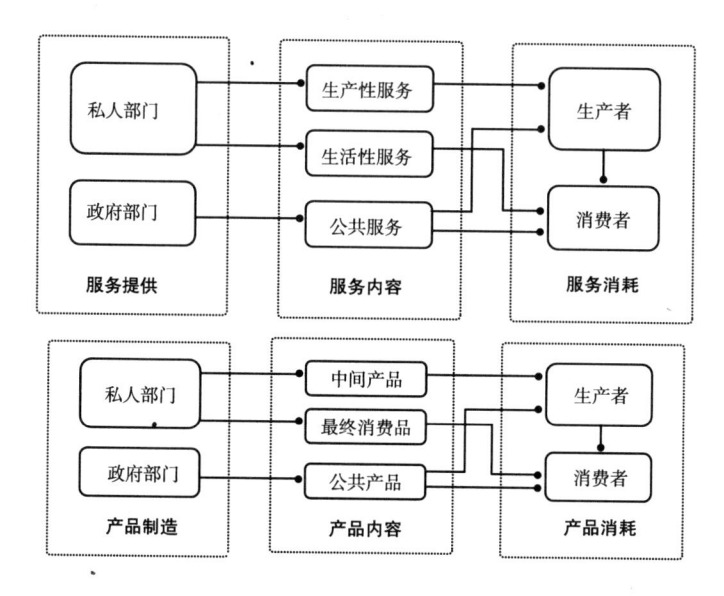

图 2-3 服务业部门分类与产品部门分类的比较

政府向社会组织购买公共服务,是公共服务体制改革的市场化尝试,也是"服务型政府"与"小政府"两种方向融合的必然结果。一方面,对于市场能够兴办的公共服务,"小政府"不需要成立面面俱到的机构并配置人员;另一方面,"服务型政府"又必须成为公共服务的最大提供者,这使政府利用财政收入购买社会组织的公共服务顺理成章。

政府服务外包在三个基本方向上展开:电子政务外包(IT Outsourcing Managed Service in Government, ITO),主要指政府部门信息技术的外包服务,如办公自动化信息系统的维护等;业务流程外包(Business Process Outsourcing, BPO)是指政府组织将一些非核心的业务环节委托给专业服务公司加以管理、经营和维护,如后勤管理外包、人力资源外包、政务呼叫和政策咨询中心外包、投诉和建议受理服务外包等;知识流程外包(Knowledge Process Outsourcing, KPO),如人口调查或计划生育等的数据处理、借助智囊机构的咨询建议进行决策等。

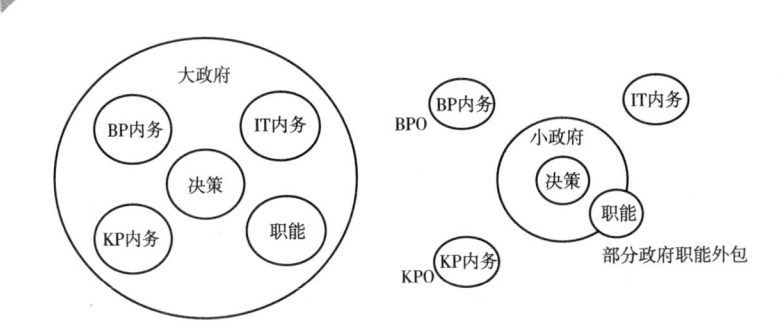

图 2-4　公共服务的"社会化"——政府服务外包

（二）规律Ⅱ：服务业内容的"中间化"

服务业内容的"中间化"主要体现在这几个方面：生产性服务业作为"产业的中间人"，已经发展成为产品差异和增值的主要来源；它的产业增加值已经占服务业最大比重，远高于生活性服务业和公共服务，在发达国家这一比重已经大于70%，早已成为发达国家的产业支柱；它也是服务业中增长最快的一个领域。历史地看，在现代产业社会的早期，几乎所有的服务工作都是生活性服务（如贵族、地主和富人享有的其私人仆役提供的生活性服务，是一种奢侈品）。当生产性服务业兴起之后，相比较而言，生活性服务业的增长逐渐放缓。随着生产性服务业的兴起，服务业的主要内容不再直接向消费者提供，而是间接地进入生产领域，最后才为消费者所消费。这就是服务业内容中间化、间接化的表现。

生产性服务业（Producer Services）是指直接或间接为生产过程提供中间服务的服务性产业，它伴随机器大生产的出现而出现，是工业化的产物。生产性服务业涵盖的领域广泛，包括了与资源分配和流通相关的活动（如金融、保险、工程、猎头、培训等），产品和流程设计及与创新相关的活动（如研发、设计、工程等），与生产组织和管理本身相关的活动（如信息咨询、信息处理、财务、法律服务等），与生产本身相关的活动（如质量控制、维持和后勤等），以及与产品推广和配销相关的活动（如运输、物流、市场营销、广告）等。

生产性服务业通过向生产部门传递人力资本和知识资本，也传递了比较优势，还可以深化产业分工、促进产业融合，从而提升生产效率、降低交易成本、降低运营风险。因此，格鲁伯和沃克就表示："生产性服务部门仍是把日益专业化的人力资本和知识资本引进商品生产部门的飞轮。"① 人们早就认识到人力资本与知识资本在经济增长中所起的重要作用。现在很明显，在相当大的程度上，生产性服务业构成了这种形式的资本进入生产过程的渠道。在生产过程中，它们为劳动和物质资本带来更高的生产率并改进了商品和其他物质的质量。

1. 生产性服务业逐渐形成完整的产业链

近几十年来，为生产者提供中间投入的生产性服务业在发达国家得到充分的发展，逐渐形成了一个完整的产业链，这条产业链能够为企业提供从产品立项到产品营销与服务的全方位支持。生产性服务业作为货物生产或其他服务的投入而发挥着中间功能，它们提高了生产过程不同阶段产出价值和运行效率，被分为上游（如可行性研究、风险投资、产品概念设计、市场研究等）、中游（如质量控制、会计、人事管理、法律、保险等）和下游（如广告、物流、销售、人员培训等）。贯穿于生产的这三个阶段的服务在产品价值链中开始胜过物质生产阶段，生产性服务已成为产品差异和产品增值的主要来源。

生产性服务业带来了交易方式和交易技术的变革，从而降低了市场交易外生的交易费用。② 比如金融服务业的发展以及各类金融产品的出现，提供了更加完备的支付体系，也大大提升了资源跨时间和跨空

---

① 格鲁伯（Grubel Herbert G.），沃克（Walker Michael）：《服务业的增长：原因与影响》，陈彪如译，上海三联书店，1989。
② Martin Zagler, Producer Services, Innovation, and Outsourcing in the New Economy, in Luigi Paganetto (eds.), Knowledge Economy, Information Technologies and Growth, Burlington: Ashgate Publishing, 2004.

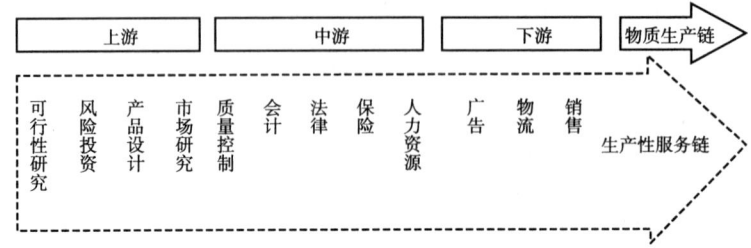

```
上游              中游              下游         物质生产链
┌─────────────────────────────────────────────────────┐
│ 可  风  产  市  质  会  法  保  人  广  物  销         │
│ 行  险  品  场  量  计  律  险  力  告  流  售         │
│ 性  投  设  研  控           资              生产性服务链
│ 研  资  计  究  制           源                       │
│ 究                                                   │
└─────────────────────────────────────────────────────┘
```

图 2-5　生产性服务业形成完整的价值链

间配置的效率，从而有利于劳动生产率的提升。也有学者强调，生产性服务业中具有网络特征的一些服务业，如交通、通信、商业服务等，它们的扩展幅度决定了市场的广度，影响着交易网络的拓展范围，并最终决定了市场规模的大小。[①]

2. 生产性服务业成为服务业成长的引擎

金融服务、信息服务、研发与科技服务等生产性服务业，具有知识密集、技术密集、信息密集、人力资本密集的特点，是知识经济的先导产业，代表着服务业乃至世界经济的发展方向。经济全球化背景下，生产性服务业正成为发达国家的主导产业和各国经济发展的新增长点。从外国统计数据的分析来看，在大部分经济体中，生产性服务业在服务业中所占的比重不一定最大，但却是服务业就业中增长速度最快的部门。生产性服务业还从本质上改变了服务业的结构和内容。

生产性服务业是战后发达国家不断扩张的服务业中的一支蓬勃兴起的新生力量，这一力量发展至今已经成为服务业的中坚，而且也是整体经济中最为活跃、创新能量最为强劲的一个组成部分。它不仅改变了以往的服务业生产和经营方式，而且也带动了传统服务业的升级

---

① Neil Dias Karunaratnea, Analytics of Information and Empirics of the Information Economy, The Information Society Vol. 4, Issue 4, 1986.

改造。发达国家服务业结构和业态也发生了翻天覆地的变化,其中的生产性服务业成为技术、知识密集型产业的典型,不仅在广泛运用现代信息技术等成果和充分培育运用人力资源方面占据领先地位,而且事实上也成为现代产业链、价值链和创新链的高端环节。

表现一:生产性服务业发展规模不断壮大。原因主要有:一是制造业内部服务部门的外部化。随着产业分工的进一步深化,信息服务、科技服务、金融保险、商务服务等生产服务部门,先后从制造业企业中独立出来,并发展成为专业的服务企业;二是信息网络技术的发展,使软件、IT服务、研发设计等新兴业态不断产生;三是生产性服务需求不断扩大,制造企业更多地将产前、产中、产后的生产性服务环节交给专业服务企业来完成,以降低其获取相应服务的成本,使制造商和服务提供商间的交易数量不断扩大,促进了生产性服务业加快发展。

表现二:生产性服务业的增长远远超出服务业的平均增长水平。生产性服务业是世界经济中增长最快的行业之一。同时,无论是中低收入国家还是发达国家,生产性服务业的增速都明显高于生活性服务业。发达国家普遍存在两个"70%",即服务业增加值占 GDP 比重达到 70%,生产性服务业占全部服务业比重达到 70%(见图 2-6)。

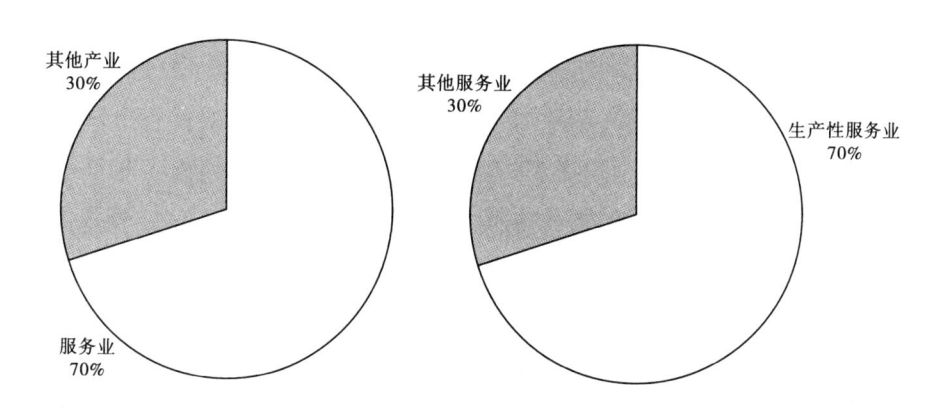

图 2-6 生产性服务业在发达国家经济中占据重要地位

表现三：生产性服务业已经成为发达国家的支柱产业。在 OECD 国家，金融、信息、商务服务等生产性服务业的增加值占 GDP 的比重均超过 1/3。2005 年美国运输仓储、信息服务、金融及房地产、教育培训、专业与商务支持等生产性服务业总量已经接近 6 万亿美元，占服务业总量的比重超过 70%，约占 GDP 的 48%。

生产性服务业促进经济增长的基本途径有三个：第一，促进分工的深化；第二，促进人力资本的积累；第三，促进与制造业的融合与互动。

【专栏 2-1】

金融业

金融业既对国民经济有重要的影响力，同时也是提升竞争力的重要方式，发展现代经济，金融是核心；发展现代服务业，金融是主力。金融业本身就是经济的重要组成部分，金融业的发展也是经济发展的一部分。金融与经济发展之间相互促进、相互依存。经济发展程度越高，其对金融的需求也就越大。金融业的发展促进经济快速发展，促进各产业不同程度的增长，在实现经济总量增加的同时，实现产业结构优化。

金融通过资金融通影响储蓄和投资的比例和内部结构，从而对生产要素分配结构和流动产生影响，进而影响产业结构。金融通过调整信贷方向和结构，集中资金，加大对基础设施、基础产业、支柱产业和高新技术产业的投资力度，促进产业结构优化、升级。金融能够促进技术进步。金融通过将资金配置到生产效率最高的项目中去，提高资本的边际生产率，同时提高技术进步水平，进而促进经济增长。金融推动和促进了知识和资本的结合，以及技术和资本的结合。金融业自身吸纳就业。随着金融的发展，金融部门的从业人员比重在不断上升。而金融业是知识密集型的产业，对人力资本的集聚效应明显。随着经济不断金融化、金融活动的日益深化，金融直接推动了知识资本化的过程。金融的发展，实现和加速了知识和资本的结合过程。

【专栏 2-2】

ICT 服务业

随着信息化水平的不断提高，信息通信技术已经广泛应用于各个行业各个领域，在加快服务业发展方面将发挥不可替代的作用。

信息通信业本身就是现代服务业的重要组成部分。信息通信技术（ICT）以各种方式，从不同角度渗透到工业和农业乃至其他服务业中去，尤其是制造业和服务业相互交融，不仅推进了这些产业的发展，而且与之融合又创造出若干新的业态。

ICT 服务业是信息服务业，包括三个方面：一是信息网络服务，即电信基本服务、增值服务、电视服务；二是信息技术服务，即软件服务、外包服务；三是内容服务。在互联网平台上可以看到，网络已经融入生产和生活的各个环节中，通信技术和信息技术的融合，固定与移动融合，三网融合，电信、计算机、消费电子、数字内容融合，电信网、互联网能力融合，使得生产性服务、生活性服务的很多内容开始在互联网上进行，使得信息的全球化、生产的全球化更为顺畅，也使得跨国公司网络全球性布局和服务全球性布局更为容易。

表 2-2 是世界主要国家人均信息和通信技术支出，从表中的数据来看，我国与世界主要发达国家的差距非常之大。以 2007 年为例，我国 2007 年的人均信息和通信技术支出为 193 美元，而世界主要发达国家的人均消费水平都在 1400 美元以上，我国的人均水平是世界水平的 1/10，因此信息和通讯等相关的公用设施建设是我国未来主要的发展方向。

表 2-2　人均信息和通信技术支出

单位：美元

国家或地区＼年份	2000	2003	2004	2005	2006	2007
中　　国	35.13	94.10	115.81	132.20	156.91	192.69
中国香港	1782.07	1227.19	1274.22	1284.22	1387.81	1414.42
以 色 列	1500.25	1153.43	1245.13	1252.59	1334.55	1481.00
日　　本	3160.49	2175.78	2385.30	2426.33	2411.89	2455.47
韩　　国	744.67	984.72	1061.05	1173.24	1288.61	1411.83
新 加 坡	2238.76	1766.71	1934.11	1975.51	2135.60	2291.87
加 拿 大	1442.39	1783.42	1986.53	2192.63	2378.54	2573.48
美　　国	3303.01	2850.94	3010.72	3159.77	3302.83	3417.38
法　　国	1440.93	1779.96	2026.23	2100.30	2208.98	2385.04
德　　国	1399.95	1800.61	2051.88	2138.12	2252.47	2499.73
意 大 利	897.83	1510.23	1737.21	1769.43	1860.72	2056.85
荷　　兰	1610.56	2177.35	2497.93	2608.77	2815.82	3084.87
西 班 牙	573.77	126.72	1334.47	1442.43	1574.39	1756.69
英　　国	1983.11	2247.18	2535.26	2674.66	2791.85	3061.76
澳大利亚	1390.26	1653.00	1912.23	2040.18	2211.48	2561.01
新 西 兰	1534.37	1295.89	1461.98	1564.24	1565.68	1835.23

资料来源：世界银行数据库。

传统产业改造、现代服务业、高新技术产业等需要信息化和工业化融合，以实现工业信息化道路，而且各种传统的服务业或新产生的新型服务业以及工业、农业，都要依靠ICT的全面支撑和配合，才会成为现代服务业。信息通信业是生产性服务业更好发挥作用的有力支撑。生产性服务主要包括现代物流、金融、保险、法律、工程设计和产品维修等，依靠信息技术和信息网络，生产性服务行业的质量和效益将得到更大的提升。信息通信业的服务利用视频监控、视频会议、电子化办公等信息化应用，企业用户能够有效地提高效率、降低成本。信息通信业依托手机电视、社交网络、移动音乐等应用，个人用户的生活变得更加丰富精彩，有效提高餐饮、商贸、酒店、家政等生活性服务业服务水平。为应对传统服务业如何适应经济社会发展的需要进行升级的巨大挑战，利用先进的信息通信技术，可以快速提高餐饮、商贸、家政等传统的生活性服务业的服务效率。

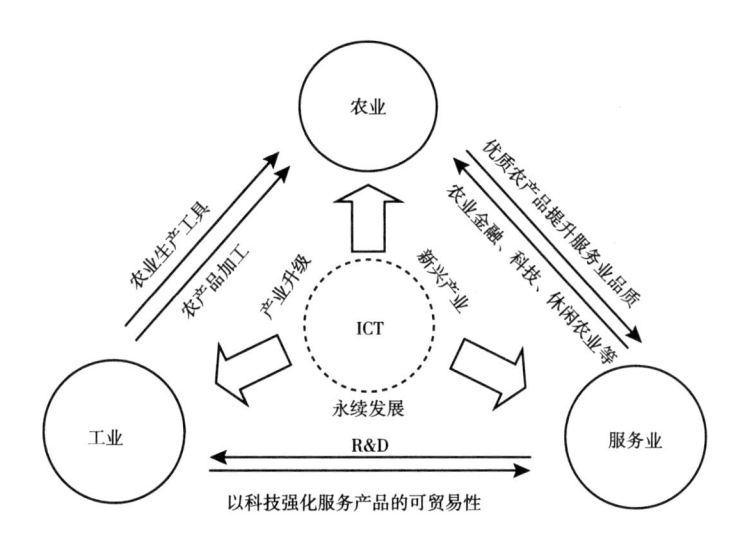

图 2-7 ICT 向三次产业的渗透促成产业升级

(三) 规律Ⅲ: "创新"是服务经济的"生命线"

服务经济的创新包含技术创新、商业模式创新、体制创新三个层面。

服务的基本特征之一——异质性——决定了创新就是服务业的生命线(见图 2-9)。一方面,服务不同于产品,其使用价值的消费是即时的。即时效用和感受是区别质量、水平不同的服务的标尺。不想产品可以进行外观和质量的直观比较。这就决定了服务的差异性很大。在很多无法实现标准化提供的服务领域,服务往往还是个性化、定制性的,其差异度就更大了。另一方面,后工业化时代,人们对产品的需求不再那么单一,两类服务正在不断创造产品之间的差异性。一种是凝结于产品制造过程中提升产品质量的核心服务,它直接提升了产品的核心价值,它的典型代表是研发和技术服务;另一种是扩充产品功能的附加服务,它增加了产品的附加价值,它的典型代表是设计服务和产品本身提供的多元化服务(如 iPod、iPhone 已经演化成软件服务的平台)。服务本身的差异性源自创新;而差异化的服务由给产品带来差异性。差异性是服务创新的出发点和归宿点。而服务创新就包括三类（三个层面）：经济制度层面、生产模式层面、科学技术层面。

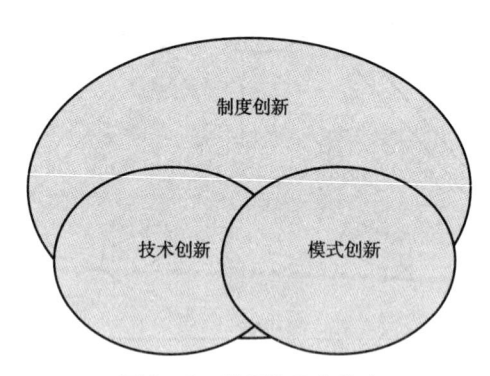

图 2-8 创新的三个维度

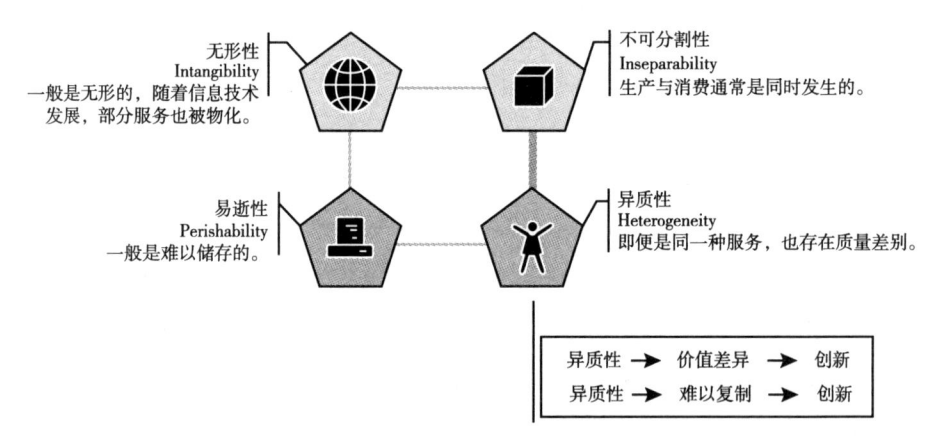

图 2-9 服务的基本特征及其对创新的决定性作用

参考资料：Parasuraman (1995)。

1. 技术创新

技术创新与服务经济之间是一个循环。一方面，科学技术创新是服务经济发展的重要原动力，但如果仅仅停留于这一认识，很容易陷于"就技术创新谈技术创新"的狭隘视野，工作上也打不开局面。

（1）科技进步推动服务业发展。

技术革命推动国际分工从制造业向服务业全面深化是重大前提。科技革命特别是20世纪90年代以来的信息技术革命推动了国际分工、合作的不断深化。在垂直分工和国际商品贸易迅速发展的基础上，生产国际化升级带动了制造业跨国投资、跨国产业转移与制造业外包的发展；制造业国际化又逐步成为带动服务业国际化的重要推力，而信息网络技术革命为服务业分工深化提供可能，跨国企业通过建立完善的高端供应链管理体系，不仅实现生产服务成本最小化，而且确保了外部服务供应的稳定安全性，激烈的国际竞争助推服务业跨国投资、转移与外包，以实现在更大范围上的全球生产要素优化配置和效率提升。

科技服务业是现代服务业的重要组成部分，具有高技术性、高创新驱动性、高增长性、高产业带动性等特点，是推动经济增长和发展方式转变的重要产业。创新是产业发展的原动力，而现代服务业是以现代科学技术特别是信息技术为主要支撑，建立在新的商业模式、服务流程和管理理念基础上的新兴服务产业。通过科技创新引领现代服务业发展。创新包括技术创新、知识创新、服务创新和制度创新，以技术创新和知识创新为依托和支撑的现代服务业称为科技创新引领的现代服务业。

【专栏2-3】

科技进步与新兴服务业态

在现代服务业的发展历程中，科技创新起到了强大的引领和促进作用。科技创新对现代服务业的融合发展主要包括以下几类：第一类是由于技术进步而从高新技术产业分蘖形成的新的服务业形态，如软件产业、移动通信增值服务、数字出版等。第二类是制造类产业由于市场分工更加专业化而衍生、分化出新的依托科技进步的生产性服务业形态。生产性服务业是直接或间接为生产过程提供中间服务的服务性产业，涉及信息收集、处理、交换的相互传递、管理等活动，服务对象主要是商务组织和管理机构。国际上出现了技术研发模式重做的趋势，越来越多的研发、设计、技术转移和科技咨询等环节从跨国集团企业中分包出来，向专业服务机构转移，比如科技研发、系统集成、技术交易、咨询、工业设计等新的服务行业。第三类是科技、经济和文化融合而成的文化创意产业，如动漫、网络游戏等。当今世界，以信息技术为主导、网络为基础、全球化为支撑的知识型经济形态的发展，使经济、技术与文化的融合成为必然。第四类是其他服务行业通过高新技术产业提升能力、质量和效率而形成的相对独立的服务业态。这种服务业态是在原来的服务业基础上被赋予了新的发展内涵，如创业投资、科技企业孵化器、金融网上支付、电子商务、远程医疗、远程教育等。

【专栏 2-4】

服务业倚重研发投入

在服务业发达的国家，服务业研发投入占全部产业研发投入近 40%。美国服务业研发投入增长率远高于一些高科技产业，是电子信息、汽车等领域的 2~3 倍。在 1990~2003 年间，在 OECD 成员国中，服务部门的研发开支以每年平均 12% 的速度增长，而制造业部门的这个速度只有 3%。

表 2-3　1981~2001 年美国主要行业累计 R&D 投入情况

单位：亿美元，%

	服务业	电子信息	计算机及办公设备	航空航天	精密仪器	汽车	化工
累计投入额	4422	2823	2073	3565	1857	2213	3017
年均增长率	22.4	8.5	6.8	1.68	10.1	7.9	6.0

资料来源：OECD 统计。

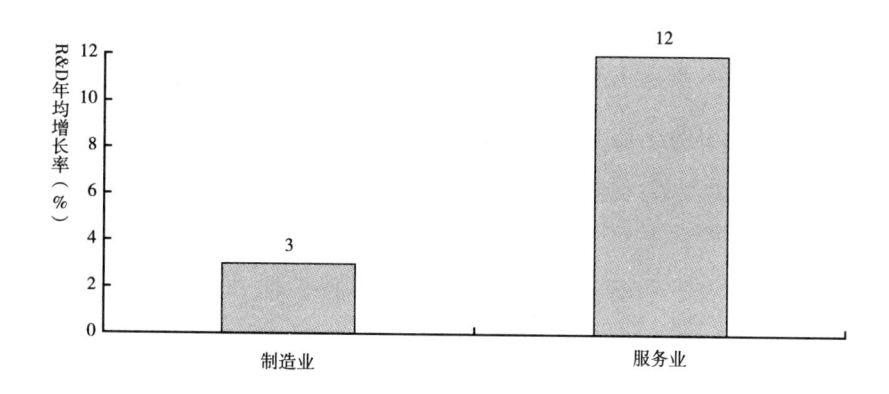

图 2-10 OECD 国家研发投入增长（1990~2003 年）

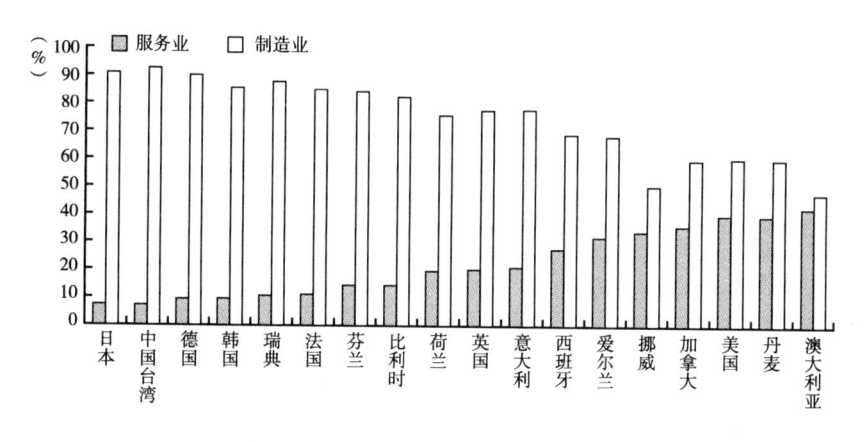

图 2-11 产业研发投入的国际比较

资料来源：OECD 统计。

(2) 服务业引领科技创新。

我们要看到另一方面，服务经济本身的发展需求引领着技术创新。① "需求引领创新" 是熊彼特 "创新理论" 的基本思想。产业发展的需要，始终是引领和推动技术创新的核心动力。如里根时代的 "星

---

① 参见本书第一章有关内容。

球大战"计划客观上催生了移动通信,克林顿提出了信息高速公路概念并付诸实施,奥巴马又在提倡构建物联网。在服务业领域,这个规律体现得更加突出,服务业对技术创新的引领和推动作用表现得更加明显;服务业是自主创新的"助推器"。产业发展的需要始终是引领和推动技术创新的核心动力。在后工业化时代,推动发达国家经济向内生增长模式转变、引领创新的主要动力是服务业。当代,生产性服务业的技术进步与创新已经成为整个产业链技术进步与创新的源泉,而且直接改变了技术发展和创新的模式,对整体经济的技术进步和创新越来越有关键性的决定作用。

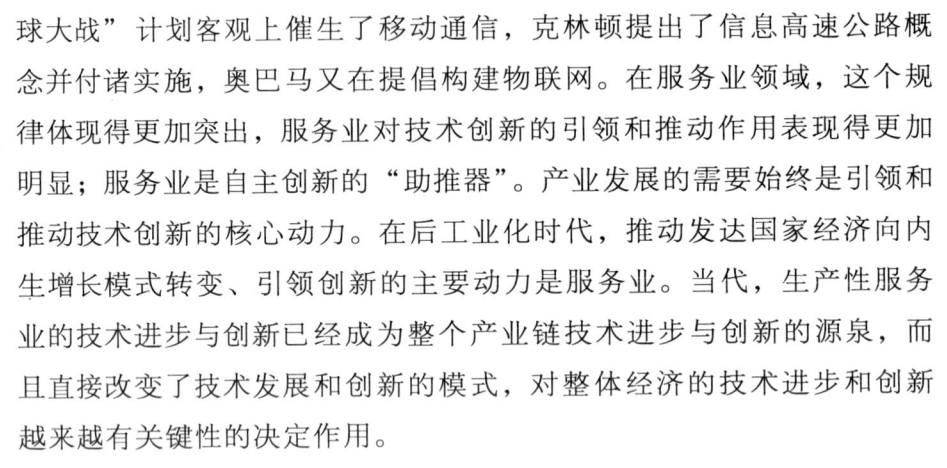

服务业改变了技术发展和创新模式。尤其是生产性服务业的技术进步与创新是整个产业链技术进步与创新的源泉。特别是其中的科技、研发及营销、设计等环节,对整个产业链的技术进步和创新发挥着越来越关键的决定作用。

在后工业化时代,推动发达国家经济向内生增长模式转变、引领创新的主要动力是服务业。当今,生产性服务业的技术进步与创新已经成为整个产业链技术进步与创新的源泉,而且直接改变了技术发展和创新的模式,对整体经济的技术进步和创新越来越起到关键性的决定作用。商业模式创新是当代服务创新的新内涵,具体包括供应链、运营、销售渠道、服务方式、赢利模式等方面的综合创新。模式创新的目的在于改变价值链地位。目前,跨国服务企业创新商业模式往往是在全球范围内进行资源整合利用。在商业模式创新浪潮中,技术创新中可以看见非技术的影子,而服务创新又包含科技创新。

2. 商业模式创新

商业模式创新是当代服务创新的新内涵。包括供应链、运营、销售渠道、服务方式、赢利模式等方面的综合创新。模式创新的目的在于改变价值链地位。成功的商业模式往往具有三大特点:新颖性、独特性和不易模仿性。为提高市场竞争力,全球服务企业不断创新商业模式，进行资源的有效整合利用。

(1) 新兴业态催生新的商业模式。

随着科学技术尤其是信息通信技术的发展，服务业与新技术相融合而产生的一些新兴服务业态成为各国经济发展的新增长点：一是伴随着信息技术的快速发展产生了一些市场潜力大的新兴服务业态，如软件外包、互联网信息服务、通信增值服务、动漫等。如欧洲发展了可以提供多种交互式多媒体服务的宽带增值业务（IPTV），2004年用户已达34万；2005年英国电信推出了固定和移动无缝切换的"蓝色电话"服务，在固定/移动融合服务领域实现了历史性突破。二是随着产业链重组和专业化分工的不断深化，以科技和管理为支撑的一些生产性服务业独立出来，实现了快速发展，如研发服务、工业设计、市场调查、工程咨询、管理咨询等；在物流与供应链管理、教育培训管理咨询、研发设计、市场营销等领域也涌现了很多新的服务业态和经营模式，引领着各自领域的发展潮流，颠覆着这些行业传统的发展模式。三是新技术与生产性服务业融合在一起，促进了电子商务、现代物流、远程教育、网上银行等新兴服务业态的发展。如在商务服务业领域，信息技术正引发全球商业的变革，如专业店、无店铺销售等新型业态正在发展壮大，"未来商店"已崭露头角，在批发业中B2B和B2C已占有重要地位，一些新技术在批发零售业的应用如无线射频、自助服务机、商业智能等正引领商务服务业的发展潮流，其前景不可小觑。

随着新兴业态的发展，在科技进步和组织创新的推动下，全球生产性服务企业根据商业环境的变化不断创新商业模式，开拓新的市场空间。

(2) 商业模式创新对服务业的深刻影响。

商业模式创新对后发国家产业非线性升级有重要影响。服务业革命不仅是技术等硬件革命，更是从战略视野、思维理念到经营模式和管理流程的软件革命，是一场新型的产业组织革命。从形式上看，服务业外包与制造业外包都是一种公司内贸易或者说是加工贸易；但从

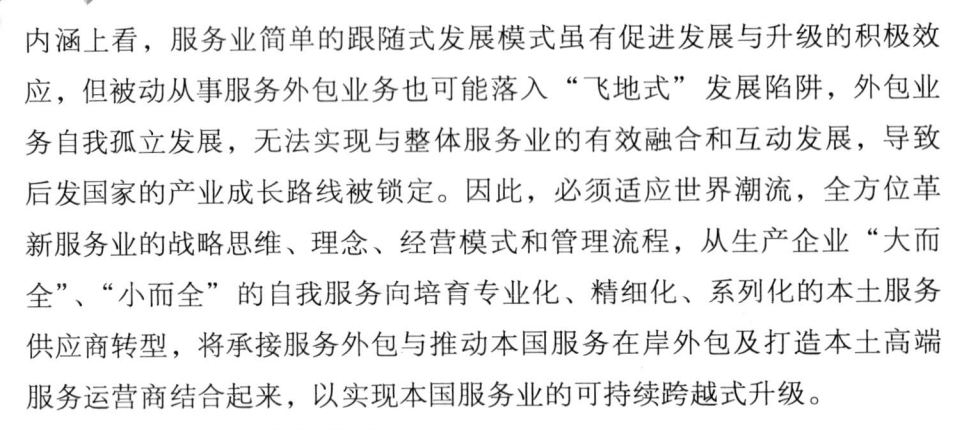

内涵上看，服务业简单的跟随式发展模式虽有促进发展与升级的积极效应，但被动从事服务外包业务也可能落入"飞地式"发展陷阱，外包业务自我孤立发展，无法实现与整体服务业的有效融合和互动发展，导致后发国家的产业成长路线被锁定。因此，必须适应世界潮流，全方位革新服务业的战略思维、理念、经营模式和管理流程，从生产企业"大而全"、"小而全"的自我服务向培育专业化、精细化、系列化的本土服务供应商转型，将承接服务外包与推动本国服务在岸外包及打造本土高端服务运营商结合起来，以实现本国服务业的可持续跨越式升级。

（3）商业模式创新的特点。

成功的商业模式往往具有三大特点：新颖性、独特性和不易模仿性。IBM 公司发布的《2008 年全球 CEO》调查报告指出：40 多个国家的 1130 位 CEO 中，80% 都认为巨大的变革正在迫近，几乎所有的 CEO 都在调整企业商业模式，2/3 的 CEO 正在实施大规模的创新，以便能抓住全球整合的商机。当代，跨国服务企业创新商业模式往往是在全球范围内进行资源整合利用。在商业模式创新浪潮中，技术创新中可以看见非技术的影子，而服务创新又包含科技创新。商业模式创新的最终目标旨在提升自身在产业链中的位置，即向微笑曲线两端靠拢（如图 2-12 所示）。

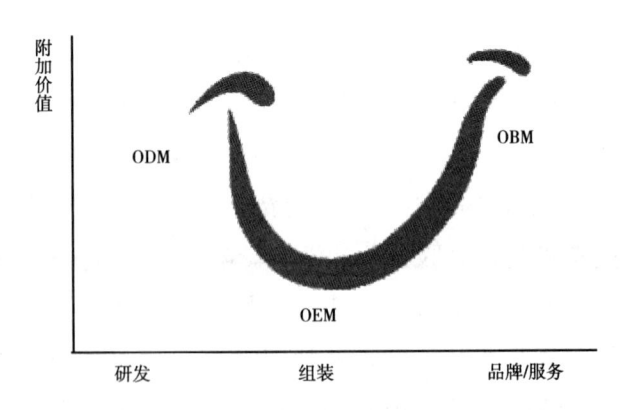

图 2-12 微笑曲线

许多传统的制造业企业依托制造业大力发展生产性服务业,通过产业之间的融合发展,创新组织模式和赢利模式,提升了企业的整体竞争力。服务业在许多跨国公司的营业收入和利润中所占比重越来越高。

【专栏2-5】

通用电气(GE)的商业模式创新

通用电气公司充分利用自身所具备的品牌、技术、内容开发、全球化、人力资源、财务实力等关键能力,执行"重组"战略,依托制造业积极发展商务金融、消费者金融、信息技术等利润丰厚、发展前景广阔的生产性服务业,极大地增强了市场竞争力。2002年以来,通用电气公司逐渐退出了包括美国抵押贷款发起业务等营业收入约500亿美元的业务,收购和发展了营业收入约800亿美元的新业务。进行业务整合之后,通用电气公司共拥有六个行业领先的业务集团:基础设施、医疗、商务金融(GE Capital)、NBC环球、工业和GE消费者金融,使企业的制造功能和服务功能融为一体。2003年以来,服务业收入占通用电气公司营业收入的比重超过了60%。从制造业到服务业的多样化、相互融合的业务赋予了通用电气巨大的战略灵活性,通用电气经受住了美国金融危机和全球经济衰退的冲击,竞争力依然强大。2008年,通用电气尽管没有完成预期的目标,但业务收入仍然实现了增长,达到1840亿美元。从2009年开始,通用电气将大力削减过去对商业票据市场融资的依赖性和整体的融资规模,降低在高级复杂衍生产品上的潜在风险,退出赢利性差的资产,优化资产结构,减少金融危机的负面影响。通用电气已发展成为全球最大的多元化服务性公司,同时也是高质量、高科技工业和消费产品的提供者。

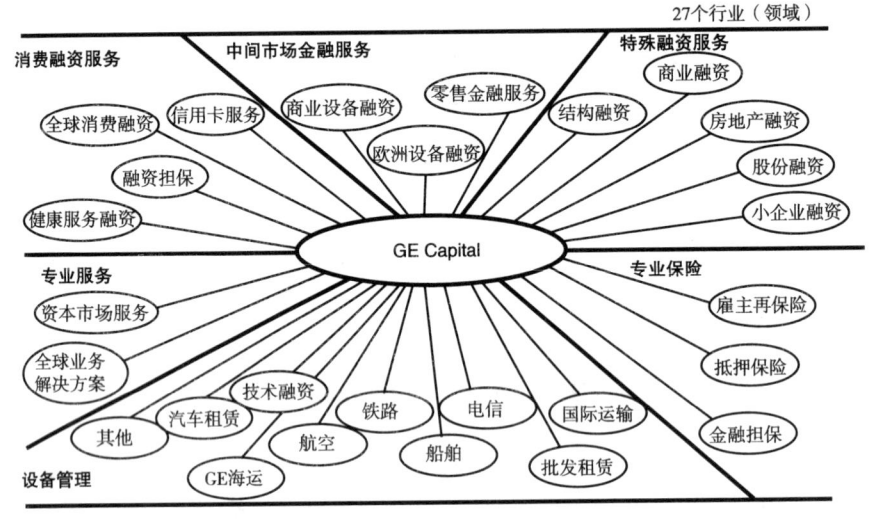

图 2-13　GE Capital 的多元化经营

【专栏 2-6】

国际商业机器公司（IBM）的商业模式创新

当今社会，不论是中间产品还是最终产品的消费者，都更加注重产品的个性化以及产品使用的便利性，服务的附加价值增大。国际上一些大型的传统制造企业积极发展各类与产品相关的服务业务，向服务业渗透和转型，从销售产品发展成为提供服务和成套解决方案，作业管理从制造领域延伸到了服务领域，服务业务成为新的增长点和利润来源，为这些传统制造企业赢得了竞争优势。

国际商业机器公司（IBM）的商业模式创新成果就是从销售产品发展成为提供服务和成套解决方案。IBM 前首席执行官路易斯·郭士纳认为，"硬件和软件都在服务的包装下进行销售"。因此，IBM 将服务作为成长战略主导，推动 IBM 从制造型企业向服务型企业转变。

IBM 公司于 1911 年创立于美国，传统上是一家信息工业跨国公司。20 世纪 90 年代中期，IBM 公司在硬件业务上陷入了困境。在此背景下，IBM 成立了全球服务部，在前总裁郭士纳的带领下启动从硬件向软件和服务的战略转型。事实证明，IBM 的转型取得了成功，服务业务占公司总营业收入的比重超过了 50%，IBM 公司发展成为全球最大的信息技术和业务解决方案公司。

进入 21 世纪后，面对商务环境的变化，IBM 重新确立了以客户为中心的导向，通过倡导"随需应变"（E-business on demand）的转型理念，进一步改变商业流程，外包其核心业务以外的功能部门，对全球服务部门进行机构调整，为客户提供服务和成套解决方案，积极开展服务创新、全球整合转型、服务产品化。为实现差异化和可持续发展，IBM 对一些传统业务进行了取舍与更新。2003 年以来，IBM 分流了很多日常性的业务，比如以 17.5 亿美元的交易价格将全球 PC 业务出售给中国联想集团，但在关键的高价值领域如咨询、信息随需应变、服务资产等方面加大了投资。同时，IBM 还开展了新计算模式的研究，转变了协作创新的方法，能够为客户提供集成了硬件、软件、融资和服务的成套解决方案，使 IBM 从硬件到软件和服务有机结合起来，强化了 IBM 满足客户需求的能力，可以帮助客户利用 IT 将其市场和成本竞争力提高到新的水平，提升了 IBM 的市场竞争力。

由于 IBM 近年来成功实现了业务转型，具有很强的抵御金融危机和经济衰退的能力。2008 年，IBM 的营业收入达到了 1036 亿美元，这是 IBM 营业收入首次突破千亿美元大关，创下历史最好成绩。

IBM 目前的最新动向是依托云计算和物联网构建"智慧地球"。冷静地看待这一新名词，实际上"智慧地球"所依赖的物质技术基础和设备还是由 IBM 提供。这正好应验了郭士纳前面说的那句话。

【专栏 2-7】

耐克公司的商业模式创新

随着人力成本的逐渐上升和竞争环境的发展变化,许多国际知名的大型制造业企业积极进行产业链重组,将制造业外包出去,逐渐将企业的经营重心转向诸如提供流程控制、产品研发、市场营销、客户管理、品牌维护、现代物流等生产性服务业。从销售的产品来看,这些企业仍然是制造业企业,但从经营内容来看,这些企业实际上已经从制造企业彻底转型为服务提供商。此方面典型的代表是美国的耐克公司(Nike)。

耐克公司在生产上采取了虚拟化策略,所有产品都不由自己生产制造,而是外包给世界各地的生产厂家,耐克公司集中人才、物力、财力开展产品设计、市场营销和品牌维护。在某些市场,甚至连产品设计、市场营销都外包了,耐克自己只负责维护品牌,利用制造业务外包这种先进的生产组织方式,耐克公司实现了快速发展。可想而知,为什么美国如此重视为其跨国公司扛起"知识产权保护"的大旗。

【专栏 2-8】

Google 的商业模式创新

Google 是互联网服务提供商模式创新的典型,其独创的关键字广告(Adwords)、广告联盟(Adsense)改变了互联网广告赢利模式,这两项广告赢利实际上已经超过 Google 收入的 99%。

3. 体制创新

服务业发展的制度创新更为重要。发达国家国内服务管制制度变革的影响。20世纪70年代以来，西方国家经济出现严重的"滞涨"，西方经济理论界的一个重大变化，就是自由主义经济思潮的重新崛起，强调政府放松管制，充分发挥市场机制的作用重新成为占主导地位的经济思想。同时，微观理论层面，有关政府管制理论以及自然垄断产业理论研究的新进展，促进了西方国家在金融、电信、邮政、交通运输等服务领域大规模的管制变革。放松产业进入管制，打破垄断，促进竞争，是管制变革的中心内容。进入管制的放松，开始是对国内企业，然后是对国外企业，由此使服务业出现了放松管制与大规模企业兼并相互影响的两股潮流，促进了发达国家之间服务业投资规模的迅速扩大。

20世纪70年代，面对严重的经济"滞涨"，自由主义经济思潮重新崛起，强调政府放松管制、充分发挥市场机制的经济思想重新占据主导，促进了西方国家在金融、电信、邮政、交通运输等服务领域大规模的管制变革。放松产业进入管制，打破垄断，促进竞争，是管制变革的中心内容。进入管制的放松，开始是对国内企业，然后是对国外企业，由此使服务业出现了放松管制与大规模企业兼并相互影响的两股潮流，促进了发达国家之间服务业投资规模的迅速扩大。进入21世纪，世界贸易组织以及区域经济一体化推动了服务体制变革和市场开放，东亚太平洋地区和南亚地区分别实现了服务业的快速增长。

进入21世纪以来，发达国家创新政策开始向服务业倾斜和集中。发达国家对服务业的创新活动有了更全面和更深刻的认识，以往对创新的认识局限于技术创新，同时又把技术创新等同于研发活动。现在已经认识到服务创新常常表现为非技术的和非具体化的、采取组织创新和市场创新的形式，而服务业中的创新投资大量地表现为人力资本投资。自2003年以来，欧盟对服务创新的关注不断升温。2005年，欧盟委员会在一份报告中提出"欧盟要制定一直推进创新型服务的战

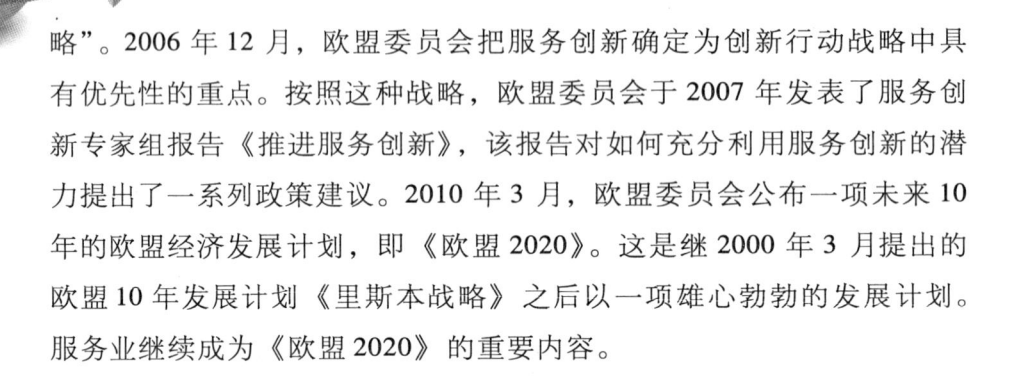

略"。2006年12月，欧盟委员会把服务创新确定为创新行动战略中具有优先性的重点。按照这种战略，欧盟委员会于2007年发表了服务创新专家组报告《推进服务创新》，该报告对如何充分利用服务创新的潜力提出了一系列政策建议。2010年3月，欧盟委员会公布一项未来10年的欧盟经济发展计划，即《欧盟2020》。这是继2000年3月提出的欧盟10年发展计划《里斯本战略》之后以一项雄心勃勃的发展计划。服务业继续成为《欧盟2020》的重要内容。

【专栏2-9】

美国农业服务业的制度创新
——"三位一体"合作农业推广服务体系

美国服务业的发达，不单单体现在金光闪耀的华尔街金融服务业，也不单单体现在瞬息万变的硅谷计算机和软件业，它还集中体现在美国发达的农业服务业。

1776年美国独立后，随着农业开发和农业资本主义经济的日渐发达，特别是西部开发运动对农业教育、农业科学试验和农业推广的需求日益迫切，因而相继通过立法程序，建立农业教育、科研、推广相结合的合作推广体系，使美国的农业推广迅速兴起。

1862年7月2日，美国总统林肯签署了《莫里尔法》（Morrill Act of 1862），亦称赠地学院法。该法案规定：拍卖各州一定面积的联邦公有土地来筹集资金，用于每州至少成立一所开设农业和机械课程的州立学院。这个法案促进了农业教育的普及，也为今日美国农业的繁荣奠定了基础。1877年，美国国会通过《哈奇法》（Hatch Act of 1877）。该法案规定：为了获取和传播农业信息，促进农业科学研究，由联邦政府和州政府拨款，建立州农业试验站。试验站为农业科研机构，属美国农业部、州和州立大学农学院共同领导，以农学院为主。农学院的教师在同农民的接触中，了解到农民对技术和信息的渴求，促使1890年美国大学成立了推广教育协会。1892年，芝加哥、威斯康星大学开始组织大学推广项目。到1907年，39个州的42所学院都参加了农业推广活动。

1884年，南伯（Knapp S. A.）担任依阿华州农学院院长，后任美国农业部长，强调通过亲自实践来学习，通过示范教育，让农民根据自己农场的条件进行耕种。1903年他亲自在德克萨斯州创建合作示范农场，推广良种和新技术，后来被美国人称为"美国农业推广之父"。巴特裴尔德（Butterfield K. L.）曾任马萨诸塞州农学院院长，主张由农学院搞农业推广，后被美国农学院协会委任为推广委员会主席。推广委员会举办农民学校，巡回教学，出版刊物，举办展览。他坚持将农业推广作为学院工作的一部分，把推广同教学、科研置于同等地位。1914年5月8日，威尔逊总统签署了《史密斯—利弗法》（Smith-Lever Act），即合作推广法。该法案规定，由联邦政府拨经费，同时州、县拨款，资助各州、县建立合作推广服务体系。推广服务工作由农业部和农学院合作领导，以农学院为主。这一法案的执行，奠定了延续至今的美国赠地学院教学、科研、推广三位一体合作推广体系的基础。

【专栏2-10】

英国引领电信业的体制改革与行业开放浪潮

1991年底，英国国内电信开始有限竞争，1996年6月英国解除国际长途垄断，12月第一个对外彻底开放电信市场。短短几年内，英国开出150多个电信经营许可证，1996年底开出44个外国公司许可证。1996年所有欧盟成员国加瑞士和挪威决定在1998年元旦，全面开放电信市场。现在许多国家，不但在长话和增值业务等部门已经引入竞争，在本地网层次上，数网竞争也被允许。

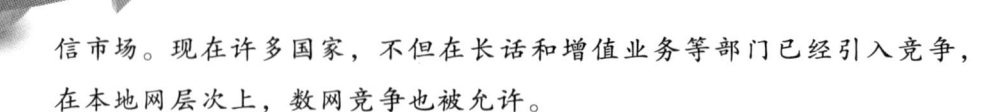

【专栏 2-11】

芬兰的国家创新战略

芬兰以"创新"著称于世。早在 20 世纪 90 年代，芬兰就已建立了适合本国经济发展的创新机制，并在实践中不断加以调整和完善，现已形成从教育和研发投入、企业技术创新、创新风险投资，到提高企业出口创新能力的一整套较为完善的自主创新体系。长期以来，芬兰政府重视教育，不断加大对教育领域的投入，为企业的技术创新创造良好的条件与环境。芬兰政府每年在教育方面的支出仅次于社会福利开支，在国家预算中占第二位。此外，芬兰教育界注重对学生创新意识与能力的培养。

为了保持科技领先地位，芬兰政府还不断加大对研发的投入。目前，芬兰在研发方面的投入在其国内生产总值中所占的比例已达到 3.5%，超过日本和美国，在全球名列第三。在芬兰每年的研发投入中，政府投入保持在 30% 左右，企业占 70%。政府还将重大科技发展项目纳入国家计划，与企业共同投资，成果归企业享用。

隶属芬兰贸工部的国家技术开发中心（Tekes）是企业和研究机构进行重大科研和产品研制项目的资助者和促进者。该中心在芬兰各地设有 14 个经济开发中心，每年的服务对象有近 3000 家公司/企业、近 50 所高等院校、800 多个研究机构。芬兰政府通过该中心对芬兰的技术开发进行投入。该中心通过提供研发资金和专家服务的方式，鼓励和加快新产品的研制工作，帮助企业将有开发价值的设想变成研发成果，并迅速将研发成果商品化。

在芬兰科技创新体系中，企业是核心。企业既是科技开发的重要参与者，又是科技成果的直接受益者。与其他西方国家不同的是，芬兰政府根据自己的国情，采取了直接支持企业进行研究开发的政策。目前，芬兰国家技术开发中心资助的重点是中小企业，同时支持芬兰大型企业开展具有挑战性的研发项目。

企业、高等院校和研究机构，产、学、研三位一体是芬兰技术创新机制的突出特点。据统计，在芬兰，与高等院校、研究机构有合作项目的企业约占50%，大大高于欧洲其他国家。

芬兰政府在风险基金领域也扮演着重要的角色。芬兰国家研究与开发基金主要以种子基金和启动基金的形式向处于启动阶段并具有创新能力的高技术公司和中小企业投资，并利用所扶持项目获得的回报进一步扩大风险投资。

芬兰创新的目的是追求"人—经济—环境"三者共存、共同发展。因此，芬兰的国家创新战略中并没有刻意地将技术与非技术、服务与科技区分开来，而是将它们通盘考虑，有机结合。技术创新中可以看见非技术的影子，而服务创新又包含科技创新。

芬兰新的国家创新战略重点放在不断适应新的要求变化上，并通过以下四项基本举措，督促创新活动及其发展措施的落实。

（1）全球无国界创新活动。为了加入全球能力和价值网络并在其中占据一席之地，芬兰应积极参加创新活动，展示影响，融入国际，彰显魅力。

（2）需求和用户导向。通过需求引领创新，在经营公共事业、扶持私营企业发展时，除关注客户、消费者以及市民的需求之外，还应建立一套激励机制，并建立一个用户和开发商共享创新过程的市场。

（3）创新个体和社区。强化创新个体和与创新密切相关的社区在创新过程中发挥的关键作用。创新个体和企业家创新能力以及相应的激励机制是未来成功发展的关键。

（4）系统方法。在创新活动成果推广的同时，要致力于广泛的制度改革。

芬兰的国家创新战略中提出了10种有助于创新的关键措施。

（1）为成为世界级系统改革的领先者，改革中央政府对企业的指导机制。

（2）建立促进革新的、以内容为导向的区域级创新中心。

（3）将促进创业的融资和服务系统调整为一个明确的以企业家和投资商为导向的实体。

（4）创建和开发新的竞争和市场激励机制，更广泛地激发企业和其他社区的创新精神。

（5）调整国家级专家和融资服务团体，满足以需求和用户为导向的创新活动的需要。

（6）创建广泛激发创新活动的学习环境。

（7）将芬兰的科研和高等教育体制发展为一个专业知识和创新能力竞争发展的国际环境。

（8）将个人纳税和其他降低芬兰吸引人才的关键因素减少到一个具有竞争力的级别。

（9）提高芬兰管理培训水平，使其符合国际最高标准。

（10）创新政策的执行机构的策略和运营，应适应国家创新战略的基本选择。

芬兰国家技术开发中心每三年会发布"未来发展优先度"白皮书（Priorities for the future）。在服务业领域，2009年发布的白皮书中将"商业模式和服务创新"作为横跨各重点发展领域的核心环节提出，并在一定程度上体现了技术与非技术、服务与科技相融合的趋势。

芬兰贸促会在促进芬兰企业出口创新方面起着重要作用。芬兰贸促会是芬兰政府和公司/企业共同参股，以商业服务形式向企业提供服务的机构。芬兰贸促会在世界34个国家和地区设有51个出口中心，一

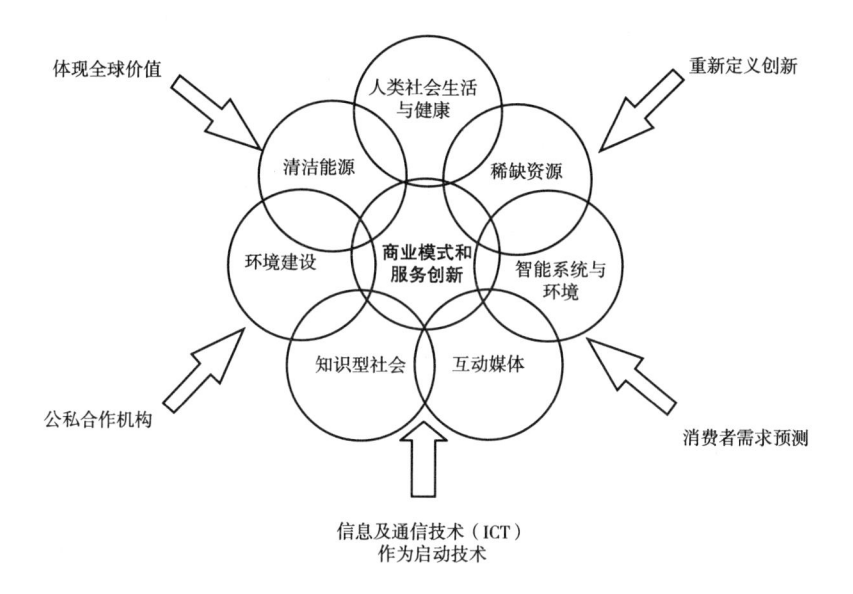

图 2-14 芬兰国家创新的主要内容

资料来源：芬兰国家科技开发中心（Tekes）：《人—经济—环境，抢占未来的先机》。

直密切跟踪所在地区和国家的市场变化，提供有关市场信息，寻找合作伙伴和新的市场。

（四）规律 IV：服务业升级的"知识化"

变化中的服务业与信息通信技术相融合，促使服务业从传统的以劳动密集型和资本密集型为主转向以技术密集型和知识密集型为主，促进了服务的现代化。传统的生产性服务业如金融、保险、房地产等，主要以资本要素投入生产过程，充当"资本的中间人"；现代的生产性服务业向信息、广告、市场调查、会计、律师、管理资源等领域拓展，主要是以知识要素投入生产过程，充当"知识的中间人"。当前，服务业发展的专业化、信息化、知识化趋势不断增强，"知识密集型服务业"已经成为服务业增长的主力军。

1. 技术密集型、知识密集型服务业快速增长，传统服务业增长缓慢

随着世界经济进入服务经济时代，知识化、专业化趋势不断增强，服务业内部结构出现了重大变化。

第一，金融服务业、信息服务业、专业服务业、研发及科技服务业等技术、知识密集型服务业迅速崛起为服务业的支柱产业。这些服务业也被称为现代服务业，具有知识密集、技术密集、信息密集、人才密集的特点，是知识经济的先导产业，代表着服务业乃至世界经济的未来发展方向。

OECD 发布的《加强服务业发展》报告显示，在 OECD 国家中，自 1980 年以来，服务业增加值在所有行业增加值比重的增长主要来源于与商业有关的服务业增长，特别是金融、保险和商业服务业，这些行业增加值占到整个经济增加值的 20%～30%，而在 1980 年，它们各自所占比重都在 10%～20%。在过去的十几年中，贸易、旅馆和餐饮、交通服务业增加值比重几乎没什么变化。

根据 OECD《加强服务业发展》报告，自 1980 年以来，大多数 OECD 国家制造业生产率增长要高于服务业，而且大多数国家服务业生产率增长只达到制造业的一半，在美国、芬兰和瑞典，这个比率低于 1/3。有些服务业，比如社会和个人服务业、住宿和餐饮服务业生产率只有微弱的增长甚至是负增长。然而，服务业中某些其他行业表现出强劲的生产率增长，这些主要是与商业有关的服务业，如金融中介、运输和仓储、邮政和电信服务业。在过去的 10 年中，金融中介的生产率平均每年增长 4.5% 左右，而邮政和通信平均每年增长 10% 左右，这些增长率与某些高增长制造业相类似，比如机器和设备制造业，自 20 世纪 80 年代以来生产率平均每年增长 5%。

第二，很多传统产业也不断运用新技术进行改造，技术含量和专业化程度趋于提高，服务模式和经营模式不断创新。如连锁化零售企业大量涌现，已成为零售业的最主要趋势，在欧美连锁零售额已占到社会零售总额的 50%～60%。

表2-4 服务业的信息化、知识化

传统服务业	知识密集型服务业
服务为无形。不易展示、难以实体化。	可通过建立认证制度、标准规格,使服务成为有形。例如,软件光盘或家政服务证照制度。
服务不可分割。生产与消费须同时同地发生、不可分割。	服务提供地点可虚拟化。例如,医疗/教学——远程医疗/教学;传统银行/书店——网络银行/书店。
服务不易储存。服务无形且产能缺乏弹性,不易因应需求变动而调整。	通过技术的运用(如ICT、E-commerce),服务可以储存和传输。例如,演唱会——录制DVD并大量生产、分销。
服务不易运输。服务易产生运输不易或运输时间落差等问题。	通过网络可以立即获得服务。例如,网络百科全书(如wikipedia);在线咨询;网络新闻。

2. 人力资本对服务业发展的重要性更加凸显

服务业内部结构升级趋势体现为服务业从劳动密集型转向知识密集型,知识、技术含量高的现代服务业逐渐占据服务业的主导地位。从产业的投入要素看,农业主要受自然资源要素约束,制造业主要受物质资本要素约束,传统服务业主要受劳动力要素约束,而现代服务业从业人员具有整体上的高学历、高职称、高薪水的特征,说明现代服务业主要受人力资本要素约束。

3. 服务贸易结构继续向知识、技术密集化方向发展

世界服务贸易将逐渐由以自然资源或劳动密集型为基础的传统服务贸易转向以知识技术密集型为基础的现代服务贸易。

随着新一轮科技革命的不断推进以及知识经济时代的到来,国际服务贸易也在全球化的过程中呈现出高科技化特征。服务贸易结构日益向知识技术密集型方向转变。运输服务和旅游服务在世界服务贸易中的比重呈下降趋势,以电子信息技术为主和以高科技为先导的一系列新兴服务将成为未来各国国民经济发展的主要支柱和强大动力。全球信息技术革命的不断发展增强了服务活动及其过程的可贸易性,通信、计算机和信息服务、会计、咨询等新兴服务行业不断扩张。高收入国家金融、保险、计算机、信息、通信、专利、版税和许可证费用和其他商务服务等知识、技术密集型服务的比重较高,达到服务贸易出口总额的50%以上。

自 20 世纪 80 年代以来，国际服务贸易的结构发生了重大变化。国际服务贸易主体逐渐向新兴服务贸易部门倾斜。根据世界贸易组织的统计，1990~2005 年，运输服务占国际服务贸易的比重从 28.6% 下降到 23.3%，旅游服务占比从 33.9% 下降到 28.9%，而以通讯、计算机和信息服务、金融、保险、专有权利使用费和特许费为代表的其他服务类型占比则从 37.5% 逐步增长到 47.8%。2004 年，通信服务、建筑服务、保险服务、金融服务、计算机和信息服务，以及特许权使用和许可、专业服务等现代服务贸易已将近占到整个服务贸易的一半。

随着科学技术发展和服务创新活动的日益活跃，服务贸易结构继续向知识、技术密集化方向转变，在服务贸易三大类别中（运输、旅游和其他商业服务），其他商业服务是贸易额最大、增长最快的类别。2007 年，其他商业服务出口 16528 亿美元，比 2006 年增长 19%，增速比 2006 年提高 4 个百分点（同期运输和旅游服务出口增速分别为 18% 和 14%）。2000~2007 年，其他商业服务出口年均增长率达到 14%，高于同期运输和旅游服务出口增速，已占世界服务出口总额的一半以上。2008 年，运输、旅游和其他商业服务三大类别占世界服务出口总额的比重分别为 23.4%、25.4% 和 51.2%（见表 2-5）。①

表 2-5 全球服务贸易类别构成

单位：亿美元，%

项 目	出口额 2008 年	比重变化 1980 年	比重变化 2008 年	进口额 2008 年	比重变化 1980 年	比重变化 2008 年
运输服务	8727	36.8	23.4	10367	41.7	29.9
旅游服务	9472	28.4	25.4	8505	26.9	24.5
其他商业服务	19114	34.8	51.2	15818	31.4	45.6
全球服务贸易总额	37313	100	100	34690	100	100

资料来源：WTO International Trade Statistics Database，http://stat.wto.org/StatisticalProgram。

---

① 为了更好地反映世界贸易总体发展趋势，我们选择了 2008 年国际金融危机爆发前的数据。

目前，国际高科技领域发展最快的是以计算机、通信技术为代表的信息技术产业，而信息技术产业的发展中心及发展方向则是软性化的服务。如果我们考察服务业的分类目录，就会发现服务业是高新科技产业化的主要领域。在服务业的各子目录中，很多产业都是目前技术水平发展变化最快的行业。由于世界服务贸易以高新技术为载体，服务产业与高新技术产业在当今世界经济中的作用越来越重要。在过去 10 年中，许多新兴服务行业从制造业分离出来，形成独立的服务经营行业，其中技术、信息、知识密集型服务行业发展最快。其他如金融、运输、管理咨询等服务行业，由于运用了先进的技术手段，也很快在全世界范围内扩大。高新科技的发展，不仅使得世界服务业的发展不断高科技化，而且也使很多传统的产业和传统的服务都被高科技手段武装，金融的电子化、商务活动的电子化、电信业务的数字化都体现了世界服务贸易的高科技化趋势。

（五）规律 V：服务业分布的"集聚化"（即"城市化"）

现代城市绝大部分已成为服务业中心，服务业在城市经济中扮演了最重要的角色。城市是服务业功能集聚、吸纳就业、促进发展的主要场所，中心城市是引领服务经济转型和发展的基本动力源。城市化推进的过程也是服务业发展的过程。从产业结构来看，城市已经成为全球服务业最重要的基地，而服务业特别是生产性服务业的大规模发展，将会促进城市知识、资本、信息、人力资源等的大规模流动，使城市的功能实现转型。

与传统理念将城市作为工业中心不一致的是，现代城市绝大部分已成为服务业中心，服务业在城市经济中扮演了最重要的角色。城市化引起生活方式的市场化转变与生产方式的集聚化发展，这给服务业的发展创造了市场条件。此外，由于服务产品的不可储存性和不可运输性，使服务产品的需求要有足够的人口密集度才能达到规模生产的要求。

城市作为人类文明、社会进步的象征和生产力空间载体，聚集了一定区域内的生产资料、资金、劳动力和科学技术等生产要素，以及文化、教育、卫生等公共服务，而成为一定区域内社会各要素的聚集体。随着经济的增长，人们对于公用事业提供的服务的需求量增加，如自来水、电力需求量的增加等，城市地域会有一定程度的扩张，这种扩张也必然导致新开发建设区域的配套公用事业需求的增长。完善的城市公用事业不仅能够带来良好的声誉和形象，而且也能够直接为城市社会经济的发展吸引资金和人才。完善而良好的城市公用事业可以使城市各社会及经济单位更好地分工协作、加强联系，把城市地域内各社会经济要素紧密地聚合在一起，大大提高城市所有部门的经济效益、社会效益和生态环境效益，这就是城市聚集效益。

推进城市化与新型工业化，充分发挥劳动力资源丰富、劳动力价格较低的比较优势。实现城市化、工业化与信息化、市场化、国际化相辅相成、共同发展，既要发展高新技术产业，也要用现代技术改造传统产业，促进公共资源在城乡之间均衡配置、生产要素在城乡之间自由流动，有力地促进生产性服务业的繁荣发展。

城市化发展能够使城镇人口持续快速扩张，集中的人口能产生巨大的消费需求，尤其是服务需求。同时，城市化的推进带动投资需求进一步增长，尤其是对基础设施需求的增加，包括"经济性基础设施"，即公路、铁路、机场、通信、水电煤气等公共设施，以及"社会性基础设施"，即教育、科技、医疗卫生、体育、文化等社会事业等的需求，所以城市化为服务业创造了重要的需求基础和必要的生存条件。

从发达国家的增长经验来看，服务业发展与城市化基本是同步的，因此，城市化进程就是在产业结构变化过程中发生的经济要素的空间集聚与分化过程。从产业结构来看，城市已经成为全球服务业最重要的基地，而城市服务业（特别是生产性服务业）的大规模发展，将会促进城市知识、资本、信息、人力资源等的大规模流动，使城市的功能实现转型，使城市成为"流的空间"（Flow of Space）。这种"流的空间"的形成，使城市能够快速扩张自己的影响力，并使城市与服务业之间形成了一种快速互动关系，两者之间相互依赖、相互促进。对此，有学者指出，现代城市是与"先进服务、生产中心、全球网络市场相联系的"。①

城市化是伴随着现代经济增长而出现的一种现象。随着工业化国家的产业结构调整，服务业开始崛起，并逐渐取代工业而成为城市产业的主角，并由它继续推动下去。《世界发展报告》的统计表明，1960~1980年，发达国家在制造业中的就业人数比重一直徘徊在30%左右，制造业产值比重则从40%降为37%；但同期城市化水平却从68%上升到78%。其原因正是服务业的拉动所致，这段时期的服务业就业人数比重从44%提高到56%，服务业的产值比重也从54%提高到60%。中国香港的城市化进程与服务业崛起，可以很好地反映这一过程（见表2-6）。

表2-6 中国香港的城市转型与服务业发展历程

发展阶段	时间跨度	特 征
"转口型"向"加工型"经济转型	20世纪50年代到1966年	快速发展期。1952~1960年名义GDP平均增长率8.9%。由转口贸易走向工业化道路，成为"世界轻工业中心"。
"加工型"向"制造型"经济转型	1967~1975年	增长平稳，制造业产品技术含量提高。
向服务经济转型	1976~1985年	前5年的GDP增速为11.6%，后5年增速放缓（均速5.5%）。1985年人均GDP突破1万美元。香港达到中上等国家或地区收入水平的中位数。基础产业是制造业，贸易和金融是支撑产业。
服务业快速发展阶段	1986~1997年	前3年的GDP增速为7.4%，后8年增速趋缓（均速3.8%）。1988年人均GDP突破1万美元。香港真正进入现代化。
向知识型服务经济转型	1998年至今	相对竞争力强的服务行业：金融保险业、商业服务业、进出口贸易业、零售业、通信业。转型动因：(1)1997年亚洲金融危机激发；(2)经济全球化；(3)迅速发展的信息通信技术。

---

① Castells, M., The Rise of the Network Society. Oxford: Blackwell, 1996.

受经济全球化影响,城市从工业时代过渡到信息时代,服务业成为城市发展的后续动力。经济全球化推动经济结构在空间上重组(城市化),城市化成为服务业集聚发展的主要渠道;服务业促进了城市经济的跨越式发展。据世界银行数据,1900~2000年,全球生活在工业与服务业占主导地位的城市地区人口的比例从15%上升到47%。全球促使农业工作的就业人口从1960年的55%以上降至2004年的33%左右。而2008年是联合国认定的世界城市人口超过农村人口的第一年,意味着人类历史上第一次出现了大部分人口居住在城市的现象。发达国家的经济重构催生了新一轮的国际分工调整。其中重要的内容是生产性服务业向大都市集聚,产生所谓的"世界城市"。

这些世界城市的经济产出占据了全球经济的主体。普华永道根据联合国和世界银行等机构的相关数据,按照购买力平价(PPP)计算城市的GDP。2005年,日本东京GDP居全球城市之首,达到1.19万亿美元,美国纽约位列第二,达到1.13万亿美元。这是一个惊人的数字,因为直到2008年,人口超过10亿的印度,GDP不过1.237万亿美元。

20世纪末21世纪初,城市化的主流逐渐转向东亚地区,服务业在城市的集聚发展面临难得的机遇,在人均GDP水平大致相当的时候,中国香港、新加坡、上海分别向服务经济主体经济结构演进(见表2-7)。

表2-7 中国上海、中国香港和新加坡的服务业比较

城　　市	年份	人均GDP(美元)	服务业增加值(亿美元)	服务业占GDP比重(%)
中国香港	1983	5120	175.0	67.3
新　加　坡	1983	6484	107.8	62.0
中国上海	2006	7300	670.6	50.6

【专栏2-12】

世界城市化

世界一些发达国家的城市化发展历程可以视为传统城市化的过程。20世纪20年代前世界五大工业国家英国、法国、美国、日本、德国的平均城市化率56.2%，到2000年的平均城市化率85.1%，明显地反映出随着社会财富和综合国力的提高，城市化水平也有了显著的提高。世界上发达国家都有很高的城市化水平（见表2-8）。[①]

表2-8 世界一些发达国家城市化率的历史演进

单位：%

国家 年份	1920	1950	1960	1965	1970	1975	1980	2000
英国	79.3	77.9	78.6	80.2	81.6	84.4	88.3	89.0
法国	46.7	55.4	62.3	66.2	70.4	73.7	78.3	82.5
美国	63.4	70.9	76.4	78.0	81.5	86.0	90.1	94.7
日本	28.0	45.8	53.9	58	64.5	69.6	74.3	77.9
德国	63.5	70.9	76.4	78.4	80	83.8	86.4	81.2*

注：*为东西德统一之后的统计值。
资料来源：World Resources Institute, World Resources 2000-2001: People and Ecosystems: The Fraying Web of Life, 2002。

表2-9 主要产业及其相应的城市特征

产业类型	产业特征	空间特征	典型城市	主导时期	中国代表性城市
重工业	产业资本密集	专业城市出现依托资源产地	德国鲁尔区、美国匹兹堡	19世纪	唐山、包头
轻工业	劳动密集	产业集聚现象，人口流动频繁，环境污染现象	伦敦、曼彻斯特	19世纪	宁波、东莞

[①] 王崇锋、张古鹏：《我国未来城市化发展水平预测研究（2010~2020）》，《东岳论丛》2009年第6期。

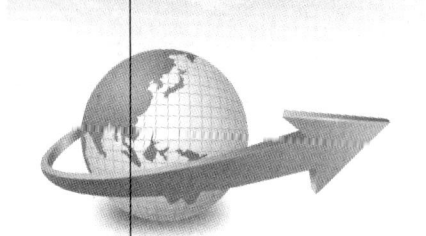

续表

产业类型	产业特征	空间特征	典型城市	主导时期	中国代表性城市
精密制造	技术密集	传统工业地域城市密度不高	瑞士伯尔尼、德国南部、葡萄牙中部	20世纪	苏州
商务办公	知识密集、金融资本密集、人力资本密集	依托大城市和区域中心,并依据现代通信交通技术使之走向分散	伦敦、纽约、东京	20世纪末至21世纪	北京、上海
高技术产业	知识密集、技术密集	科研类型和制造类型两种城市,在空间上逐渐分	美国硅谷、奥斯丁;英国剑桥、法国学城	20世纪末至21世纪	

城市扩张应与产业结构转化相互衔接。巴西就是一个教训。作为一个发展中大国,巴西大城市化率超过了80%。但是,巴西的产业结构转换没有跟上城市化的步伐。到2000年,巴西的交通运输业与金融保险业的就业人数仅占社会全部就业人数的6.8%,相比1990年下降了0.9%。从而导致了"城市病"的出现。据统计,近20年来,巴西城市人口增长了24%,贫民窟人口却增长了118%。目前居住在城市贫民窟中的人口达到3500万,占全国城市人口的25.4%。

首尔在转型期内的最大特点之一,就是生产性服务业的高速增长。20世纪80年代,在制造业向外转移的同时,大型公司总部、工程服务、软件服务、设计、广告等生产性服务业却向首尔聚集。据统计数据显示,1984~1994年的10年间,首尔的服务业就业增长了104%,其中商务服务业增长了334%。从空间分布上看,首尔的服务区位优势同样明显,首尔集中了韩国全国50%的商务服务业、80%的技术和计算机服务,并且这一聚集趋势仍在持续。

表 2-10 各个大城市的产值结构

单位：%

城 市	年份	第一产业	第二产业	第三产业
纽 约	2000	0.10	10.90	89.00
伦 敦	1998	0.20	17.40	82.40
东 京	2005	0.05	14.20	85.75
新加坡	2003	0.10	32.70	66.40
首 尔	1999	5.00	43.50	51.50
中国台北	2001	0.13	17.69	82.19

资料来源：裴长洪：《中国服务业发展报告 No.8：服务业：城市腾飞的新引擎》，社会科学文献出版社，2010，第 62 页。

表 2-11 各大城市的就业结构

单位：%

城 市	年份	第一产业	第二产业	第三产业
伦 敦	2001	0.10	10.10	89.80
纽 约	2001	0.00	9.57	90.43
东 京	2005	0.30	18.90	80.80
新加坡	2003	0.18	16.30	74.00
中国香港	2003	1.00	14.00	85.00
中国台北	2005	0.20	19.50	80.30

资料来源：裴长洪：《中国服务业发展报告 No.8：服务业：城市腾飞的新引擎》，社会科学文献出版社，2010，第 64 页。

表 2-12 纽约和伦敦生产性服务业的就业份额比较

单位：%

年份	城市	占城市服务业就业份额	城市	占城市服务业就业份额
1971	纽约	29.8	伦敦	28.0
1981		32.9		31.0
1984		37.7		32.8
1999		27.5		30.8

资料来源：裴长洪：《中国服务业发展报告 No.8：服务业：城市腾飞的新引擎》，社会科学文献出版社，2010，第 65 页。

表2-13 纽约、伦敦、东京生产性服务业的就业份额比较

单位：%

城市	年份	银行和金融	保险	房地产	商业服务
纽约	1981	10.2	3.4	3.0	8.3
	1985	10.7	3.2	3.1	9.4
	1997	8.8	3.8	7.2	8.5
伦敦	1981	4.5	1.9	0.6	8.1
	1984	4.8	1.7	1.0	10.2
	1999	8.4	—	2.2	—
东京	1980	4.0	—	1.8	—
	1985	4.2	—	1.9	—
	1997	5.7	—	2.5	—

资料来源：裴长洪：《中国服务业发展报告 No.8：服务业：城市腾飞的新引擎》，社会科学文献出版社，2010，第65页。

2. 服务业在城市内部的空间集聚

关联效应和社会网络效应而形成的集聚区，具有资源共享、服务网络系统和品牌效应的特征，客观上为生产性服务业的发展构筑起一个良好的产业生态环境。

发达国家的经验表明，当经济发展到一定阶段，在经济总量发展、经济结构变化和人口发展等因素的驱动下，集聚模式会由单一的大型CBD（中央商务区）模式，向多极化、分散化发展，在原来的基础上演变扩展成若干个微型CBD，即生产性服务业集聚区。自20世纪60年代以来，为解决中心城区商务功能过度集中的矛盾，以伦敦、纽约、东京为代表的世界级城市，都经历了单个CBD到微型CBD网络初步建立的过程。其中，伦敦的微型CBD由传统的市中心扩展出来，以堪那瑞区为代表沿着泰晤士河呈轴线发展；纽约的CBD在20世纪90年代初开始分阶段逐步形成布鲁克林、长岛、法拉盛、哈德逊广场等微型CBD；东京逐步形成了品川、汐留、六本木等30多个微型CBD，很好地适应了生产性服务业空间集聚且多元化发展的国际趋势。

（六）规律 VI：服务业拓展的"离岸化"

得益于信息通信技术的飞速发展和广泛运用以及多边贸易制度的完善，服务的可贸易性大幅度增强，服务业跨国投资壁垒明显降低，服务业"离岸化"发展已经上升到"全球化"发展这个高级阶段，全球产业转移重点已经从制造业向服务业转移；服务领域的国际投资占全球投资的比重不断上升；服务贸易流量占世界贸易总额的比重日益提高；服务外包增长迅猛。服务业的离岸化发展与全球化扩张，给发展中国家带来了机遇也提出了巨大挑战，其服务业和整体经济被边缘化的可能性越来越大。

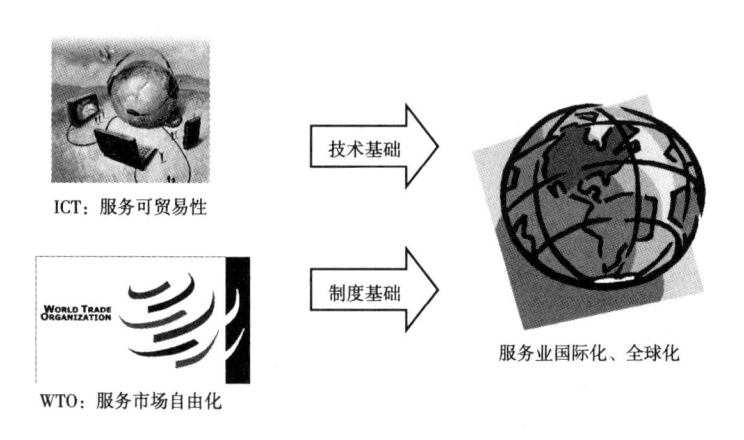

图 2-15 服务业离岸发展的技术基础和制度基础

1. 服务业国际化动因

（1）以 ICT 为主导的高新技术在世界服务业中的应用取得重大突破，服务业国际分工全面深化，是服务业跨国发展、跨国转移乃至全球化的重要基础。ICT 技术使原本只能面对面提供的服务以低成本跨境远程提供成为可能。信息技术的应用不仅加速了传统服务业的升级，还创造出大批新兴服务业，并大大加快服务业活动脱离原来的生产活动的速度，使其成为独立的产业部门及环节，同时也向制造业全面渗

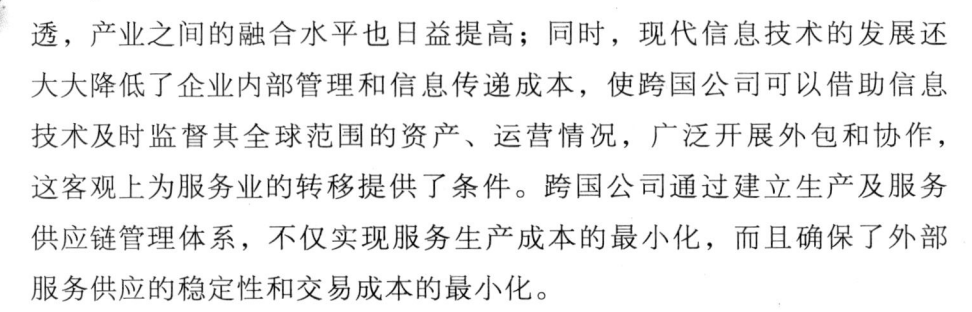

透,产业之间的融合水平也日益提高;同时,现代信息技术的发展还大大降低了企业内部管理和信息传递成本,使跨国公司可以借助信息技术及时监督其全球范围的资产、运营情况,广泛开展外包和协作,这客观上为服务业的转移提供了条件。跨国公司通过建立生产及服务供应链管理体系,不仅实现服务生产成本的最小化,而且确保了外部服务供应的稳定性和交易成本的最小化。

(2) 全球服务市场自由化为服务业国际化、全球化创造了制度条件。WTO将服务贸易纳入了全球贸易自由化体系之内,将商业存在作为服务贸易重要方式。发达成员承诺的覆盖率为81%,转型经济体承诺的覆盖率达到66%,对促进国际服务贸易和跨国投资发挥了重要作用。

(3) 生产国际化进入高级阶段,加快服务国际化的进程。生产国际化在跨国公司的直接推动下,发展进入全球布局的高级阶段,全球范围内生产活动的组织需要获得全球化的贸易、金融、通信、运输等服务的支撑。突出体现在,随着制造业全球化的整体推进和不断向发展中国家转移,一些发达国家的生产性服务业也日益全球化,并随之出现了向发展中国家转移的浪潮。

2. 服务业国际化的初级阶段——服务离岸化

服务业主要通过服务外包、外商直接投资等方式实现业务离岸化。国际外包和国际直接投资是发达国家进行产业调整和转移的两种方式,利用国际外包业务和国际直接投资则是促进发展中国家经济发展的两种方式。就促进发展中国家经济发展而言,承接国际外包业务优于吸引国际直接投资。而中国承接服务业离岸业务比较少,还没有参与到服务业跨国公司的全球服务的价值链中,服务业FDI流入相对较少。中国作为发展中国家,积极鼓励国内企业参与承接国际服务外包业务,并逐步向价值链高端提升。这是中国承接国际服务产业转移,参与全球服务经济竞争,通过吸引服务业FDI来促进外商直接投资增长的重要而现实的选择;同时,这也是中国经济结构调整和增长方式转变的重大机遇，是中国从更深层次上融入全球经济一体化进程的战略抉择。尽管制造业仍然是中国承接国际产业转移的核心领域，但生产性服务业向中国的转移明显加快，生产性服务业正成为中国承接国际产业转移的新兴重要领域。

(1) 服务外包。

服务外包成为服务业国际转移的重要途径。服务外包是众多生产经营业主将服务流程以商业形式发包给本企业以外的服务提供商，以减少或消除其在该方面的费用和管理成本，从而集中精力重点经营价值链上自己优势最大的环节，以实现更高的利润。全球服务外包之所以能不断深化发展，并成为生产性服务业国际转移的重要途径，原因主要有几点：一是信息技术特别是网络技术的广泛应用，使协调外包日益便利，国际外包大幅增长成为可能；二是企业通过服务外包能够在更大范围寻求成本最小化和利润最大化。据美国麦肯锡全球研究所估计，同质同量的服务，外包到发展中国家平均可降低65%~70%的成本；三是发展中国家逐渐具备吸引服务外包的有利条件，如人才资源、信息网络设施、知识产权保护体系等。

随着信息技术的迅猛发展、生产组织方式的变革和国际市场竞争的加剧，越来越多的制造企业特别是跨国公司，纷纷将商务业务、研究开发、咨询分析、顾客服务等生产性服务的一些业务外包给专业化的服务供应商来完成，以降低企业获取生产性服务的成本，促进企业生产质量和效率的提升。发达国家生产性服务业的强劲发展，推动着全球服务外包业务的发展更多地转向生产性服务外包。生产性服务外包成为外包业务的核心，主要包括商务流程、计算机辅助设计与制造（CAD/CAM）、软件设计、研发设计、财务管理、数据管理、呼叫中心、后台服务、客户交易以及专业服务等。从外包涉及的行业看，软件、金融等行业的外包发展突出。2007年全球软件外包市场规模达560亿美元，此后几年将保持20%以上的增长率快速发展。印度占有全球

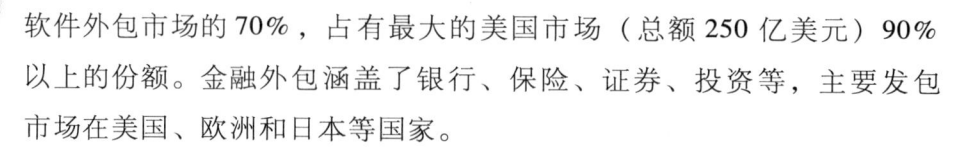

软件外包市场的70%，占有最大的美国市场（总额250亿美元）90%以上的份额。金融外包涵盖了银行、保险、证券、投资等，主要发包市场在美国、欧洲和日本等国家。

（2）服务业对外直接投资。

一些与跨国公司有战略合作关系的生产性服务企业，如物流、咨询、信息服务、设计、财务管理等领域的企业，为了给跨国公司在新兴市场国家开展业务提供配套服务而将服务业进行国际转移，或者是服务企业为了开拓东道国市场和开展国际服务贸易而进行服务业国际转移。20世纪80年代以来，跨国投资逐渐成为服务业国际竞争的一种重要形式，服务业的跨国直接投资在全球跨国投资总额中所占比重日益上升。20世纪90年代以来，服务业外商直接投资在投资总额中一直占据一半以上的份额。对外直接投资的客观结果是服务业务的离岸化发展，通过境外商业存在提供服务的比重迅速上升。越来越多的跨国公司把生产性服务业务，如研究与开发、采购、营销、培训、售后服务等，转移到成本相对低廉、投资环境较好的国家或地区。离岸化的业务不仅为跨国公司自身提供服务，而且可以直接向东道国和第三国公司提供服务。20世纪90年代以来，伴随着中国国内竞争环境的变化，跨国公司开始对中国进行大规模系统化投资。一方面表现在跨国公司从单产品、单环节的生产和加工，开始向上、下游产品及相关产业延伸，另一方面还表现在跨国公司不仅把生产加工基地设在中国，而且研究与开发、采购、营销、培训、售后服务等各个运营环节也开始在中国建立。通用电气、大众汽车、IBM、微软、杜邦、拜耳、爱立信、摩托罗拉、朗讯、惠普等一大批跨国公司已经在中国设立了研发中心。

以信息通信技术为支撑，服务业沿着在岸外包、离岸外包、跨国投资的发展轨迹走向国际市场。跨国公司加快全球资源整合，通过离岸服务外包、服务业跨国投资加快了服务业国际化进程。以世界贸易

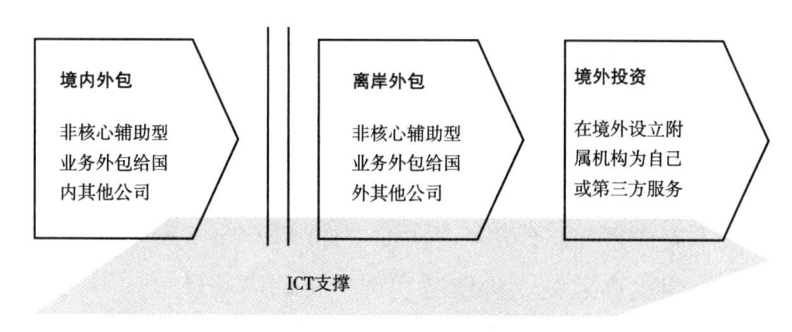

```
┌─────────────┐  ┌─────────────┐  ┌─────────────┐
│  境内外包    │  │  离岸外包    │  │  境外投资    │
│             │  │             │  │             │
│ 非核心辅助型 │  │ 非核心辅助型 │  │ 在境外设立附 │
│ 业务外包给国 │  │ 业务外包给国 │  │ 属机构为自己 │
│ 内其他公司   │  │ 外其他公司   │  │ 或第三方服务 │
└─────────────┘  └─────────────┘  └─────────────┘
              ICT支撑
         服务业跨国转移由制造业追随型
         向服务业自主扩张型转变
```

图 2-16 服务业跨国转移的一般路径

组织为核心的多边贸易体制以及区域经济合作交相推动的贸易自由化进程，为服务贸易的发展创造了一个稳定的、具有可预见性的自由贸易框架，各国降低了部分服务市场的进入壁垒，促进了服务业国际化进程。服务贸易推动各国产品和服务更多、更快地融入全球价值链，成为沟通全球经济贸易活动和企业跨国生产经营的联系纽带。

3. 服务业国际化的高级阶段——服务全球化

世界服务业加速现代化和全球化的趋势，使服务业日益告别传统的地缘导向发展模式，不断打破时间、空间乃至文化、观念的隔离，进入了全新的发展阶段。这不仅使服务业的全球重组和资源优化配置达到了空前高度，也使世界各国经济、产业、技术创新及经营管理模式出现全方位变革。

服务业全球化不是一个孤立现象，而是伴随着经济全球化进程不断发展、世界服务业加速信息化及现代化、国际分工协作从传统制造环节日益向生产性服务等高端环节延伸、世界经济全面向服务经济转型等重大进程而不断向前推进的。目前，世界经济向服务经济转型已达到了惊人的程度。世界服务业占世界 GDP 的比重已达到 70%，而其中的生产性服务业在发达国家服务业总值中的比重接近 70%，生产性服务业已经成为发达国家名副其实的支柱产业，如美国生产性服务业增加值占其 GDP 的比重超过 48%。其他发达国家情况也大体类似。尤其值得注意的是，发达国家服务业结构和业态也发生了翻天覆地的变化，其中的现代服务业成为技术、知识密集型产业的典型，不仅在广泛运用现代信息技术等成果和充分培育运用人力资源方面占据领先地位，而且事实上也成为现代产业链、价值链和创新链的高端环节。因此，服务业全球化不断发展仍将是今后世界经济发展的重大趋势，是经济全球化进入新发展阶段的重要标志，其未来走势和重大影响值得高度关注。

进入 21 世纪以来，服务业全球化进程加快，并呈现以下主要趋势。

一是服务领域跨国公司迅速扩张，成为推动服务业全球化的主体。全球最大的 500 家公司中从事服务业的跨国公司已经超过半数。另外，在制造业企业中，有相当一部分企业的服务业务的收入已接近或超过其制造业务的收入。传统制造业跨国公司正加速向服务型跨国公司转型，如 IBM 将笔记本电脑制造卖给联想就是其向服务型跨国公司转型的战略举措。随着这一进程的加速，越来越多的传统制造业跨国公司将成为名副其实的服务业企业。与此同时，跨国公司通过掌控研发、市场营销等核心环节和强大的供应链管理体系，在国际竞争中的地位不仅没有削弱，反而有所增强，它们在世界产业链中的竞争优势和地位进一步提高；在世界价值链和利润分配中的地位进一步提高；对世界市场的影响力和支配力也进一步提高。

二是服务业跨国投资增长迅猛，服务业跨国购并大潮迭起。从 20 世纪 90 年代到 2002 年，服务业的对外投资存量翻了两番，占全部外商直接投资存量的比重由 47% 上升到 67%，2002 年服务业外国直接投资流量为 4523 亿美元，约占当年总量的 70%。近几年，服务业跨国投资继续以较快速度增长，服务业跨国投资占比为 2/3 以上。

三是服务贸易发展迅速。服务业信息化、现代化加快发展，大大提高了服务业的可贸易性，促进了世界服务贸易的快速发展。据有关统计，2000~2010年，世界服务进出口额年均增长9.33%，2010年世界服务出口额达3.6639万亿美元，服务进口额达3.5027万亿美元。世界服务贸易结构发生了很大变化，运输、旅游等传统服务贸易比重下降，以信息、金融、研发等为代表的服务类型贸易所占比重从1990年的37.5%上升到2005年的47.8%，显示新兴服务贸易增长强劲。同时，以商业存在方式提供的服务贸易额以更快的速度增长，如美国2003年商业存在方式的服务销售额达2920亿美元。不少发达国家以商业存在方式实现的服务贸易额均已超过了跨境方式的服务贸易。

四是国际服务离岸外包异军突起，发展前景广阔。发达国家跨国公司实行核心竞争力战略，越来越多地将后勤办公、顾客服务、商务业务、研究开发、咨询分析等许多非核心业务活动全面外包，其中离岸外包成为新的发展趋势。

五是服务业跨国转移由制造业追随型逐步向服务业自主扩张型转变。服务业进行跨国经营最初的动机就是为了向已经从事跨国生产经营的顾客提供服务，留住原来的顾客，占住已有的市场份额。但随着信息技术的应用和产业分工的深化，服务业开始不断从传统制造业中独立出来，信息、咨询、设计、财务管理、售后服务、技术支持等专业服务公司不断发展壮大，服务业转移也逐步向自主扩张型转变，不仅为原来的客户提供服务，还可以为东道国其他公司提供服务，甚至可以向第三国出口服务。例如，进入21世纪以来，跨国公司研发活动向海外大规模转移，并日益向更充分利用全球创新资源的自主扩张型转变，就是典型的例子。

（七）规律Ⅶ：服务业深化的产业融合化

服务业深化发展的原动力来自服务业与其他产业之间的融合。产业融合是社会分工的结果。随着社会分工向更加细化和专业化的方向发展，产业之间交叉需求增加，在这些交叉领域，跨越产业部门之间的信息共享、资源互换、价值传递和优势积累，由更多的复合型服务提供者来完成。当复合型服务提供者逐渐规模化，就形成了新型业态，于是新的服务行业应运而生。服务业的总体规模和企业主体得到量的扩张与质的提升，服务业的产业促进功能进一步强化。所以，服务业深化发展是产业融合化发展规律的重要体现。

产业融合化规律涉及三个关键词：资本、组织、技术。

通过资本纽带，制造业企业可以向服务领域延伸，服务业企业也可以向制造业拓展，实现多元化经营（如图2-17所示）。

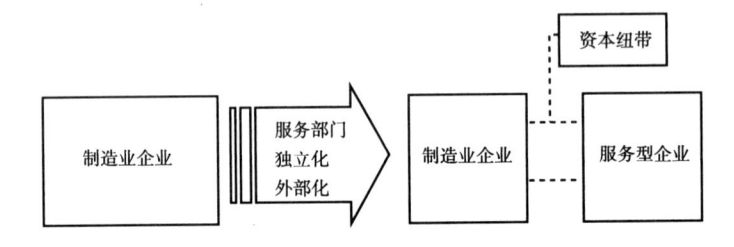

"剥离"：制造业企业内部服务部门独立化、外部化

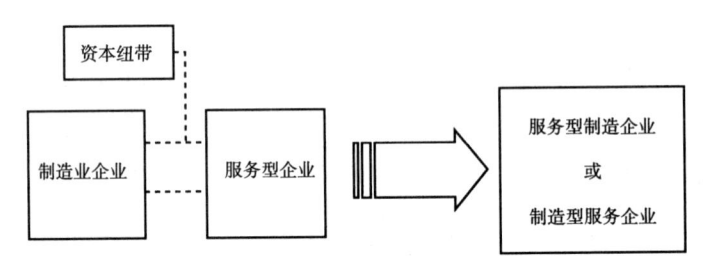

"融合"：制造业通过金融纽带等向服务领域延伸

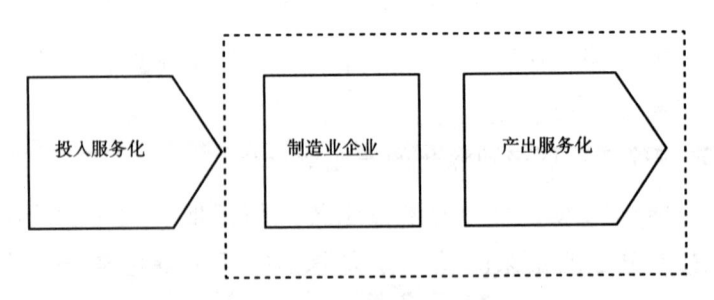

"扩容"：投入服务化促进制造企业的产出服务化

图2-17 制造业企业向服务业扩张的路径

生产组织方式的创新，也在推动产业之间的融合。例如，产业链上制造业与服务业的融合更多以外包的形式出现。外包（Outsourcing）是企业从专业化的角度出发，将一些原来属于企业内部的职能部门转移出去成为独立经营单位的行为，或者是取消使用原来由企业内部所提供的资源或服务，转向使用由企业外部更加专业化的企业单位提供的资源或服务的行为。一个产品真正处于生产制造环节的时间只占少部分，大部分时间处在研发、采购、储存、运营、销售、售后服务等阶段，产业链条的运转更多依靠服务，服务业的效率对整个链条的效率影响很大。

现代制造业企业内部服务呈现外部化，大量企业内部服务职能外包。现在的跨国公司，如施乐、惠普等，这些利润大都来自产品销售的企业正迅速转变为服务提供商。惠普公司通过兼并服务性企业，从而为客户提供从硬件到软件，从销售到咨询的全套服务。

信息技术也成为产业融合的推进剂。[①] 随着信息技术的发展，产业融合在不同的领域广泛发生，正成为产业创新的重要推动力。进入20世纪90年代，随着信息技术的快速发展，产业融合进一步拓展到更广的范围。第一产业与第二产业的交叉融合、第三产业对第一、第二产业的渗透，以及各大产业内部不同行业间不断出现的相互融合，使得产业间的界限变得越来越模糊。特别是随着信息技术的飞速发展和广泛应用，传统意义上的制造业与服务业的边界越来越模糊。两者间不再是简单的分工关系，而更多地表现为你中有我、我中有你的融合趋势。这一趋势在高科技产品中更为明显：在高科技产品中，服务价值的比重往往超过实体价值的比重。例如，机械、电子设备制造企业事实上不再是简单的销售产品，而是在销售产品的同时，提供与该产品

---

① 胡国良：《国外现代服务业与先进制造业融合发展的现状、模式和趋势》，2009年3月10日《新华日报》。

配套的包括信息系统、配套软件、操作程序以及维护服务等在内的一个完整的服务系统，称为"产品—服务包"。因此，许多制造业企业同时也是服务业企业，成为集成服务提供商。在制造业服务化的同时，服务产品化的趋势也逐渐明朗。信息技术改变了许多服务难以储存、生产和消费必须同时进行以及生产者与消费者需要实体接触的特征，使大量的服务物化，可以像制造业一样批量生产，形成规模经济优势，从形态上已很难说它应属于产品还是服务，如软件光盘、影像制品和电子书籍等。

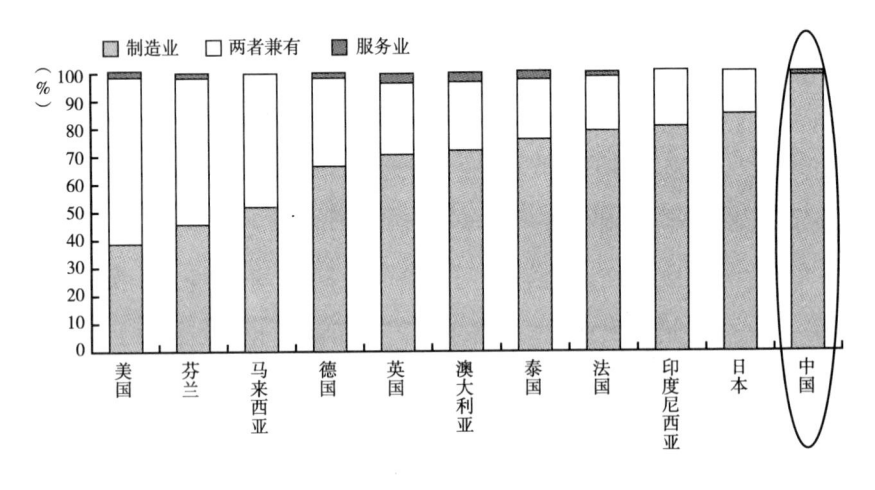

图 2-18　各国制造业企业的业务重点

资料来源：〔美〕Saul Berman，Peter Korsten，Ragna Bell 等著《未来企业之路》，华晓亮、冯月圻编译，北京大学出版社，2010，第 180 页。

当前，服务业与各行业融合发展成为趋势，特别是生产性服务业和制造业融合互动发展态势明显。制造业的高度发展呈现"服务化"的新趋向：制造业部门的产品是为提供某种服务而生产的；其附加值中越来越多的比重来源于服务；服务含量在整个企业产值和增加值中所占比重越来越高。目前，许多企业的生产和服务功能已融合在一起，作业管理也从制造领域延伸到了服务领域，模糊了两者之间的界限，许多企业的经济活动已从制造为中心转向以服务为中心。制造与服务相互融合已成为现代企业在激烈竞争中制胜的主要方式。服务业也在向农业、采矿和以资源为基础的传统产业部门渗透，如捕鱼业就运用了渔船设计、卫星传输、GPS定位系统、安全系统以及声纳系统等现代服务。产业融合也存在于服务业内部各行业之间，并由此产生许多新型服务业业态。在未来的经济社会，传统服务业的内容仍将保留和延续，但信息技术的普遍应用，则会大大推进传统服务形式向现代服务业转变。

【专栏2-13】

智能化引领海信成功转型

传统的家电制造商如何向新一代信息技术提供商转型，这是我国电子信息产业急需解决的难题，山东海信集团通过在智能技术方面的自主创新走出了一条独特的转型升级之路。

为了满足消费者从网上快速点播高清大片的需求，海信集团自主研发了10G pon光模块产品，这个模块继海信在全球同行中率先商用以来，目前在全球市场占有率超过了95%。它有效解决了信息高速公路的"最后一公里"的难题，每秒传输速率高达1万兆，是普通传输速率的100倍。

正是通过不间断的技术创新和产业升级，从原来的只卖电视到现在能够提供源源不断的增值服务，海信已经摆脱了传统电视制造商的限制，找到了持续发展的新的商业模式。

通过实施技术创新和产业转型，海信平板电视的国内市场占有率连续七年占据第一，全球市场占有率也进入前五位。在新兴产业领域，海信已培育出光通信、智能交通、液晶模组、网络电视等高端产业。

第二节 服务经济发展的三个维度

遵循上述七个发展规律与趋势，世界经济沿着三个维度向服务经济转型：第一是沿着"市场化、社会化"方向挖掘服务经济发展的"深度"，其主要路径是推动制度改革、空间集聚（城市化）、产业融合等；第二是沿着"信息化、知识化"方向提升服务经济发展的"高度"，其主要路径是推进科技创新；第三是沿着"离岸化、全球化"方向拓展服务业发展的"广度"，其主要路径是参与国际竞争（见图 2-19）。

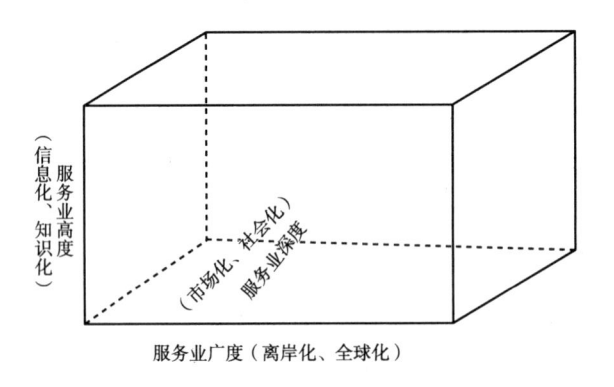

图 2-19 服务业发展的三个维度

从历史和逻辑的角度来看，各阶段的服务经济发展都有不同的倾向性任务。首先，发达经济体现阶段的服务经济发展的历史性任务主要在于通过提升服务业的高度。即尽可能快速提升服务产业的知识含量、技术含量，来占领市场高端，实现经济转型。其次，新兴经济体现阶段的服务经济发展的历史性任务主要在于通过挖掘服务业的深度来提升服务业的高度。即通过市场化改革完善服务业发展的市场机制与环境、转变政府职能以增强公共服务的社会化与市场化供给能力等，促进服务业参与竞争、运用先进技术和管理经验、降低服务提供成本、提升产业价值增值能力，实现本国服务业在全球价值链中拥有一席之地，可以逐步形成一批拥有知名品牌、具有较强国际竞争力的大型服务贸易企业或跨国公司，专注于提供关键技术、核心功能、高端设计、总集成、服务等，主导推动某些领域由国际分工构成的全球价值链不断延伸、深化发展。过度倚重服务业信息化和知识化参与国际竞争而忽视国内服务市场的培育，容易导致服务产业基础的脆弱性。这或许是印度、爱尔兰等服务经济领域的国际新宠需要突破、调整、升级的方向，也是中国等后起之秀应当真正对待的"陷阱"。再次，其他发展中国家现阶段的服务经济发展的历史性任务主要在于通过拓展服务业的广度来逐步挖掘服务业的深度，在此基础上适时向提升服务业高度迈进。过去一段时期，新加坡、印度、爱尔兰等国实现的是通过开放接纳国际服务业转移促进本国服务业大发展这条路径，完成了阶段性的历史任务。中国在这条路上仅仅是在加入世界贸易组织之初做过勇敢探索，目前似乎又有些止步不前。这一路径在一些学者看来属于"跨越式"发展路径。引进外资、开放市场、打破垄断，从而以迅捷的方式引入竞争、并学习先进技术和经验，提升本国服务业竞争能力，形成服务业在短期内快速发展的良好市场竞争环境，服务业的市场化、社会化得到较好的发展。从图2-19中可以看出，这是一条沿着三个坐标轴方向实现的螺旋式上升。虽然可以称之为"跨越式"发展，但是仍然符合事物发展变化的基本规律。

为实现服务业在这三个维度上的健康、快速发展，共有五条基本路径。第一，制度改革。现代政府的制度改革既为提高行政效率，又为尽最大可能满足社会公平，而在公共服务提供方面的制度改革在这两个方面都有长足进展。不论是发展中国家还是发达国家，政府通过社会化、市场化手段提供公共服务，一方面可以激活服务市场，另一方面可以满足居民基本保障从而释放服务需求。第二，技术创新。专业化分工推动技术进步,先进技术的运用提高效率,进一步深化分工。第三,空间集聚。服务业与城市化发展基本是保持同步的。即便在同一个城市空间,服务业也往往形成集聚区。第四,产业融合。分工深化继而走向融合互动,可以催生新的服务业态,如服务业与农业融合可以形成生态旅游新业态;服务业与制造业融合发展,推动物联网及相关液态等的发展。第五,国际竞争。发达国家通过服务补贴占领外国服务市场;发展中国家通过服务贸易、承接服务外包、吸引FDI进入服务业等方式参与国际竞争。

【专栏2-14】

提升服务业的高度:信息化、知识化
——英国创意经济的发展①

"创意产业",就是指那些更多依靠个人创意、技能和天赋建立起来的,在知识产权的保护下,能为社会创造工作职位并带来潜在社会财富的产业的总称。

英国是全球最早提出"创意产业"的国家,经过10多年的努力,英国已逐渐成为世界创意之都,许多知名企业都在英国创建了设计和研发中心,利用英国的设计人才,打造出符合欧洲和世界消费口味的产品。英国正在努力将创意产业发展为驱动经济的新引擎,他们通过创意来打造全新的制造业。10多年来,英国创意产业增长速度已达到全球之冠,并与金融服务业一起成为英国知识经济的两大支柱。创意产业正成为英国的"新名片"。英国的原创性和创意设计备受认同。当

---

① 参见 UNCTAD《2008创意经济报告》、《2010创意经济报告》;参见赵海建《"英国制造"脱胎换骨创意产业成经济引擎》,2010年7月10日《广州日报》。

今世界上许多改变生活方式的重要发明均源自英国：电话、文字短信、喷气引擎、一级方程式赛车及虹膜辨认技术等，全都出自英国设计师的创意之手。

英国的伦敦和曼彻斯特已成为欧洲最大的两个创意中心。伦敦曾经是世界工业中心，它在最近20年间完成了华丽的转身。伦敦利用人才资源和大都会的优势，扶持和推动了高附加值、可持续的创意产业的发展，向全世界展现了这个魅力城市鲜活和动感的一面。伦敦如今已经赢得全球三大广告产业中心之一、全球三大最繁忙的电影制作中心之一和国际设计之都的称号。创意产业也让伦敦名利双收。一方面，它被评为全球最"酷"的城市；另一方面，每年210亿英镑的产值使得创意产业成为伦敦第二大支柱产业。到2012年，伦敦的创意产业产值可达300亿英镑，将超过金融服务业而成为最大的产业部门。

在英国，创意产业包括以下13个行业：广告、建筑、艺术与古董市场、手工艺、设计、服装设计、电影与音像、互动娱乐软件、音乐、表演、出版、软件与计算机服务、电视与电台。在创意领域的全新包装下，"英国制造"的产品又焕发出新的生机与活力。

在英国，音乐产业比钢铁业收益高。不论是哪种类型的音乐，在英国都可以找到世界级音乐天才，这也让英国的音乐工业扬名国际。英国音乐产业产值约达50亿英镑，其中出口量占13亿英镑，出口的净收益比英国钢铁工业还要高。就音乐销量而言，英国是世界第三大市场；以音乐产量而言，英国仅次于美国，位居第二；英国音乐人组成的工会，规模比英国煤矿工人工会还要大。

动漫是英国创意产业中扩张最为迅速的次产业之一，而且正逐渐受到全球的肯定。英国境内有许多充满活力和富有创新精神的动漫工作室，在许多专业领域都能提供国际级的专门技能。英国动漫界在以学龄前儿童为对象的故事短片、动漫设计与短篇动漫等方面，尤其受到国际赞扬。英国动漫公司也因勇于发展并尝试尖端技术与科技，愈加受到世界各国同业的赞赏。轰动全球的《哈利波特》电影系列，其电影视觉特效便是英国动漫工作室的产出。

英国电视产业产值约为120亿英镑，在电视节目制作以及数码电视和动画方面享有优势。英国有600个电视频道，每年制播2.7万小时的节目内容，且大多销售到海外。英国在电视节目模式的发展上领导全球，就节目模式时数输出而言，占了全球市场的53%。

此外，英国设计行业包括多个领域，如品牌、包装、商业性室内设计、产品设计、时尚、建筑、多媒体以及手工艺，拥有超过4000家商业设计咨询公司以及很多自由设计师。英国的设计业规模庞大，风格多样，设计业人才应有尽有。对新生事物持欢迎态度，并在引领消费者品位、预测和反映消费者消费趋势等方面发挥领军作用。

但英国的创意产业却是被压力挤出来的。英国曾经是"世界工厂"，后来失去了制造业大国的地位。在20世纪90年代，英国经济更是长期处于停滞状态，社会就业压力空前增大，政府和国民都急需突破经济发展困境，找到新的经济增长点。在这种形势下，以约翰·霍金斯教授为首的英国专家学者率先提出了"创意经济"这个概念。

英国政府不是扮演"保姆"角色，而是发挥"助推器"作用。1997年，布莱尔当选英国首相后的第一件事，就是成立"创意产业特别工作组"并亲自任主席。

创意产业发展关键在人。英国政府着重创造多种条件以支持和鼓励年轻人从事创意方面的事业。1997～2005年，英国培育了超过12万家创意企业，注入资金超过1.5亿英镑，许多艺术机构和艺术家都因此得到了好处。

【专栏 2-15】

提升服务业的广度：国际化、全球化
——印度服务外包抢占全球高地

印度服务贸易在贸易结构中占据较大比重。2006年，印度服务出口已经占总出口的38.3%，接近世界平均水平的2倍、中国的4倍。在明确的国家战略引导下，印度集中优势资源，经过20年的努力，打造成全球软件外包的高地。

（1）对服务外包采取积极而开放的政策扶持。

印度政府高度重视软件产业和服务外包发展，早在1986年就制定了《计算机软件出口、软件发展和软件培训政策》，明确了印度软件产业发展战略目标，并对从事IT外销的企业给予特别的优惠政策。典型的有对从事该行业的企业所得税实行5年减免、5年减半，再投资部分3年减免，等等。这在相当大程度上形成了承接服务外包的成本优势。

此外，印度还不断完善相关法律，加强知识产权保护，使软件外包企业建立了良好的国际信誉。

最后，印度政府重视长远规划，建设了许多富有特色的科技园区。印度早在1991年就在班加罗尔创建了全国第一个计算机软件技术园区，其后又在全国各地建立了18个具有国际先进水平的软件技术园区。享有特殊优惠政策的科技园区培育了一批知名服务外包企业，例如塔塔咨询服务公司（TATA）、ZAPAPP公司等。

（2）促进服务外包贸易发展的有利外部环境。

印度的电信业开放较早，已发展成为世界上最开放的电信市场，这是印度IT外包服务发达的重要因素之一。

印度人才教育培训也富有特色，在近3000所中学、1000多所大专院校开设不同层次的IT专业课程，还依靠民办、私营机构以及软件企业实行人才的整体培训和整体转移，为印度的服务外包业发展提供了数以百万计的专业人才。

(3) 规划行业发展方面的良好协调机制。

印度服务外包协会NASSCOM成立于1988年，专职员工50人，有软件出口和外包服务企业会员1000多家。作为印度信息技术产业团体和非营利机构，该协会在帮助印度成为全球外包行业基地中发挥了重要作用。

(4) 对服务外包业务市场的明智选择与合理定位。

2000年前后，美国经济连续出现强势增长，需要大量的软件供给，部分企业开始将非核心的软件研发业务外包出去，以降低成本、提高核心竞争力。印度软件业把握住了这种市场状况，利用"千年虫"问题等市场机遇，大力发展对美国的离岸软件外包，通过软件外包实现了对服务外包业的突破，形成了"研发促成软件外包、软件外包带动研发"的良性循环。

面对全球服务发包市场，是选择在全球服务外包市场上进行竞争，还是先选择某一个国家市场作为服务对象，是服务外包企业在开展外包时必须解决的问题。实践证明，印度作出了正确的选择：以与本国有密切联系的美国作为承接对象。这种联系一方面表现在，印度文化深受英语国家的影响，在文化上与美国有"认同感"；另一方面，印度的许多软件开发人员都有在美国研发的经历，了解美国IT技术发展的状况以及外包的技术取向，很多外包业务甚至都是"将在美国的工作带回到印度来做"而形成的。

过度倚重服务业信息化和知识化参与国际竞争而忽视国内服务市场的培育，容易导致服务产业基础的脆弱性。这一影响在印度服务外包领域可以略见一斑。2008年金融危机爆发后，美国在服务贸易领域的保护主义抬头，为了保障国内知识技能人才的就业不受严重冲击，美国在服务外包领域开始采取限制措施。印度当前缺乏的或许正是其国内服务经济的深度。

【专栏 2-16】

挖掘服务业的深度：市场化、社会化
——西方政府公共事务社会化发展

随着公共选择的深化发展，市场化、社会化成为西方政府公共行政的重要依靠力量。

1. IT 外包领域

随着政府对信息化建设投入的不断加大，信息化建设采购成为政府采购的重要部分。由于信息系统比较复杂，政府部门很难也没有必要自身储备太多的专业人员来维护。将信息系统的维护、服务等工作外包给专业公司，是政府部门更为现实、经济的选择。

在政府外包中，经常将 IT 外包称作电子政务外包（IT Outsourcing Managed Service in Government）。通常所说的电子政务外包概念是从信息技术外包引申而来，就是指政府部门信息技术的外包服务。从外包的内容来看，主要有以下几种。

（1）IT 资源整体外包。为政府部门提供全套的 IT 系统规划、采购、实施、运维、咨询和培训等整体服务。

（2）单项 IT 技术外包。政府有选择地把某些 IT 问题，如网络建设、硬件设备维护、单项软件开发等外包给专业公司去做。

（3）维护外包。政府把已建好业务系统的维护服务外包出去，以享受专业技术力量的服务。

（4）除了上述这些相对传统的外包内容，电子政务外包还应包括项目的规划、方案设计、合作伙伴的确定、培训等内容。总之，外包可以涵盖电子政务项目从规划到建设实施，工程监理直至最后的运行维护等整个生命周期。

2. BPO外包领域

业务流程外包（Business Process Outsourcing，BPO）是指政府组织将基于IT技术之上的业务环节委托给专业服务公司，由其依照服务程度协议的请求进行管理、经营和维护，其中包含后勤管理外包、人力资源外包、呼叫中心服务等。在政府外包中，业务流程外包属于刚刚兴起的业务领域，政府只是在某些流程和环节进行了一些外包的尝试，整体市场尚未形成，但具有非常大的发展潜力。以下将列举几个具有发展潜力和前景的政府流程外包方向。

（1）政府后勤管理外包。为了降低政府后勤业务经营成本、提高后勤服务效率、增强后勤业务专业化水平与程度、适应政府后勤社会化改革大的方向、促使政府后勤服务更好地支撑政务工作的开展，提高资金和其他物质、人力资源的使用效率，将原来由政府内部组织或部门提供的后勤服务交由外界专业组织，以期建立新型、高效、灵活的政府后勤保障服务体系。

（2）政府人力资源管理外包。内容可以概括为：人力资源规划，包括工作分析、职位分类等；人力资源的获取，主要指对公务员进行录用和配置；人力资源的维持与开发、维持包括对公务员的工资、薪酬等各方面的保证，开发主要指通过绩效管理，对公务员进行培训或进修，提高公务员的素质，进一步发挥自身的潜能。

政府人力资源管理在很多方面都可以外包，但是我们应该首先对政府人力资源进行分类，因为对于不同种类的人力资源我们可以外包的范围是不一样的。政府雇员和政府勤杂人员这两类人员基本上是市场化的产物，对于这两类人员的人力资源管理的外包范围则相对比较广泛。

（3）呼叫中心外包。设立政务呼叫中心，对解决市民关心的热点、难点问题，提高行政效率有着不可估量的有效作用。呼叫中心能为政府部门解决的问题有以下几个方面。

为市民提供每周7天、每天24小时的咨询解答：将分散在城市建设、环境保护、工商税务、金融投资、市政交通等部门的咨询，集中到呼叫中心。通过电话语音、传真应答系统和人工坐席，实现每周7天、每天24小时热线咨询。内容包括有关政策法规、城市指南、办事指南、投资指南、申办资料、收费标准以及相关部门职能范围。呼叫中心根据咨询者要求，进行人工解答、自动播放、自动传真等。

悉心受理市民的投诉、申请、建议：将政府负责的信访、市民请求、投诉等进行统一管理。集中记录、录音、输入电脑，24小时受理市民的投诉、申请、意见、建议。呼叫中心为政府机关全天候服务，常年保持电话沟通，倾听市民心声。

为政府机关开展有关代收、代审、代办业务：将有关证件的办理，申报表格的填写、资格的审查、程序的解释等事务性的工作由呼叫中心来做，政府机关只负责审查批准。

设置警戒提示，对工作问题处理实行闭环式管理：通过对要处理的问题的过程检查，对未处理完毕或超越处理时限的，设置告警提示。将追踪回来的处理结果，通过语音、邮件、传真、短信息等，反馈给主管领导和投诉者。对提出的申办事项，提供报批结果的查询，通知审批结果。

综合利用采集的数据、信息，提供决策依据：通过对市民提出的咨询、投诉的情况进行分析，按政府事先决定的等级、类别，自动生成各种汇总表格，或形成调查报告。按政府和领导的要求，提供日、周、月报表和信息分析，用数据说话，便于对比，提供决策支持。

3. 知识流程外包

随着政府职能转变和改革的深入，政府开始把"不擅长"的事务"外包"给有公信力的社会中介组织来运作，用以提高效率降低成本。现如今"政府外包"的领域和范围都在不断得以扩展。KPO 是 Knowledge Process Outsourcing 的缩写，意为"知识流程外包"。

KPO的定义是提供用户化的研究解决方案，工作方式主要是通过多种途径来获取信息，并经过即时、综合的分析研究，最终将成果呈现给客户，作为决策的借鉴。KPO的流程可以简单归纳为：获取数据——进行研究、加工——服务于客户。在一定程度上，KPO相对处于外包服务价值链上游。

在现代科学技术条件下，公共政策分析、信息技术分析和数据分析的日趋成熟，以及政府加强精细化科学化管理的需要，政府机构越来越多地注重运用技术分析手段对数据进行深度分析，对决策进行评估。在欧美国家，由于有重视市政研究和数据分析的传统，其政府决策方案的制订或评估，多以统计数据和技术分析作为专业支持。西方许多学者甚至认为，政府完全可以依据技术分析进行"理性决策"和"最优决策"，所谓完全理性决策，就是一种崇尚专业技术咨询的理性模式。

（1）数据的处理和挖掘。

随着政府部门的信息化建设，业务系统日趋完善，有些新的问题也逐渐显露：对于业务系统数据的分析相对滞后。业务系统沉淀的大量税收数据，是社会经济活动的数字化记录，是可以重复利用的特殊非物质财富，是不可缺少的决策依据，数据资源的开发应用是政府科学化、精细化管理的重要手段。

尤其是政府部门的外包，比如人口调查、计划生育等，需要大量的数据库，需要市场调研，需要专门的人员来处理数据。如果政府将自己的"信息后台"搬到企业去，就会提供大量的就业机会。"当然政府要和企业签订保密协议，要守法。"例如美国亚历山大州政府就是将驾驶证考核信息管理外包给IBM来做的。

（2）政府咨询外包。

在发达国家中，政府借助"外脑"的专业技术分析，借助智囊机构的咨询建议进行决策，似乎已成为时尚。如世界著名的美国兰德公司和日本野村综合研究所，常常接受政府机构的委托提供决策建议。

目前在美国，政府服务外包是推动服务外包市场增长的主要力量（见表2-14）。

表2-14 2009年9月全球十大IT服务外包合同

单位：百万美元，年

客　户	服务商	服务项目	金额	合同期限
美国运输安全管理局	CSC	基础设施管理	493	5
巴西淡水河谷矿业公司	惠普	基础设施管理	420（估计）	7
澳洲航空公司	IBM	咨询	245（估计）	7
美国航空航天管理局	CSC	维护/支持	162	2.5（估计）
美国环境保护署	洛克希德马丁公司	基础设施管理	159（估计）	7
江苏海门市	中国安防技术有限公司	应用软件开发及支持	146	5
美国国土安全部	Mantech	基础设施管理	135	5
西门子企业通讯公司	英国电信集团公司	网络管理	120	3
Enexis	荷兰资信利公司（Getronics）	基础设施管理	115	5
美国联邦紧急事务管理署	Unisys	维护/支持	100（估计）	5

资料来源：尚庆琛：《聚焦政府服务外包》，《中国服务外包》2010年第7期，第23页。

第三章
趋势：全球化深度发展与服务经济国际竞争

第一节　服务经济为主导的世界经济发展趋势

国际金融危机没有改变经济全球化的大趋势。世界经济进入危机后的恢复调整期，经济全球化遇到阻力，保护主义处于高发期，但是，经济全球化和贸易投资自由化的大趋势不会根本改变。不仅如此，世界经济大调整、大变革、大重组和新一轮科技产业革命还带来新的机遇。各国发展市场经济的路径和模式可以有所不同，但殊途同归，市场经济成为各国的普遍选择。在市场化的目标下，对内实行经济自由化、对外实行开放政策同样成为大趋势，参与经济全球化事实上已经成为各国市场化的内在制度安排。危机中经济全球化可能会经历一些局部调整和挫折，但长期来看难以发生根本逆转。第二次世界大战后，历次世界经济金融危机的历史也充分证明了这一点，一旦危机过去经济全球化进程就将重新启动，世界贸易与投资的一些长期趋势仍将保持下去。

一　服务创新推动产业加快融合的趋势不会改变

服务业创新是与世界经济向服务经济转型的进程相适应的。新一轮经济全球化过程中，国际服务业创新将呈现以下主要趋势。

第一，高新技术在世界服务业中的应用取得重大进展。科技革命特别是信息及互联网技术依然在让世界变得更平、地球变得更小，成为不断提高全球资源配置效率和改善全球福利的源泉。服务业不仅日益成为技术、知识密集型产业，而且还成为创造价值利润和效率的重要源泉。以信息通信技术（ICT）为主的高新技术革命成为服务业成长的主导因素。信息通信技术是现代服务业快速成长和发展的依托和动力，作为现代服务业支柱的金融、通信、信息服务等领域，无一不以信息通信技术为基础。信息通信技术及互联网革命有力地推动了服务业的技术进步和广泛应用，服务业务外包、外部协作蓬勃发展。以研发和市场营销为代表的生产性服务业，成为决定企业、产业和国家技术创新能力的关键。传统跨国公司日益向服务型跨国公司转型，通过掌控研发和市场营销等核心环节，在国际分工中支配力、影响力不断提高。当前，物联网、云计算技术方兴未艾，它们正在悄然改变服务业的行业能级与组织模式。

第二，服务业创新更为频繁、密集和系统。服务创新是涉及技术、产业、组织、管理、业务流程和制度的集成创新。服务创新的作用首先体现在推动服务业的迅速发展和升级，包括产生大量服务的新业态、新产品、新方式，促进服务外包和服务业集群的发展。其中一项直接成果是推动知识性服务业的迅速发展，为建设创新型国家提供重要的微观基础。另外，推动服务业与制造业的互动融合，对整个产业产生巨大的"技术溢出"等效应。最后，服务创新可降低交易成本和交易风险，并将大量的服务变为可贸易品。

第三，生产性服务业成为创新的典范。生产性服务业由于充分运用现代信息技术成果，不仅技术创新走在前面，而且在管理方法、经营方式、业务流程、外部协作等方面的创新也引领世界潮流。例如，现在蓬勃发展的离岸服务外包业务基本上都集中在生产性服务业领域，正引领着服务业乃至经济全球化的新潮流。目前,生产性服务业已成为很多发达国家的支柱产业。

总之,服务创新将继续沿着资本、组织、技术等层面加快推进产业融合。

二 经济全球化深度发展推动产业加快融入全球价值链的趋势不会改变

20世纪中叶以来,以发达国家跨国公司为主导,已经形成了全球范围内优化配置资源的产业价值链,国际分工日益变成部门内分工、产品内分工、公司内分工,彻底改变这种分工格局不仅没有任何积极意义,而且要付出巨大的成本和代价,美欧"再制造业化"的意图也依然在此分工格局内进行深度调整。世界各国无论是在危机前还是危机中,都已经形成了"一损俱损,一荣俱荣"的互利共赢关系,大家都是全球化的利益相关者,终结全球化总的看对谁都没有好处。

经济全球化使国内产业分工链条向全球延伸,过去民族国家之间的分工向跨国水平分工全面延伸,并深入产品服务内部不同工序、区段、环节和流程,带动了全球价值链分工的大重组。服务革命和信息技术革命加快全球价值链的建构,把各国产品和服务更快更深地融入全球产业链,经济边疆的概念日益模糊,全球价值链在重构世界经济的经纬度。

三 服务外包、服务业跨国投资共同引领的服务业跨国转移趋势不会改变

我们在阐述服务经济发展规律时揭示,服务业发展经历了离岸化—国际化—全球化的发展阶段。[①] 20世纪末、21世纪初,世界经济虽然历经两次金融危机的洗礼,但是服务贸易和服务投资的强劲发展

---

① 参见本书第二章有关内容。

势头始终没有改变。为了更积极地应对金融危机的挑战（金融危机直接影响到跨国公司的资产负债状况，同时更直接、更深远的影响在于它改变了跨国公司的全球资源配置格局），跨国公司加快全球资源整合，而离岸服务外包、服务业跨国投资等一直是其运用的主要整合手段，这恰恰加快了服务业的国际化、全球化进程。在 2008 年国际金融危机爆发之前，部分新兴经济体通过大力扶持服务外包等新兴领域的发展，抓住服务业跨国转移机遇，创造了新的比较优势，国际经济地位迅速崛起。而危机爆发之后，国际服务外包领域的竞争迅速加剧，这既是危机也是机遇。危机何在？它对现有的外包市场形成了格局调整的压力，不仅是新兴经济体依然对服务外包有浓厚兴趣，原来主要是发包方的发达经济体也出于经济产业振兴和社会就业保障的考虑，而开始在高端服务外包上筹划自己的发展路途；不仅是现在在服务外包市场上占据主导地位的那些新兴经济体希望继续深化发展，其他新兴经济体和后发展中国家或地区也在摩拳擦掌、跃跃欲试。机遇何在？格局调整就意味着一部分淘汰、一部分崛起。印度服务外包企业领头羊已经开始着手研究建立全球 24 小时服务外包交付平台，其目的只有一个，继续占据服务外包的高端价值环节，在一级、二级外包领域独占鳌头。

在服务外包之外，服务业跨国投资引领的服务业国际化趋势只会增强不会削弱。服务经济不同于产品经济的重要一点在于，服务经济的扩张在很大程度上依赖于投资和商业存在方式的服务提供。服务外包在较大程度上克服了商业存在的局限性，但是在个性化、定制化的专业服务领域——它们正是发达经济体跨国公司的集中优势所在，商业存在依然是绝对的海外扩张实现方式。

四 区域、次区域服务经济一体化与服务经济全球化相互促进又相互制约的趋势不会改变

如前所述，区域经济安排与经济全球化的方向是一致的，只是二

者关系会随着经济发展程度而有所改变。① 在经济危机时期，自贸区发展可能会升温，区域经济一体化进程可能会加快，而多边经济体制推动全球化发展的积极性和有效性却会减弱。当前，WTO所引领的多边贸易体制发展阻力较大，多哈谈判停滞不前，而东亚主要经济体（中国、东盟、日本）之间的自贸区战略争夺、欧盟在后危机时期的自贸区战略调整、美国也忙不迭地借跨太平洋战略经济伙伴协定（TPP）重返亚洲等等，就是例证。但是，相对于全球的多边合作，区域经济一体化的政治属性更强一些，也更容易维持局部的实力均衡。而且，区域经济安排将在后危机时期继续支撑各国经济和贸易的增长，这是经济全球化的动力源泉。

必须指出的是，各国经济互利共赢基础上的全球经济良性循环和区域经济安排内的利益均衡，将成为新一轮经济全球化维持长期推进态势的两块基石。上一轮经济全球化的弊端在于国家的发展速度悬殊，而高增长国家的产业发展失衡，存在巨大投机空间，同时金融监管能力弱，国际监管合作缺位，国际游资受逐利欲望驱动，不断攻击脆弱的国际经济循环。新一轮经济全球化应当立足于各国基本平稳、水平接近的发展，同时，共同治理机制更加完善，贸易利益可以互利共赢，从而保证全球经济良性循环；区域经济合作日益深化，区域货币开始登上时代舞台，全球经济一体化的基础更加坚实。

第二节　服务经济国际竞争优势的确立
——美国案例

美国在1971年出现了第二次世界大战后的第一次贸易收支逆差，20世纪80年代以后急剧扩大。美国通过产业结构调整将产业发展重点

---

① 参见本书第一章有关内容。

从制造业转移到服务业，将具有国际竞争力的资源要素从边际生产率低的国家向边际生产率高的国家转移，将其国际贸易的比较优势从商品领域转向服务领域。美国国际化导向的服务经济发展策略从四个层面出发、以九大举措塑造了一个"服务帝国"，充分发掘服务经济在高度、深度、广度"三个维度"上的潜力。①

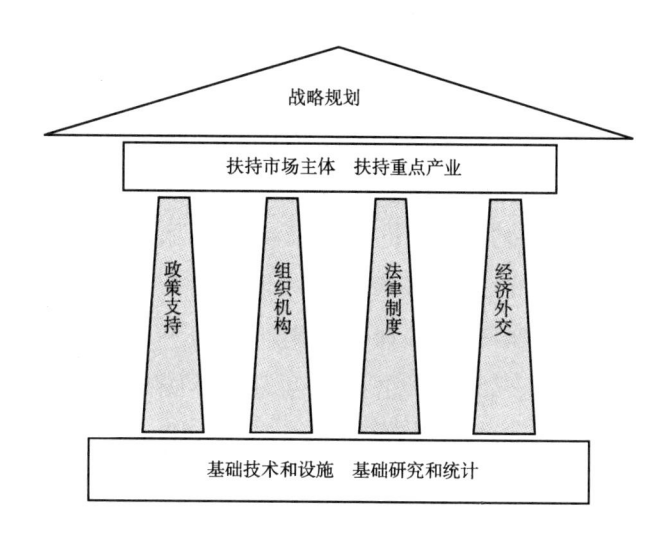

图 3-1 美国服务经济发展的战略框架

一　顶层设计：国家出口战略 + 服务先行策略

1. 制定战略发展规划，推行"国家出口战略"

美国政府借助国内立法的授权，以报复和制裁相威胁，迫使其他国家向美国开放市场；强化政府对出口的干预，积极开展国际经济外交；积极推行区域经济一体化，维持稳定的出口市场。

2. 推行服务先行策略，落实服务出口促进政策

美国服务贸易十几年来获得显著的增长，维持在全球领先优势的

---

① 此部分主要参考沈丹阳《美国是如何促进服务贸易出口的》，商务部研究院网站。

主要原因，应归功于"国家出口战略"的实施。历年《国家出口战略》的所有战略、策略、政策、具体措施完全适用于服务出口。根据《国家出口战略》的"商业优先次序"等原则，从一开始，"服务先行策略"就成为《国家出口战略》的重要内容。服务先行策略的内容包括以下几个方面。

第一，加强对外谈判，扩大市场准入。美国在国际多边、双边贸易谈判中不断加强旨在促使外国开放服务市场、为其服务出口提供动力和保障的一系列努力，成效显著。美国政府通过坚持不懈的双边和多边市场开放谈判，迫使外国政府消除服务贸易壁垒，开放市场，扩大美国服务业参加国际贸易的机会。美国在消除服务贸易壁垒的谈判中取得的最具代表性的三个协议是：北美自由贸易协议、服务贸易总协定和与贸易有关的知识产权协议。美国尽量利用双边谈判，凭借其经济实力在谈判中施压，逐个击破，以保证美国率先占领外国市场的份额。

第二，巩固传统市场，打开新兴市场。1994年美国贸易促进协调委员会（TPCC）在其第二份《国家出口战略》中就指出，美国促进服务出口发展的市场战略方针是：服务业出口要巩固传统市场，打开新兴市场，"两个市场"兼顾。所谓传统市场主要是指欧洲和日本，所谓新兴市场（Big Emerging Markets），主要是指已确定重点开发的墨西哥、阿根廷、巴西、中国经济区（包括中国大陆、中国台湾、中国香港）、印度、印度尼西亚、韩国、波兰、土耳其和南非等十大市场。对传统市场的策略主要是，一方面，利用其高新技术产业的优势，不断扩大其计算机信息服务、软件程序编制和数据库开发等优势服务业的出口；另一方面，根据服务贸易总协定的成果，要求相关国家开放新的服务领域，在美国相关服务产业和相关公司的配合下与这些国家展开具体谈判。对新兴市场主要是通过谈判和具体的贸易促进措施逐步打开市场。由于新兴市场的政治、经济、社会情况复杂多样，对服务贸易的准入政策差异很大，因此，美国在服务出口方面对新兴市场做了大量有针对性的调查，根据不同地区的不同情况采取不同的策略，并通过美国贸易代表办公室的谈判为服务出口公司提供更好的市场准入机会。

第三，与企业密切合作，落实促进措施。美国商务部等主要贸易促进机构除了注重通过立法、设立专门机构等手段，建立起较为完善的服务贸易法律法规体系和促进机制，为服务业和服务贸易的健康、迅速发展创造一个良好的制度环境外，特别注重与企业间的密切合作，更多地应用深受服务出口企业欢迎的务实性、技术性出口促进措施。在促进方式上，大量通过派出政府与企业联合商务团组，包括利用类似于召开美中商贸联委会等双边贸易协商方式开展游说与促进工作，以及举办各种商务对接、商务会议、展览等商务促进活动，帮助企业寻找商机。针对服务出口不同于商品出口的不同特点，举办大量技术性、务实性很强的专业培训活动，帮助分析出口目的地国家的市场和投资做法、消费趋势及习惯等，以帮助中小服务企业提高服务出口技能。

第四，确定重点行业，实施重点支持。美国服务出口重点产业虽然根据市场情况和美国产业竞争力情况有所调整，但基本上将促进重点放在其具有强大竞争优势的旅游、商务与专业技术服务（包括环保、能源等工业服务）、交通运输、金融保险、教育服务、影视娱乐、电信服务等领域。对其中的重点行业，由商务部分别与能源部、环境保护署、卫生部、教育部等相关机构以及行业协会的官员与专家组成，采取针对性的促进措施。对金融服务、旅游业和商务服务，商务部国际贸易管理局内部则有专门的办公室专司促进。

第五，改进数据采集，加强市场调研。尽管美国的服务贸易统计已经做了大量工作，早在1985就由国会制定了《国际投资与服务贸易调查法》，其统计数据和统计方法在全球居于领先，但克林顿总统在

1994年第二份《国家出口战略》的致信中特别指出美国服务贸易统计与"服务先行策略"的要求存在较大差距，要求进一步加以改进完善。为此，从1995年开始，商务部等机构在服务贸易的数据采集和市场分析方面采取了一系列强化措施。随着服务贸易统计与分析不断改进完善，美国逐步建立了一整套目前世界上对服务贸易统计最科学、最完整和最有借鉴价值的统计体系与统计方法。

第六，改进跨部门合作及与各州的合作，提高促进与服务效率。1994年以后，TPCC专门组成了由各部门专家组成的服务业出口工作小组，主要集中进行跨部门合作与协调：数据采集与分析；共同确定为推动促进工作所必需的各服务行业的专业技术与专家人选；研究建立与民间企业最为有效的联系与沟通办法；共同制定在传统市场和新兴市场的出口促进活动计划与方案。由于服务贸易涉及面很广，有许多州的法律在服务贸易市场准入等方面的规定与双边谈判或多边谈判存在矛盾，因此，"国家出口战略"还要求联邦政府与各州及地方政府官员建立合作伙伴关系。

二 支撑体系：法制＋政策＋促进体系＋经济外交

（一）健全服务经济法制，立法保障"货服并举、服务先行"

美国政府对服务业出口的高度重视，主要体现在有关的贸易立法和递交国会的政府工作报告中。1974年美国国会通过的《外贸法》首次提出，国际贸易既包括商品贸易，也包括服务贸易。该法案第301条款授权总统对阻碍美国商务扩张的外国进行报复。里根政府上台后，仍将服务贸易置于优先地位。"东京回合"谈判期间，美国政府专门成立了服务贸易咨询委员会来协调政府和产业界在服务贸易上的立场。1984年美国国会通过了《贸易与关税法》，1988年又通过了《综合贸易与竞争法》，这两个法案都把服务贸易与商品贸易并列作为扩大出口的两项内容，同样适用301条款和超级301条款。1994年，克林顿总统向国会递交了《国家出口战略实施报告》，报告指出美国政府将集中力量支持国内服务业的发展。从美国国内经济和就业增长着眼，政府优先考虑对环保、信息、能源、交通运输、卫生保健及金融等服务业提供大力支持，以增强这些服务部门的竞争力，扩大出口。除了上述综合性法案外，美国政府还制定了十分广泛的行业性法律法规。如1978 年的《国际银行法》、1984 年的《航运法》、1991 年《加强外资银行监管法》和《存款保险改进法》、1995 年的《金融服务公平交易法》、1996 年的《电信法案》、2000 年的《金融服务现代化法》、2002 年的《联邦存款保险改革法》等。

（二）建立高效的政策扶持体系，主要包括财税政策和资金政策

税收政策注重支持服务业创新（非营利科研机构可免征各项税收，研发投入享受企业所得税费用扣除）；促进服务贸易发展（符合条件的服务贸易收入可以享受低税率、部分减免、延缓纳税等优惠；企业将专利或许可出口到高税率国家，可享受税收抵免待遇）。从资金政策来看，美国政府一方面落实公共财政保障，对服务出口提供直接的资金支持（出口融资和担保、设立援助基金等），另一方面提供社会融资保障，如向重大海外项目提供"一揽子"融资方案，贸易开发署（USTDA）提供各种赠款支持，帮助企业全力争取"跨国开发银行"（MDBs）项目等。

1. 公共财政保障

美国服务出口的持续增长，与公共财政支出的有力保障是分不开的。除了为"对抗国外补贴"而"不得不采取"的措施外，其对服务贸易出口的支持以提供公共的、促进性的服务为主，包括用于培训各相关政府机构的促进人员。美国联邦财政多年来针对促进一直安排有专门的预算支出，但在实施"国家出口战略"以前，这些支出比较分散。1992 年通过的《出口扩大法》首次提出了整合资源，统一平衡，"联合预算"的要求，特别强调了联合建立预算的重要性。强调既要支

持出口，又要加强跨部门的协调，提高资金使用效率，避免重复和过度使用。有些出口促进计划与项目鼓励实施跨部门联合服务。

美国国会和政府对各项财政支出的透明度很大，并且注重实施有效监督。TPCC每年都要在其年度报告中向国会详细汇报其上一年度的各项支出情况。为便于与美国财政年度衔接，自1999年起特意将原来每年9月向国会提交报告的时间改为3月，与总统向国会提交预算建议的时间一致。

美国财政对出口促进的支出，并不是根据出口规模的增长和财政收入的增加而必须年年增加，而是根据实际需要和各财政年度的预算支出原则而适时进行增减调整的。

2. 对重大服务出口项目实施重点资金支持

（1）向重大海外项目提供"一揽子"融资竞争方案。

首先，进出口银行设立了"资本项目限制性援助基金"。2002年以后，进出口银行专门设立了服务贸易出口融资专项，开发出适用于服务业出口的融资工具，在一些服务部门中进行尝试。对一些重大项目则改被动式支持为主动介入，常常提前出具支持函或贷款保函。

其次，开展"捆绑式"对外援助。一是加强对OECD有关项目援助"捆绑"规定的研究，通过建立捆绑基金提供融资来对抗国外的相关做法。三是加强对非捆绑式援助的项目争取工作，1995年5月发起一个主攻日本提供的非捆绑式援助项目的计划，由商务部、财政部、国务院、进出口银行及驻日本大使馆、驻项目国大使馆联手采取措施。四是及时发布项目信息给相关公司。

再次，贸易开发署（USTDA）提供各种赠款支持。主要为重大项目的可行性研究和前期服务计划提供赠款，大量的赠款是关于能源、资源开发、交通、通信项目。其配合美国公司争取重大项目的手段主要有四种：一是提供前期可行性研究的赠款；二是组织导向性访问与培训；三是通过培训当地公共机构负责人员，邀请受援国重要人员赴美访问,加深对美国服务产品的了解;四是提供各种小额技术性服务援助。

(2) 全力争取"跨国开发银行"(MDBs)项目。

除了 OECD、国际货币基金组织外,世界银行、美洲开发银行、亚洲开发银行、非洲开发银行、欧洲复兴与开发银行等五大跨国开发银行每年所提供的建设与开发贷款项目数以千亿美元计。但在 1994 年以前,由于种种原因,美国在这些项目上的竞争中不占上风,失掉了很多商机。为此,从克林顿时代开始,美国即组织专门力量,采取措施研究对策。成立跨国开发银行办公室与项目咨询中心。1993 年起,商务部专门设有一个 MDBs 办公室,并成立一个项目咨询中心,通过商务部的各种信息提供工具、网上查询、热线电话和 24 小时自动传真等方式发布项目信息,提供商务咨询,提供对策与具体支持。该办公室主动与相关企业联络,并且经常组织相关培训讲座。

(3) 建立"常绿基金"。

专门为五大开发银行以及 OECD、国际货币基金组织的项目提供可行性研究的赠款。这主要是通过 USTDA 扩大提供可行性研究资助的规模。从项目规划初期就介入,提供无偿的可行性研究援助。这种做法一方面往往直接支持了美国的管理咨询服务公司和设计公司的服务出口,另一方面掌握了项目先机。在国内外开展宣传推介活动。每年在国内几十个城市和几十个国家开展此类活动。一方面向国内相关公司介绍项目情况;另一方面向国外项目单位推介美国公司。美国联邦政府也尽力帮助美国公司争取在由世界银行、泛美开发银行及其他多边借款机构所资助的出口项目中获得更大的份额。同时,美国政府派驻多边银行机构中进行扶持美国企业出口活动的人员增加了一倍。

(4) 主攻环保与能源技术与服务项目。

美国环保技术与能源服务项目的出口获得了重大进展,除了通过派团出访、外交谈判上的措施外,其在国内采取的主要措施是:第一,加强研究与协调。1993年11月，商务部即牵头成立了一个关于环保技术与服务出口跨部门工作小组，1994年，又专门在TPCC服务工作组下设能源服务小组。这两个工作小组就环保技术与能源服务出口战略进行研究，提出了包括加强政府与企业合作；加强技术开发与国内产业市场化；巩固老市场，开辟新市场；协调利用好各种出口促进资源的政策意见。第二，加强融资支持。仅进出口银行1994年就提供了8亿美元的环境项目融资，USTDA和海外私人投资公司也提供了大量有关能源与环保方面的项目支持，并且都建立了能源与环保专项，设立了专门的内设服务机构。第三，技术性措施。包括制定规划、加强对相关国家人员的培训、加强技术开发、加强与企业的合作等措施。商务部、能源部、环保总署就曾多次联合举办培训推广活动，一方面使越来越多的美国公司认识到商机的存在；另一方面通过向国外买家展示美国相关技术与服务的能力。环保总署还通过帮助其他国家开发环境技术与服务规则来促进相关国家对环保服务的需要。

（三）构建发达的服务贸易促进体系

目前，美国联邦及各州服务于出口包括服务贸易出口的主要机构大体上构成以下四个体系。

1. 咨询、决策与协调体系

第一，总统出口理事会、联邦贸易促进协调委员会及其"服务出口工作组"、总统贸易政策与谈判顾问委员会以及相关服务行业顾问委员会，共同构成了美国服务贸易咨询、决策与协调体系。总统出口理事会成立于1973年12月，秘书机构设在商务部，是根据联邦顾问委员会法（Federal Advisory Committee Act）运作的。尽管不同的政府任期内总统出口理事会面临和关注的出口问题有所不同，但这些问题是普遍受到关注的：出口对美国经济的影响，美国国内法律如税法与反垄断法对出口的影响，出口管制问题，出口促进问题等。第二，联邦贸易促进协调委员会及其"服务出口工作组"。根据1992年《扩大出口法》，1993年美国组建了由商务部长担任主席，国务院、农业部、贸易代表办公室、美国进出口银行等19个机构共同组成的贸易促进协调委员会（TPCC）。TPCC直接向国会负责，开展跨部门、跨州协调出口促进和财政支持活动，并从1993年开始每年公布国家"出口战略"。1995年6月开始，在TPCC下建立了由助理副部长担任组长的"服务出口工作组"，负责联邦各相关机构有关服务业出口和贸易促进活动的总协调与总归口。其主要功能有：研究制定并协调落实服务先行策略方案；推动相关服务产业贸易与市场数据的进一步收集与分析；沟通信息，交流情况，确定各具体部门所需专业技术重点；研究采取与服务业企业有效沟通联络的方法。第三，总统贸易政策与谈判顾问委员会。它们主要为有关对外贸易的谈判提供决策咨询意见，共有由总统任命的两年一任的委员45位。他们是根据《1974年贸易法》要求从影响对外贸易的主要经济领域中选择的代表。该委员会日常工作主要由贸易谈判代表办公室负责。第四，相关服务行业顾问委员会。根据法律规定，商务部与贸易谈判代表办公室共同组织成立22个与贸易政策相关的行业顾问委员会，其中服务业专门成立有两个行业顾问委员会，一是服务业顾问委员会，二是批发与零售业委员会。这些委员会的成员主要来自企业、行业协会和一些研究机构，定期开会向两个部门提出相关贸易政策建议。

2. 横向服务体系

从横向来看，目前在美国能为服务出口提供服务的，不仅是商务部一家，而是涉及多达十几个部门，都在开展有关支持服务业出口的服务。第一，商务部。商务部部内与服务贸易出口相关的主要有5个部门，即商务部制造业与服务业司、贸易促进与对外商务服务司、市场准入与条约执行司，以及商务直属的普查局和经济分析局。其中，商务部制造业与服务业司是最主要的部门，主要通过进行行业贸易分析、拟定贸易政策、参加贸易谈判、组织扩大贸易市场计划、评估国内外经济政策对相关行业进出口的影响，以及规范行业贸易政策等措施，创造良好的产业政策环境，以提高美国制造业与服务业的全球竞争力。下设旅游、金融和其他服务业等3个分行业的服务贸易办公室、4个制造业贸易政策处室、3个综合贸易政策分析处室。其中旅游办公室的职能比较接近于中国国家旅游局的职能，但主要是开展与国际旅游服务相关的事务。金融办公室专司美国金融服务（包括银行、保险、证券等广义的金融）的出口促进工作。服务业办公室（OSI）主管除旅游和金融以外的所有服务贸易出口。第二，美国贸易开发署（USTDA）。美国贸易开发署是由国会直接批准成立并且提供资金的独立机构，其主要使命是，通过向美国公司为国外规划中的重大基础设施项目和开放贸易体系提供开发研究赠款，以及与多个跨国开发银团的合作实施对外援助，同时帮助美国商品和服务出口。由于USTDA提供的项目主要集中在与美国服务贸易出口关系密切的交通、能源、水利与环境保护、医疗、矿业、资源开发、电信和信息技术与服务上，其对美国服务出口的作用正不断增强。海外私人投资公司是一个自负盈亏的独立机构（政府公司），通过提供一般商业上所得不到的金融服务包括长期政治风险及追索权限的项目融资等，来帮助美国私人企业扩大在发展中国家和新兴市场国家的投资。OPIC很多投资项目都与美国的服务贸易出口有关。在过去30多年的历史中，已支持了数百个累计金额达1640亿美元的美国对外私人投资项目，支持了690亿美元的出口，其中大部分是服务贸易出口，为美国创造了超过26万个就业机会。第三，小企业商务管理局。它也是美国国会批准成立的独立机构。由于服务贸易企业大部分属小企业，因此也是小企业商务管理局的主要服务对象。该局能为服务贸易企业出口提供的服务主要有两种，一是各种信息咨询服务，二是专项出口融资贷款。美国进出口银行可以提供生产性资本金贷款、出口信贷担保和买方信贷等业务。在其成立期间共支持了约4000亿美元的出口，其中大部分面向发展中国家，85%以上的受益人是美国中小企业。进出口银行曾专门设立面向中小服务企业服务出口的专项贷款。第四，美国贸易谈判代表办公室。它是总统行政办公室之一，在对外谈判中协调各政府机构，并提出各种谈判方案和意见供总统决策。当前，服务贸易谈判已成为贸易谈判代表办公室的主要工作内容，扩大服务市场准入谈判并和服务贸易国际多边、双边谈判中起主导作用是其重要工作目标。

由于服务贸易出口涉及广泛，联邦政府机构中与服务贸易出口相关的机构还很多，如，国务院、财政部、交通部、能源部、教育部、国土安全部、版权办公室、专利与商标办公室、少数民族商务办公室、美国国际开发署（USAID）等。它们为服务贸易出口提供的服务，主要是为企业拓展海外投资和促进出口提供各类信息、咨询、可行性研究、培训、举办研讨会、展览及其他相关服务。

3. 纵向服务体系

（1）联邦政府在各地设立的贸易促进机构——美国"出口扶助中心"。自1994年起，美国商务部开始将促进出口工作的官员和专家派到每一个州，陆续在迈阿密、芝加哥、巴尔的摩和长滩（加州）等主要贸易城市成立美国出口扶助中心。作为"国家出口战略"的一个重要措施，目前已在全国各州建立的出口扶助中心共108个，几乎覆盖全美所有主要贸易城市。

（2）各州及地方设立的出口促进机构。除了联邦政府设立的贸易促进机构，美国许多州政府或对外贸易占经济比重较大的市政府都设立有自己的出口促进机构。这些出口促进机构有些是政府机构，有些是以独立机构或政府公司形式运作；有些专门做出口促进，有些与国际投资促进相结合。各州及地方设立的出口促进机构以促进本州企业的出口为主要目的，往往与商务部设立的出口促进中心密切合作，甚至合署办公。

（3）联邦及各州在国外设立的商务促进机构。美国在海外设立的

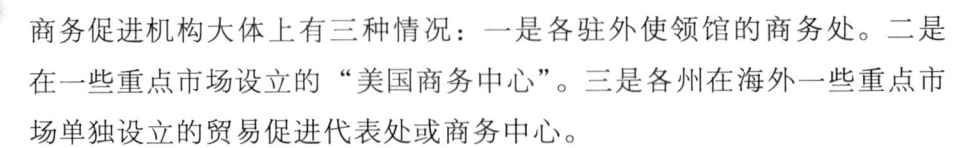

商务促进机构大体上有三种情况：一是各驻外使领馆的商务处。二是在一些重点市场设立的"美国商务中心"。三是各州在海外一些重点市场单独设立的贸易促进代表处或商务中心。

4. 民间出口服务体系

（1）全美服务行业联合会。美国的服务行业一般都有自己单独的商会、协会组织，CSI 是这些服务行业的一个联合会，是美国最主要的服务贸易利益团体，经常以代表全美服务贸易利益的姿态出现，其主要宗旨是降低美国服务业出口的障碍，提出美国服务业发展政策，以加强美国服务业企业的全球竞争力。

（2）各地区出口理事会。地区出口理事会属民间非营利组织，主要由各地区从事出口实务的企业家、提供出口服务的服务商及与出口相关的专家学者组成。主要宗旨是：提供开拓国际市场的指导与援助，帮助美国企业扩大出口，促进美国经济发展，促进就业。

（3）各服务行业协会或行业出口理事会。美国的服务行业协会、商会组织有很多，有全国性的，也有地区性的，还有一些是国际性的组织。如美国旅游协会、金融协会、展览组织者协会、国际节庆活动协会、全国能源服务公司协会、全国节能出口理事会等。这些专业协会或行业出口理事会一方面对促进政府的决策起着重要作用，通过在国内外的活动影响决策，消除影响服务出口的障碍；另一方面，一般都设有与本行业服务出口相关的部门，回复或处理本协会会员提出的相关问题，提供信息、举办展览、培训、召开会议、组织一些交流活动等，为会员开展服务贸易出口提供一些基本的服务。

（4）出口法律援助网络。这是由美国全国律师协会建立的一个面向中小出口企业的民间服务网络。来自全美在国际贸易方面有资质的律师可以免费向初期开展出口业务的小企业提供基本的服务。一般都是通过当地的小企业局或出口扶助中心来安排相关律师为小企业进行咨询服务。

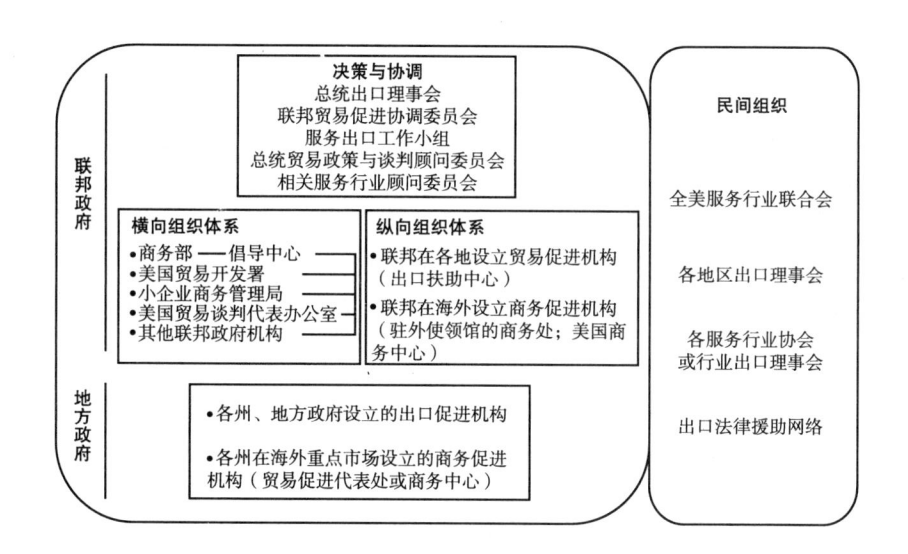

```
┌─────────────────────────────────────────────────────────┐  ┌──────────────┐
│联  ┌─────────────────────────────────────────────────┐ │  │              │
│邦  │              决策与协调                          │ │  │  民间组织     │
│政  │           总统出口理事会                          │ │  │              │
│府  │         联邦贸易促进协调委员会                     │ │  │              │
│    │         服务出口工作小组                          │ │  │              │
│    │      总统贸易政策与谈判顾问委员会                  │ │  │全美服务行业联合会│
│    │        相关服务行业顾问委员会                      │ │  │              │
│    ├──────────────────┬──────────────────────────────┤ │  │              │
│    │ 横向组织体系      │ 纵向组织体系                   │ │  │各地区出口理事会│
│    │•商务部—倡导中心   │•联邦在各地设立贸易促进机构       │ │  │              │
│    │•美国贸易开发署    │ （出口扶助中心）                │ │  │              │
│    │•小企业商务管理局  │•联邦在海外设立商务促进机构       │ │  │各服务行业协会 │
│    │•美国贸易谈判代表办公室│（驻外使领馆的商务处；美国商 │ │  │或行业出口理事会│
│    │•其他联邦政府机构  │  务中心）                      │ │  │              │
│地  ├─────────────────────────────────────────────────┤ │  │出口法律援助网络│
│方  │•各州、地方政府设立的出口促进机构                   │ │  │              │
│政  │•各州在海外重点市场设立的商务促进                   │ │  │              │
│府  │ 机构（贸易促进代表处或商务中心）                   │ │  │              │
│    └─────────────────────────────────────────────────┘ │  │              │
└─────────────────────────────────────────────────────────┘  └──────────────┘
```

图 3-2　美国促进服务经济发展的组织体系

（四）加强国际贸易谈判与"经济外交"

通过签订双边、多边协定促进出口，这是美国"国家出口战略"的重要举措。美国往往以有关协定为依据，迫使其他国家减少对美国商品和服务出口的壁垒，帮助国内出口部门打开外国市场。

美国各界普遍认为，在国际市场上，美国有形产品的竞争优势正逐步减弱，而服务却拥有竞争优势，但由于许多国家在服务贸易准入上设置"壁垒"，要促进美国服务出口，就必须加强对外谈判，提高各国对美国服务的市场准入程度。按照这一战略思想，美国在国际多边、双边谈判中努力促使外国开放服务市场并取得了诸多成效。例如，为增强本国信息服务业的国际竞争力，美国在世界贸易组织等多边谈判中一直努力为本国信息服务业突破各种限制。此外，美国政府还积极向其他国家推销对网上交易免除税收和关税的政策。

1. 对服务贸易对外谈判进行国内立法

在尚未建立起服务贸易国际规则框架的情况下，美国力图通过双边谈判解决服务市场准入和不公平竞争的问题。1974 年，美国国会通过的《1974年贸易法》首次提出，国际贸易既包括货物贸易，也包括服务贸易。该法案第301条款授权总统对阻碍美国服务贸易出口的外国进行报复。在1975~1988年，美国曾11次援引贸易法301条款处理双边服务贸易争端，涉及航空运输、海上运输、广告、广播、电影发行、建筑与工程、保险等部门。例如，曾迫使日本、韩国等国开放保险市场、建筑市场；迫使东南亚国家开放航空市场，迫使发展中国家开放潜力巨大的保险、电信、金融、专业服务等市场；在中国加入世界贸易组织过程中，美国也通过双边谈判，迫使中国开放教育、金融、电信、保险等市场。

2. 积极开展服务贸易对外谈判

早在关税与贸易总协定"东京回合"期间，美国就积极推动服务贸易谈判。1973~1979年，在美国推动下进行的"东京回合"多边贸易谈判取得的重要成果之一——政府采购、补贴和产品标准三个规范，就已初步涉及与贸易有关的运输、保险、检验等服务项目的自由化问题。在1982年11月关税与贸易总协定部长级会议上，美国首先提出服务贸易自由化问题，并要求将其作为会议的优先议题，建议在关税与贸易总协定内制定一个工作方案，为在服务领域进行多边谈判做好技术准备。但是这一多边谈判动议由于欧盟不感兴趣和发展中国家的反对而不了了之。尽管美国未能在东京回合谈判中在服务贸易问题上获得更大利益，但随后它说服OECD的其他工业国家就服务贸易问题展开研究以确定未来的谈判策略。1984~1986年，美国继续促进服务贸易自由化谈判，并且一直主张将GATT的货物贸易原则直接应用于服务贸易，提出将货物贸易和服务贸易结合在一起，搞"一揽子"谈判。1986年9月，"乌拉圭回合"多边贸易谈判正式启动。在美国的极力策动下，尽管谈判各方对服务贸易的谈判方式和程序多有争议，但经过多方磋商，1986年9月，在埃斯特角GATT缔约方部长会议上就服务贸易谈判问题达成一致意见，将国际服务贸易正式纳入乌拉圭回合谈判的15个议题之一。经过各方长达8年的艰苦谈判，终于在1994年4月15日于摩洛哥正式达成并签署了第一个服务贸易国际规范框架——《服务贸易总协定》，1995年1月生效。但在此之前，美国在国际多边、双边谈判中涉及服务贸易的第一个协定是1985年与以色列签订的《美以自由贸易协定》，该协定首次提及服务贸易自由化对双边贸易发展的重要性。1988年达成的《美加自由贸易协定》再次包含了大量有关服务贸易自由化的内容。而1994年1月达成的北美自由贸易协定已是第一个真正意义上包括服务业自由化在内的国际自由贸易协定。特别是北美自由贸易协定是美国服务贸易谈判的一个重大收获，因为在此之前，所有的服务贸易相关协定都仅是在双边基础上达成的。

3. 采取积极有效的服务贸易对外谈判策略

（1）"主动出击"策略。在双边谈判中，美国配合其服务贸易市场战略，主攻中国等新兴市场并进一步打开日本、欧洲传统市场。在区域性谈判方面，不断加强在美洲自由贸易区、APEC、泛大西洋经济伙伴和OECD等国际组织中就有关服务准入框架制度的磋商并与各国加强沟通。在多边谈判方面，美国主要通过世界贸易组织推动相关行业部门的谈判，1997年经美国大力促成的《WTO信息技术协议》实施后，最大的受益者就是美国。2000年，美国主动提出了有关WTO新一轮有关服务贸易谈判的策略。2002年6月，美国在WTO谈判多哈回合中提出了一揽子新要求，要求各国改进并且扩大1995年乌拉圭回合谈判达成的各项义务，这些要求实际上涵盖所有服务贸易领域。

（2）以"市场准入"为首要目的。美国政府认为，促进服务业出口的当务之急是迫使外国政府消除服务贸易壁垒，开放市场，扩大美国服务业进入国际市场的机会。因此，美国的服务贸易对外谈判目标非常明确，就是最大限度地压制谈判对手开放市场，确保海外市场能够开放竞争，提高对美国服务产品的市场准入程度直到实现完全的贸易自由化。要求开放服务市场成为美国的必要而且首要的服务贸易谈

判目的。

(3)"实用主义"原则。主要表现在：一是在谈判策略上，采取了实用主义的手法。一方面，能在多边谈判中捞取实惠的就在多边谈判中解决，多边谈判僵持不下就展开区域谈判或双边谈判。另一方面，为了在谈判中争取主动，在市场准入谈判中美国政府有时也采取"以退为进"的策略。二是注重细节。例如，在世界贸易组织新一轮服务贸易谈判中，美国要求其他成员明确所开放服务领域的咨询和了解程序，以便美国企业了解和咨询有关银行、保险公司、电讯公司以及其他行业的规则。美国的公司通常在国际贸易新规则出台之前就能得到充分的咨询和了解。三是不仅要签约，更要确保执行。从2000年开始，美国发起"贸易协定执行计划"，全面跟踪监督与各国家所签贸易协定对方的遵守情况，并作为对外谈判交涉的重要内容。为了加强对贸易协定的监督执行，商务部和美国贸易谈判代表办公都成立了监督实施办公室，专门负责推动贸易协定的执行。

三 奠定基础：基础设施＋统计研究

1. 加强基础技术投入和基础设施建设

历届美国政府都重视基础设施和相关的科研投入，在应用信息技术等知识、技术和资本密集型服务行业方面的公共投资也一直居于各国之首。世界上最先进的服务基础设施成为美国服务贸易竞争优势最强有力的支持系统。此外，美国拥有世界上人数最多、最具优势的科技人才队伍。长期高水平的教育投入和人才的引进，为美国带来了丰裕的人力资本，促使为美国服务贸易提供竞争优势的产业基础持续得到发展，发达的服务业又反过来促进和扩大对人力资本的投资，形成互相促进的良性循环。

2. 加强统计、分析与研究

20世纪80年代以后，美国开始重视服务贸易统计，1985年美国国会通过了《国际投资和服务贸易调查法》是一个重要的标志。美国已经建立起了目前世界上对服务贸易统计最科学、最完整和最有借鉴价值的统计体系与统计方法。在科学统计的基础上，美国对服务贸易的研究也在全世界居领先地位。

（1）统计体系不断完善，统计质量不断提高。美国商务部不断地总结改进、完善服务贸易统计方法，扩大统计范围、细化统计项目，并在统计数据基础上进行综合分析，提供各种研究报告。因此，对服务贸易的统计范围、质量及分析都得到了显著的改进。现在，美国商务部不仅每月能公开发布服务贸易出口的统计数据，每年度还出版发行相关国家的服务贸易数据及美国与这些国家双边服务贸易的统计数据（与其他国家的贸易数据有些是估算得出的，如与一些发展中国家的商务与专业技术服务贸易就是如此）。目前，美国是世界上唯一能够提供与GATS服务贸易概念相一致的、连续的、系统的双向服务贸易统计数据的国家。由商务部出版的基本数据与分析报告，不仅对政策制定、多双边谈判有重要意义，更重要的是对服务业企业开展市场调查和出口经营决策有很大作用。

美国服务贸易统计不断改进完善，所采取的措施主要包括：扩大数据采集面，提供更加详细的分析；改进了基准调查；在金融服务交易，在服务收费和佣金服务方面都提供了更加具体的统计；在金融、电信和商务服务等领域，与跨国公司间的具体服务交易、非机构交易的统计都得到了加强；开展了包括五年统计、年度和月度样本调查以及涉及运输、批发、零售等领域的专项调查；要求驻主要国家的大使馆提供相关信息与分析等。

（2）美国学术界领先对服务贸易的理论研究。在理论研究方面，除了进一步发展国际贸易比较理论外，美国学者就发展服务贸易做了大量新的理论探索，取得了许多新的研究成果，进一步推动了美国服务贸易的发展。随着美国服务业竞争力的日益强大，亟须扩大服务贸易顺差以弥补货物贸易逆差,美国反对服务贸易保护的呼声最高,政府也积极推动服务业和服务贸易的理论研究。这些研究直接或间接帮助促成在服务贸易总协定的谈判中界定了服务贸易的概念、范围和贸易形式。服务贸易能逐步纳入国际多边贸易体制的自由化轨道,美国经济理论界对服务贸易的研究的间接起了关键作用。

四 重点扶持:重点企业+重点行业

1. 面向中小企业提供高效务实的发展扶持和出口促进服务

美国一直十分注重大力支持服务业市场主体"小企业"的发展:美国服务经济比重接近80%。小企业数占企业总数99.7%,就业人数占总就业人数50%以上,小企业对GDP的贡献在50%以上,美国超过50%的发明是小企业创造的。美国的主要支持手段包括立法保护、融资支持等。美国通过融资渠道创新和制度创新为小企业创造了良好的发展环境。美国政府为符合条件的小企业提供担保,引导商业性金融机构对小企业放贷,担保额不超过贷款额的90%,担保贷款风险损失由政府预算列为风险处理。

美国政府面向中小企业提供高效务实的出口促进服务包括以下几个方面。

(1) 一般性信息与咨询服务。

①商务部全国贸易数据库。这由美国商务部负责运作的最主要的贸易信息服务内容。提供方式多样,出口商只要加入全国贸易数据库市场信息网络,便可通过网上查询,也可以用其他方式查询。内容包含企业感兴趣的每月更新的基本出口信息与数据,行业信息、国别信息和分国别行业信息,世界各国关于服务贸易的法律法规,商务部的《出口导读》、中央情报局的《世界现状年报》以及《美国产业要览》等等。

②商务部对外商务服务体系。主要通过各出口扶助中心和海外商

务中心向企业提供服务贸易进出口线索、联邦政府发布的经济贸易信息、全美贸易数据、美国和外国商务机构所做的最新市场调研、寻求购买美国服务的外国公司资信简介等。它是中小服务企业的主要信息来源和咨询服务网络。其信息内容与国家贸易信息库有相当一部分是相同的，不同的是前者只能通过技术手段咨询，而后者则能够进行面对面的咨询或电话咨询，而且信息的动态性和技术性要更强些。

③商务部国际贸易管理局的其他机构。服务业办公室的服务贸易专家对海外相关行业的发展趋势进行跟踪，可以向企业提供各种统计数据，并对服务行业可能面临的特殊出口壁垒提供比较详细的意见；可以通过与各相关服务产业协会和相关公司的联系来鉴定某些服务产品的贸易机会或障碍，并提供相应的市场营销计划建议。市场准入与贸易条约执行司可以提供相关国家经济总体情况、该国贸易政策及美国对该国的贸易政策贸易促进重点、具体出口服务行业的信息及相关分析、市场进入与须知等信息并提供咨询。国际贸易管理局的国际经济政策专家可根据具体公司的需要与意愿，针对某一特定国家或地区的经济贸易政策和政治形势，侧重收集分析这些国家法律、法规、关税、商务惯例、经济与政治发展形势、贸易数据、市场容量及增长幅度，对美国服务可能的出口和投资进行研究。

④贸易促进协调委员会。该委员会原设立有"贸易信息中心"作为其出口援助计划的"一站式"信息资源库，现在该"中心"已并入商务部国际贸易局贸易促进与对外商务服务司。只要拨打其公开的免费电话，出口公司即可得到由联邦政府提供的各种出口支持项目信息和其他相关信息。

（2）国外市场调查与个性化咨询服务。

①国外市场调查。商务部面向企业提供的信息，大部分是需要通过投入人力、物力，专门组织市场获得的。商务部的《国别市场计划》报告，就是通过实施"国别市场计划"，由驻世界各国的使馆商务机构

提供每一个国家一年一度的市场报告得来的。商务部和其他机构每年都要开展大量此类调查活动，调查报告无偿提供给企业或作为一般性的免费咨询之用。

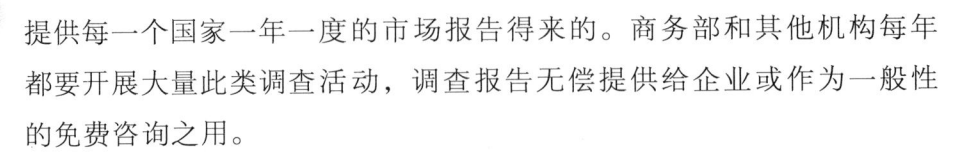

②个性化咨询服务。商务部的出口促进服务体系可以给企业提供最多不超过6个符合咨询要求的潜在的国外合作伙伴名录服务。但是，企业还是有大量的个性化或"一对一"式的咨询服务需求，需要通过专门的市场调查来满足。因此，美国的对外商务服务体系还提供这一类不以赢利为目的，但要适当收费的服务。国内的出口扶助中心和海外的对外商务服务中心均可以提供此类服务。

（3）出口融资与保险服务。

①出口扶助中心和各州出口促进机构。出口扶助中心主要是提供出口融资与保险服务相关咨询与辅导，也做一些代办工作。而各州的出口促进机构提供的服务就比较直接，如加利福尼亚世界贸易委员会就可以为本州出口商提供担保额高达90%的出口贷款担保。

②进出口银行。美国进出口银行每年可为美国企业的出口提供超过100亿美元的贷款、担保或出口信用保险支持。它设立了对服务出口项目的专项支持。2004年，进出口银行支持了从工程管理、设计、建设、石油勘探到培训、咨询等多个领域的出口服务项目，出口总额达到13亿美元。此外，当年还可向中小型服务出口企业提供经营性资本金贷款。

③小企业商务管理局。该局通过出口经营性资本金计划、国际贸易贷款计划、"出口快车"专项向出口企业提供短期经营性资本金贷款的一种担保、小额贷款融资等支持。小企业商务管理局有许多融资业务和进出口银行是相衔接的。

④贸易开发署。贸易开发署通过向国外项目单位提供赠款带动美国产品与服务的出口。尽管严格讲其赠款不是融资，但由于其赠款的执行都通过指定的美国公司，并且帮助美国公司在可行性研究之后获

得该项目，因此许多美国公司特别是服务公司从中受益。从赠款项目中获益最多的主要是管理咨询公司，包括中小咨询公司都可以得到出口机会。

(4) 国外商务对接服务等服务。

美国商务部面向企业提供的务实性国外商务对接服务项目很多，包括提供"白金钥匙服务"、"金钥匙服务"，组织国外买家对接代表团，实施贸易展会认证计划、实施"国际买家计划"，录像与产品目录展示推介，各种推广与宣传，为企业提供无偿法律服务与知识产权保护，定期举办辅导服务公司开展国际业务的出口实务培训，并向各类服务公司直接提供各种样的信息服务与策略指导，等等，可以为服务出口商提供大量商机。

2. 确定重点支持的服务出口产业并保持其竞争优势

自实施"国家出口战略"和"服务先行策略"以来，美国服务贸易出口的产业发展重点更加清晰。美国基本上将促进重点放在其具有强大竞争优势的旅游、商务与专业技术服务、交通运输、金融保险、教育服务、影视娱乐、电信服务等领域。美国促进上述重点服务产业出口发展并保持其竞争优势的主要做法包括以下几个方面。

(1) 提高重点服务出口行业的综合竞争优势。

首先，联邦政府高度重视与服务业和服务贸易出口相关的公共投资。为保持旅游、交通基础设施的硬件和软件领先优势，历届美国政府都重视基础设施和相关的科研投入，在应用信息技术等知识、技术和资本密集型服务行业方面的公共投资也一直居于各国之首。例如，由于在"信息高速公路"的大量投入，确立了美国企业在世界信息产业发展及服务贸易竞争中的优势地位。世界上最先进的服务基础设施成为美国服务贸易竞争优势最强有力的支持系统。第二，企业特别是大企业也重视与服务贸易相关的科技投入，新技术革命的突飞猛进为美国服务业创造了有利的贸易机会。技术的进步极大地提高了交通、运输、通信和信息处理等能力，不仅为信息、咨询等专业服务提供新的手段和方法，提高了服务的"可贸易性"，而且扩大了服务贸易的范围。技术进步还提供了许多新的工具和手段，大大降低了服务交易的费用，促进了服务贸易的发展。同时，知识的积累、技术的突破性发展，还有利于某些企业在某个时期内形成某种服务的垄断地位，从而在国际市场上获得更高的贸易利益。第三，美国始终保持着人力资本优势，人力资本对保持服务贸易竞争优势具有重要意义。经过几十年的努力，美国已拥有世界上人数最多、最具优势的科技人才队伍。依靠这一支队伍，美国人获得的诺贝尔奖最多，美国科学家在世界主要科技文献上发表的论文最多，美国公民在国内外获得的专利最多。长期高水平的教育投入和人才的引进，为美国带来了丰裕的人力资本，促使为美国服务贸易提供竞争优势的产业基础持续得到发展，发达的服务业又反过来促进和扩大对人力资本的投资，形成互相促进的良性循环。第四，为争夺国际市场，使美国跨国公司在与国外公司的竞争中处于有利地位，美国政府充当为其跨国公司在研发方面保驾护航的角色，如制订出一定的科研计划，采取各种措施推动跨国公司科研与开发的发展；通过延长跨国公司研究与实验机构的课税减免，来鼓励跨国公司进行科学研究，推动新型科技产品的开发，以便能够使美国的跨国公司在技术上领先别国，从而为跨国公司提供创造和发挥比较优势的机会和手段，增强美国跨国公司国际竞争力。

（2）充分重视国内服务产业发展。

美国的服务贸易之所以发展迅速，是与其国内发达的服务业分不开的。服务业已成为当今美国经济中最为庞大、发展最快的部门。美国政府支持国内服务业发展的措施很多，比较有特点的是：首先，美国政府主要通过宣传、立法、设立专门机构等手段，建立起较为完善的服务贸易法律体系和管理机制，为服务业和服务贸易的健康、迅速发展创造一个良好的制度环境。其次，为使国内服务产业发展服从服务贸易全球战略发展的需要，适度放松了反垄断限制。

（3）各种出口促进服务以重点行业为重点，并根据不同行业特点采取不同的市场战略。

早在卡特总统时期，美国就认识到了促进服务贸易出口的重要性，但也认识到由于服务出口涉及面很广，各个行业的特点千差万别，在出口促进方面比制造业产品和农产品的促进要复杂和困难得多，既要有统一的战略发展方向，又必须根据各个服务行业的不同特点，采取有别于货物贸易的不同的出口促进措施。美国政府对上述重点产业的促进措施很多，除了通用出口促进措施外，一般是根据不同服务产业特点和出口市场重点采取相应的、有针对性的国内服务和出口市场战略。

【专栏3-1】

日本大力发展技术服务贸易

长期以来，高技术产业一直被美国所垄断。日本于1970年前后提出赶超战略，从保护幼稚工业出发，大力扶持本国在高科技产业的研发活动。此外，日本还专门出台了一系列法律，包括《电子工业振兴临时措施法》（1957）、《特定电子工业及特定机械工业临时措施法》（1971）、《特定机械情报产业振兴临时措施法》（1978）和《科学技术基本法》（1995）等，从法律上对本国的高技术产业发展加以保障。

通过以上措施，日本自身的技术能力有了很大提高，从早期以引进技术服务为主开始向引进和输出双向发展。技术服务贸易收支比（出口/进口）从1970年的0.13提高到1999年的0.51，即出口与进口之比已接近51%。2002年，日本的技术出口额第一次超过进口额，日本已经跃升为技术服务贸易大国。

【专栏 3-2】

英国金融服务业长期保持竞争优势

英国金融服务出口在英国服务贸易出口中占比最大。伦敦不仅是世界金融服务中心，而且也是全球重要的金融交易市场。

进入 20 世纪后，伦敦全球第一金融中心的地位逐渐被纽约取代。为扭转被动局面，英国 20 世纪末实施了两次具有里程碑意义的改革，引入国外竞争者，在激烈竞争中发展英国的金融业。1986 年 10 月，伦敦证券交易所推出被称为"创世纪大爆炸"的金融改革，宣布伦敦证券交易所同国际证券管理组织（ISRO）合并，取消证券交易所固定费率的佣金制度，并允许经纪商和批发商互兼业务。这为伦敦金融服务贸易的发展打开了方便之门，并导致大量国外金融企业涌入英国。此后，分业监管又成为约束英国本土金融业发展的瓶颈，促成了第二次监管方式改革。英格兰银行开始专司货币政策，并成立英国金融服务局，于 2000 年颁布《金融服务和市场法》，以风险管理为核心进行监管资源配置，大大提高了监管效率。英国政府还允许伦敦商业银行经营外币的存放款业务而不受借贷利率等英国金融法令的限制，伦敦由此逐渐发展成为世界上最大的离岸金融市场。这两次改革分别以"金融自由化"和"混业经营"为核心，使英国的金融业获得了开放竞争的环境和良好的监管，吸引了世界各地的投资者和公司，逐渐恢复并巩固了英国的全球金融中心的地位。

【专栏 3-3】

新加坡崛起成为新兴的服务贸易大国

新加坡服务贸易的发展与其地理优势有着密切的关系。新加坡善于依靠区位和制度环境优势发展金融服务业。金融行业比较特殊，一方面主要通过信息技术完成交易，对交通运输、物质材料的要求少；另一方面，又对通信设施、市场监管、人才供应有着很高的要求。时区的特殊性为新加坡成为连接欧美金融市场的枢纽，实现全球24小时的不间断金融交易提供了可能。

在金融中心的发展过程中，新加坡政府推出了一系列扶持政策。1968年，新加坡政府向美洲银行颁发了第一张ACU（Asian Currency Unit，亚洲货币单位）执照，从而建立了亚洲美元市场。之后，又积极承销亚洲美元债券，成为继日本之后亚洲主要的外国债券发售场所，并进一步发展了新加坡的证券市场和期货市场。政府还通过取消外汇管制、提供税收优惠等方法吸引国际金融机构尤其是非银行金融机构入驻。1990年，新加坡政府给予在该国开设金融服务机构的跨国公司以重大优惠，削减了大约70%的溢利税率。通过各方面的努力，新加坡逐渐发展成为区域性国际金融中心，促进了金融服务贸易的发展。

新加坡虽然国土面积不大，但它充分发挥在金融、网络信息基础设施、高技术和商务服务等方面的优势，完善物流产业链。新加坡推进自由港建设，并大力发展班轮航线，国际集装箱管理和调配、空港联运、船舶换装和修造，建设国际船舶燃料供应中心。

在商业服务贸易方面，由于其配套环境和设施较好，新加坡的中央商务区（CBD）吸引了大量金融机构和跨国公司入驻，从而衍生出发达的商业服务贸易和专业服务贸易。同时，良好的商业环境还带动了新加坡的旅游业和地产业，促进了旅游服务贸易的发展。

新加坡每年的教育投入十分庞大。此外，新加坡还通过优厚的待遇、良好的科研环境和优越的人文环境吸引世界各地的人才。除由政府出资送员工到海外甚至是跨国公司母国培训后再提供给跨国公司使用外，新加坡还鼓励跨国公司的高级管理人员到新加坡公司工作，实行人员互动，促进技术交流。

第四章
变革：服务经济的自我调整

如果你要成功，你应该朝新的道路前进，不要跟随被踩烂了的成功之路。

——约翰·洛克菲勒

服务经济时代，实现全球化背景下的经济振兴，始终是一个国家、一个民族最关心的历史命题。但是，20世纪末、21世纪初，接踵而至的两场国际金融危机，让世界经济经历了最严峻的挑战。全球服务经济的发展与调整，没有摆脱经济发展的基本规律。服务经济对产品经济的升级、替换，不会改变经济规律的呈现方式——创新、异化、再创新。

第一节 服务经济的创新异化与潜藏的危机

一 创新与价值源泉

（一）服务创新的本质含义与社会属性

创新是服务经济的生命线。服务创新从三个层面展开：生产技术层面、商业模式层面、体制机制层面。综合地看，凡是创新都是生产方式在微观层面、宏观层面的变革与转型。服务经济的发展和调整，延续自身的生命力，离不开创新。

作为生产方式上的创新，是生产力层面的科技进步与生产关系层面的制度革新之间的对立统一。科技创新体现在生产力上的创新指的是纯粹的科技进步，它是科技创新的物质内容。新的科学技术的运用可以提高劳动者技能，创造出新的劳动资料和工艺方法，扩大劳动对象的深度和广度。正是在这个意义上，"科技是第一生产力"。但是，生产力的进步只是生产方式变革的一个方面。不论是科技的产生，还是科技进入生产，都需要通过制度（Institution）来实现。科技通过制度转化为生产力进而推动经济发展，是一个科技对经济的"嵌入"（Embeddedness）过程，"制度"是嵌入的方式、路径和结构。所以，科技创新的另一方面必然是制度创新，这是科技创新的社会形式。从微观角度看，它体现为社会生产在组织方式上的创新，核心是分工与协作；从中观角度看，它体现为新产业发展路径的开辟——技术进步在制度设计的引导下，推动新产品、新服务、新系统和新设施逐步成型，构成新部门和新产业，并带来产业结构的升级；从宏观角度看，它体现为社会生产在经济运行体制上的创新，核心是资源配置方式（计划与市场）。在当代，市场制度已经成为科技嵌入经济的制度优选，具体包括现代企业制度、金融制度、知识产权制度、商品交易制度等。熊彼特首创"技术创新"概念，用于描述把一种从未有过的关于生产要素的"新组合"引入生产体系的过程。显然，生产要素可以在技术层面进行新组合，也可以在制度层面进行新组合，因此，熊彼特这一定义同样反映出科技创新的上述物质属性和社会属性。

从产业发展的功能来看，服务业特别是生产性服务业，是通过市场化方式实现科技"嵌入"的最高效途径。所以，我们说进入服务经济时代，推动科技创新的主要力量和领域是服务业而不是制造业。

(二) 服务创新的价值实现

服务领域的科技进步与制度创新通过嵌入过程中的互动保持统一。逻辑地看，纯粹的科技进步或制度创新分别可以带来生产方式变革，促进经济社会发展。但在实践中，两者关系的常态是通过互动保持统一，只是在经济发展的不同阶段或者同一阶段里的不同时期各有主次。经济起步阶段，科技水平基本维持在简单再生产层级，单个要素和要素群体的生产潜能尚未完全释放，要素投入对经济增长的决定性大一些，制度革新备显重要；经济跃迁阶段，科技稳定成长的重要性凸显，随着科技的进步，制度需要随之革新以适应之；经济发达阶段，科技的稳步发展和制度的自我完善形成良性循环。在同一阶段里的不同时期，两者关系与此类似。危机爆发时，技术进步带来了产能激升直至生产过剩，直接导致实体经济危机；制度过度创新也足以诱发经济危机，这在以制度设计为支撑的虚拟经济中表现尤为突出。金融制度具有天然的非均衡性。加强监管是金融制度创新的应有之义，但是现实中监管往往落后于金融创新紧追科技创新的步伐。当制度过度创新乃至于脱离监管时，虚拟经济泡沫随之产生。经济复苏期间，科技进步和制度革新也都不可或缺：依靠科技创新引燃新的经济增长点、培育新的经济社会发展模式是摆脱危机、推动经济复苏和振兴的根本出路，历史经验表明，全球性经济危机往往催生重大科技创新突破甚至激发科技革命；而制度创新可以为科技嵌入经济创造更好的环境和渠道。随着新的技术研发和投入生产，其价值潜能转化为现实生产力，需要制度上的革新和适应。制度创新可以纠正运行轨道，为经济发展铺平道路。

二 服务创新异化和世界经济危机

服务经济时代，科学进步与制度创新之间的对立统一关系，在全球化时代依然深刻地影响着世界服务经济的兴衰起伏。全球化时代，世界经济危机的根源在于科技和经济发展的全球性失衡。失衡是异化的结构性表征。

（一）危机根源：科技和经济发展的全球性失衡

1. 科技发展的全球失衡

科技发展的全球失衡主要表现在：一是先进科技资源高度集中于发达经济体，而且是过度集中于美国等少数发达经济体。发达经济体一直是先进科技及其产业化的中心，而且技术优势仍在不断强化。更重要的是，发达经济体拥有发达的服务业体系，它们是润滑油、黏合剂和催化剂，不断地给庞大的国家经济机器注入科技创新活力。美国是名副其实的世界科技发展中心、服务经济高地和发展动力源。正因为美国拥有最强的科技创新能力以及服务经济资源，才能够承担世界经济发展引擎的重任。二是发展中国家在科技全球化进程中被边缘化，尽管其中一些新兴市场国家在经济上取得了长足的进步，但是其科技发展水平仍相当有限。在科技竞争力国际排名中，新兴市场明显低于发达国家，这与其经济地位形成较大反差。尤其是广大发展中国家经济存在普遍而深刻的结构性矛盾，服务业比重偏低，社会资源循环不通畅，产业升级缓慢，科技创新动力不足。

从技术层面而言，始于第一次产业革命的世界"大分化"，便造就了先进国家和落后国家之间巨大的技术差距格局。此后，这一格局始终没有实质性改变。从制度层面而言，一方面，发展中国家的科技嵌入经济的制度体系整体上比较落后。发达国家的技术变迁是在相对完善的市场制度体系下进行的，其本质上是一个以市场价格信号为导向的诱致性、原发性技术变迁过程。而发展中国家往往采取了"强制性技术变迁"模式，科技嵌入经济的效率低下。第一，强制性技术变迁造成技术的自主研发及运用能力低下。原发性技术变迁是以完善健全的知识产权保护制度为基础和保障的，而强制性技术变迁可能忽视知识产权保护，从而制约科技自主创新。第二，强制性技术变迁容易产生技术上过度对外依赖。由于自主创新能力较弱,强制性技术变迁以技术引进为主要实现方式,但是发达国家对技术转移的控制降低了外部技术资源的可获得性。第三,强制性技术变迁容易造成技术资源严重流失。在许多发展中国家,政府部门过多干预科技人力资源市场的形成及其运作,从而激发了科技人员摆脱制度约束的强烈动机,使得本国在全球科技人力资源流动中往往成为净流失国。第四,FDI的技术溢出效应也因为跨国公司竭力维护技术垄断优势以及东道国知识产权保护制度不健全、金融市场不发达、科研人员不齐备等因素而无法在发展中国家得到正常发挥。与之形成鲜明对比的是,发达经济体把产业领域的技术变迁任务交由产业自己完成,而对生产性服务业为主的服务产业链,就承担了绝大多数的任务和使命。发达的服务经济循环,使得发达经济体的产业领域的技术变迁走的是一条自主创新、资源汇聚、内生增长的道路。另一方面,发展中国家部分参与国际分工,被动地接受了国际产业链中的低端环节,技术进步的外部环境恶化。贸易开放强化了落后经济系统中既有的比较优势,使之专业化生产低技术含量的产品。非熟练劳动力禀赋较高的发展中国家的比较优势大都集中在技术增长不快的传统生产部门,服务部门处于绝对劣势状态。这种国际分工格局下的自由贸易并不一定促进发展中国家的技术进步和生产率增长。在产品经济领域,长期以价格优势作为竞争手段将造成贸易条件恶化,陷入资源枯竭困境,对技术效率增长反而产生副作用。而在服务经济领域,价格优势无法保证一个国家的绝对优势。

2. 经济发展的全球失衡

科技发展失衡给世界经济格局留下了深刻的烙印。世界经济史的大部分时间里,由于发达国家和发展中国家之间科技发展水平差距大,加之要素的国际流动有限,静态的资源性比较优势(自然资源、劳动力等先天禀赋性要素)主导着国际分工格局。由于起步水平不同,这样的国际分工格局强化了世界经济格局的失衡特征,发达国家和发展中国家在经济发展水平上的鸿沟一直在扩大。随着世界经济步入全球化进程，要素全球流动，国际分工开始主要基于动态的获得性比较优势（技术、资本等后天可获得性要素）格局来展开。由于科技实力基础雄厚，科技嵌入经济的市场制度发达，以美国为代表的少数发达经济体得以吸收大部分全球优质要素，形成了围绕它们运转的经济循环。发达国家和部分发展中国家（包括中国在内的新兴经济体）的开放经济领域通过市场化改革的整合，形成了一个充分汲取了各国优质要素的世界经济循环系统，这个系统的核心是科技先进、制度健全、运行顺畅、经济发达的G8、OECD等所代表的发达国家利益共同体，我们不妨称之为世界经济的"高端循环"。但是，在这一经济循环系统中，经济增长的原动力是单极的（主要就是美国），因而世界经济格局失衡日益严重。美国凭借其先进的科技创新体系占据了全球经济的制高点，在全球市场体系中吸引最优秀的资本、技术、人才资源，从事着全世界最大的研发投入。有研究表明，工业化国家的研发投入额每增加1%则会带来发展中国家的产出增加0.6%，这其中大约一半是美国带来的。美国拥有世界上规模最大、流动性最强的金融市场，成为世界上吸收外国直接投资最多的国家，吸收了全球近25%的流入资本。与此形成鲜明对照，在"高端循环"之外，是一个逐渐被边缘化的国家群体，这个群体的经济是封闭或半封闭的，科技落后、制度欠缺、运行凝滞、发展低迷，我们不妨称之为世界经济的"低端循环"。

经济发展的全球失衡，大大削弱了国际经济体系的稳定性。首先，"高端循环"系统中的主要经济体经常账户失衡越来越严重。美国经常账户逆差庞大、债务增长迅速，日本、中国和亚洲其他主要新兴市场国家对美国持有大量贸易盈余。为支撑这一失衡局面，美国不得不滥用其美元的"国际霸权"地位。从科技创新活跃、实体经济实质繁荣、虚拟经济支撑繁荣的20世纪后半叶——美国由此赢得了美元的国际地位，到科技创新乏力、虚拟经济虚假繁荣的世纪之交及21世纪初——

美元的国际地位让美国产生了路径依赖，美国多年来都已经习惯于凭借美元作为国际储备货币的强势地位，用扩张性的货币政策和宽松的金融监管来实现货币扩张，通过发行美元以净进口的方式从中国等部分融入世界经济"高端循环"的发展中国家"借钱"来弥补本国储蓄的不足，维持高水平消费。美国还通过维持美元的世界主要储备货币的地位，控制世界银行、国际货币基金组织、八国集团等国际机制，并依托数量众多、规模庞大的跨国公司进行全球性经济扩张。美元已经成为捍卫美国国家实力的"最关键的非军事工具"。其次，部分融入"高端循环"中的发展中国家普遍存在一个致命的弱点：科技自主创新不足、对外依赖严重，经济持续发展极易受到挑战。多年来，亚洲地区部分国家、部分拉美国家在融入经济全球化过程中，先后推行出口导向政策，以"高投资"维持"高出口"，以美国等发达国家的海外市场的"高需求"来弥补国内最终需求的不足，以此维持GDP的"高增长"。但是，长期推行出口导向政策最终往往会跌入"贫困增长"的陷阱。产品经济的畸形繁荣把亚洲大部分经济体推上了外向型经济的高地，高地的周边全环绕着"贫困增长"和结构性矛盾丛生的洼地。它们在应当进行结构调整的历史时刻没有及时调整，外汇储备过剩、流动性泛滥、资产泡沫等一系列消极后果逐渐显现。1997年亚洲金融危机就是一个惨痛的教训。在很多经济学家眼里，这场危机正好印证了东亚经济不可持续增长的预言，而这个预言的基本理由就在于东亚经济增长背后的科技实力匮乏、发展后劲不足。而2008年国际金融危机爆发后，人们又有理由把痛苦的根源追溯到东亚、东南亚经济体的结构性顽疾中来。

（二）危机爆发：科技和经济循环的系统性崩溃

世界经济严重失衡，"高端循环"严重依赖于美国科技创新所支撑的经济繁荣（到后来则蜕变为金融制度过度创新所撑起的虚拟经济繁荣）。一旦美国这个关键环节断裂，整个循环系统必然沦于崩溃。2008年国际金融危机就让世人目睹了这幕悲剧的发生。

1. 2008 年国际金融危机是一场"迟到"的危机

从科技进步与经济发展之间的关系来考察，2008 年世界经济危机实际上是一场"迟到"的萧条。随着高科技时代的到来，金融作为资金融通和风险分散的制度安排，成为促进高科技嵌入经济从而释放生产力的重要渠道。与传统的经济危机主要由于产能过剩而爆发的情况不同，随着金融发展的独立性和虚拟性日益强化，虚拟经济与实体经济脱离（即"经济泡沫"）诱发危机，已经成为高科技时代经济危机爆发的主要方式。20 世纪 70 年代开始，金融资本迅速向信息技术和网络技术产业集聚。到 20 世纪 80 年代末期，投资大量扩张，纳斯达克指数一路上涨。但是，高投入并没有带来高回报，市场信心受到一定程度的影响，金融资本也开始寻找新的机会。从 1997 年 6 月开始，国际游资通过炒作冲击泰国、印度尼西亚、马来西亚、菲律宾和韩国等部分国家或地区的货币，以在短期内获取暴利，从而爆发亚洲金融危机。此后，2000 年网络泡沫破灭。网络泡沫破灭时，各国政府原本就应该将资金引向新的领域，推动新的技术革命，以避免危机的发生，但鲜有国家这么做，推动经济长周期增长的内在动力衰竭了。然而，网络泡沫破灭后，美国经济也没有随即出现萧条，而是"滞后"到 2008 年才全面爆发。网络泡沫破灭后，为了避免经济衰退，美联储连续 27 次降息，增加流动性，贷款增多，投资增多，以刺激房地产市场，弥补网络泡沫破灭带来的损失。根据格林斯潘日后的解释，当时美联储过于信赖金融市场及其参与者的理性，因而错误地选择了房地产作为"临时"的经济引擎来带动美国经济度过网络泡沫危机，但是美联储失误了。金融资本远比他们所预计的要贪婪和难以掌控。政府过度放任、民众过度消费、金融过度投机，共同吹起了房地产和金融泡沫。一旦当局采取紧缩性货币政策，美国房价快速回落、虚拟资产缩水、流动性发生短缺，美国房地产市场泡沫终于破灭了，大量借款人违约，次级债危机旋即爆发。

2. 过度的金融创新、失范的金融监管引爆2008年国际金融危机

金融制度过度创新会加大金融风险。美国在网络泡沫后的一系列金融创新，不仅没有分散和抑制风险，反而加重了风险。由于美国金融监管机构"积极引导"的经济增长点出现偏差，房地产市场和金融市场是虚拟经济的主要构成，都是以制度创新为其生命力的，为了维持市场繁荣，当局"间接故意"地纵容房地产及其融资领域围绕"信用"展开的过度创新，乃至于监管失控。资本市场具有的风险分散功能被透支，金融风险开始在脆弱环节囤积。

监管失控直接引爆金融危机。2008年金融危机爆发前，美国采取的是"双重多头"的金融监管体制。"双重"即联邦和各州均有金融监管的权力；"多头"即指美联储（FRB）、财政部（OCC）、证券交易委员会（SEC）等近10个机构负有监管职责。随着金融的全球化发展和金融机构综合化经营的不断推进，"双重多头"的监管体制出现了越来越多的监管漏洞。正如美国在2009年7月份公布的名为《金融监管改革：新的基础》的金融监管改革白皮书中认识到的那样，金融监管体系存在的漏洞和缺陷弱化了政府监控、防止和处置金融体系积聚的风险的能力，特别是没有一个监管机构负责保护经济金融体系的稳定；对银行控股公司缺乏全面监管，只注重保护所属银行；允许投资银行在不同的监管机构管辖下选择不同的经营体制，从而逃避对资本充足率和杠杆率的限制；对实际上拥有保险储蓄的保险公司等金融机构在技术上认定为"非银行"，从而规避对商业银行的更加严格的监管。于是，CDO（债务担保证券）、CDS（信用违约掉期）、ABS（资产抵押证券）等风险极高的金融衍生品成为"漏网之鱼"。

国际金融监管制度缺位促使金融危机形势进一步恶化。美国民众习惯于过度消费个人信用，而美国政府则习惯于过度消费以"美元"为符号的国家信用。美国作为国际金融体系实质上的核心国家，滥用美元霸权优势，美元贬值成为其惯用伎俩——美元贬值可以减少美国

贸易赤字、降低政府债务负担、增加海外资产收益。美国纵容甚至促成了国际货币制度的失范。由于国际货币体系的失衡，使得国际金融机构对国际金融活动的监管能力孱弱。IMF等国际金融机构对于部分国家高储蓄、部分国家高消费所维持的畸形经济循环格局所导致的相关国家国际收支严重失衡束手无策。作为国际金融监管体系核心组织的IMF，其宗旨就是缩短成员国国际收支失衡时间、减轻失衡程度，但是，由于IMF存在明显的功能缺陷——基金规模小、危机缓解救助能力弱，决策投票机制不合理，等等，使得它在监督协调各国金融活动、履行全球金融监管、维护世界经济金融发展秩序等方面的作用已经十分有限。国际社会的监管制度缺位，为危机在国际经济循环中酝酿、在国际社会迅速传导都创造了条件。

3. 全球经济失衡加剧危机国际传导

全球化时代，虚拟经济的独立性、跨国性加剧了2008年金融危机的国际传导。在世界经济"高端循环"系统中，贸易和投资全球化持续推动金融全球化大发展，跨国贷款、跨国证券发行和各种新型金融衍生工具等跨国金融业务大幅度增长。美国债券市场推动次级债券在美国以外吸引证券投资，成为此次金融危机国际扩散的主要管道：美国金融机构把高风险的次级抵押贷款打包成金融衍生品，出售给全球投资者，使本应在一个区域内发生的房贷危机，迅速通过多种途径向国际市场输出，演变成一场波及全球性的金融海啸。

【专栏 4-1】

金融服务创新的进与退

股票是人类社会的智慧创造成果。马克思说，没有股票和股份公司，铁路的建成就是一句空话。但是，"南海"股份有限公司引爆的南海泡沫事件,① 正如诗人蒲柏（Alexander Pope）所描绘的,也曾"像汹涌的洪水淹没一切,像阴霾的雾霭弥漫,遮蔽日光；政客和民族斗士纷纷沉溺于股市,贵族夫人和仆役领班一样分得红利；法官当上了掮客,主教啃食起庶民,君主为了几个便士玩弄手中的纸牌；不列颠帝国陷入钱币的污秽之中"。科学家牛顿在英国南海泡沫事件中损失2万英镑后,伤感地说:"我能计算天体运行,却无法计算人类的疯狂。"

金融,本身就是一种制度创新。它像魔术师一样,用"信用"之手穿过时间和空间的距离,把彼时彼处的资源配置到此时此处来绽放财富之花。但是,它的身后也潜伏着危机。从1945年布雷顿森林体系确立到1971年牙买加体系取而代之,全球发生了38次小规模汇率危机和银行危机。1971年以来,全球发生了150多次大大小小的金融危机。1999年,美国废除《格拉斯·斯蒂格尔法》,商业银行和资本市场之间的隔离被撤销。2000年,《商业期货现代化法案》取消了对衍生品的监管。2004年,美国证监会（SEC）取消了对投资银行杠杆比率的限制,为投资银行高杠杆率经营扫除障碍,也为金融危机爆发"铺平"了道路。2008年,金融危机爆发。当年6月,也正是资产证券化市场达到峰值之时（见图4-1）。

2008年金融危机告诉了我们什么？金融创新应建立在经济和市场

---

① 南海泡沫事件（South Sea Bubble）是英国在1720年发生的一次金融泡沫。长期的经济繁荣使得英国私人资本不断集聚,社会储蓄不断膨胀,投资机会却相应不足,大量暂时闲置的资金迫切寻找出路,而当时股票的发行量极少,拥有股票是一种特权。在这种情形下,一家名为"南海"的股份有限公司于1711年宣告成立。1720年,南海公司承诺接收全部国债,作为交易条件,政府要逐年向公司偿还,公司允许客户以分期付款的方式购买公司的新股票。英国下议院和上议院先后通过接受南海公司交易的议案,南海公司的股票立即大幅上涨。由于购买踊跃,股票供不应求,公司股票价格狂飙。在南海公司股票示范效应的带动下,全英所有股份公司的股票都成了投机对象。社会各界人士甚至物理学家牛顿都卷入了漩涡。1720年6月,为了制止各类"泡沫公司"的膨胀,英国国会通过了《泡沫法案》。

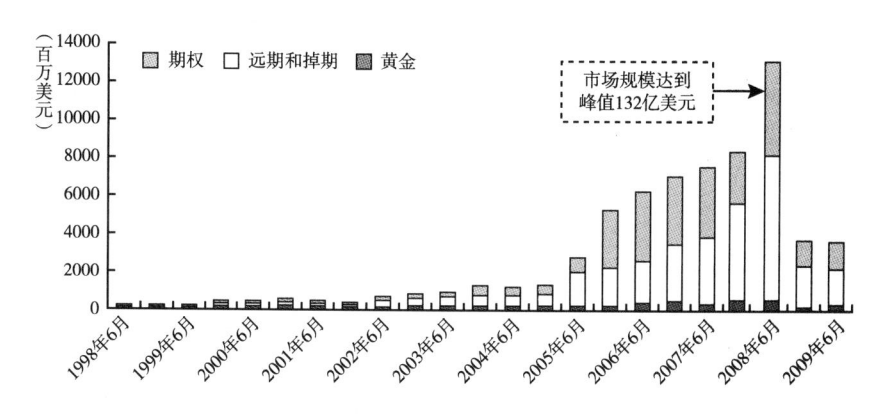

图 4-1　资产证券化市场规模（1998~2009年）

的实际需求基础之上，与国民经济发展水平、金融市场成熟度和居民行为相适应，而且所有的金融创新必须得到全面有效的监管。

第二节　服务经济的自我调整与发展转型

服务经济时代，世界经济历经危机后的自我复苏与发展，动力在于对"异化"的纠偏，即"再创新"。"再创新"重点要在三个方面取得实质性进展：一是通过服务经济领域和科技领域的国际竞争与合作，稳固世界经济基础并确立世界经济稳定成长的增长点，促进世界经济的持续发展，主要经济体在核心科技创新领域、高端服务领域的制高点上展开激烈竞争的同时，应当在基础和普联的科技和产业领域开展密切合作；二是通过强化科技对经济的嵌入机制，促进虚拟经济与实体经济的协调发展，形成一个健康的服务经济体，关键是要完善包括国际贸易、国际投资、国际金融制度在内的国际经济运行体制，尤其要在强化国际金融体系稳健性的基础上继续深化金融自由与创新；三是通过构建区域性或全球性科技创新中心和经济中心多元化格局，促进世界科技、经济的均衡发展，关键是以新兴市场经济体为新的科技研发增长极和新的服务经济增长极，构建全球创新中心多元化格局，并在多边合作框架下积极推进复边、区域性合作进程，构建世界经济中心多元化格局。

一 维持创新中的有序竞争与密切合作

关于稳固世界经济基础并确立世界经济稳定成长的增长点、促进世界经济的持续发展，关键是积极促进服务经济和国际科技竞争与合作。一方面，世界主要经济体之间将在占领科技和产业制高点上展开激烈竞争。危机过后，要引领全球经济走向新一轮增长，必须聚焦于科技革新。而往往谁占领了科技和产业制高点，谁就能在经济复苏后的新一轮发展高潮中独领风骚。当前，各国正在努力寻找新的科技支撑。为应对经济危机、促进经济复苏，各国纷纷把新能源、新材料、生物医药、节能环保、绿色经济等作为新一轮产业发展的重点，美国推出"绿色新政"，日本提出"绿色经济和社会变革"方案，欧盟提出能源气候一揽子计划。科技制高点可以在某个高科技领域中凸显；也可能在某几个高科技领域的技术集成中迸发。在高科技时代，技术集成已成为解决各类重大问题的主要方式，信息技术、生物、纳米、新材料、新能源等技术不断交叉融合，将可能导致重大创新突破。另一方面，国际合作意义重大。在经济全球化背景下，各国行动的协同性、关联性、系统性日益强化，积极推进科技创新领域的国际合作是大势所趋。当前，要在两个方面开展更加密切的国际合作：一是要在普联性、基础性强的科技领域促进国际合作。信息技术自20世纪70年代以来产生重大变革后，目前仍处于渐进创新阶段，并不断伴随着结构性创新，要围绕信息技术领域的科技创新，共同搭建全球经济全面、持续、稳定发展的技术平台。二是要在技术集成领域的科技和产业制高点的竞争中加强国际合作。围绕能源和环保领域的科技创新，共同推进全球经济"绿色复苏",是当前和今后一个时期破解国际技术转让与合作难题的一个突破口。在当前应对金融危机的情况下,几乎所有大国都把应对气候变化的危机和应对金融危机同步推进。新一轮联合国气候变化谈判也已启动。"绿色复苏"这一与以往危机复兴所不同的概念逐渐进入国际社会视野。新能源、可再生能源、节能环保技术取得了很大发展,应对气候变化的关键技术正在孕育着新的突破。国际社会应在共享先进的绿色技术方面建立相应的合作机制。发达国家和发展中国家要通过多边谈判与合作的方式,在促进技术国际转让方面采取积极的共同行动,如通过WTO谈判寻求知识产权保护方面的共识、为国际技术转让创造条件,通过世界银行为发展中国家的科技项目提供更多、更便利的贷款等。

二 维持创新中的嵌入与传导

关于促进虚拟经济与实体经济的协调发展,关键是强化科技对经济的嵌入机制。高科技时代,虚拟经济与实体经济的关联度决定着经济泡沫与危机爆发的可能性。美国奥巴马政府上台后,就提出发展节能环保和绿色产业,后来又提出发展"智慧地球",深化互联网和物联网,试图引领网络信息技术"重回正途",引领实体经济健康发展。就国际经济而言,这样的举措不应该是单方面的,需要国际社会的密切配合。重点是完善包括国际贸易、国际投资、国际金融制度在内的国际经济运行体制。首先,要坚定不移地坚持贸易开放和投资自由。国际贸易和国际投资的健康发展,是推动世界经济复苏的重要力量。保护主义救不了经济危机,这是20世纪30年代大萧条留给世人最深刻的教训之一。当时,恰恰也是罗斯福政府毅然推出新政,与贸易保护主义决裂,坚持通过贸易开放化解危机,通过制度革新推动复苏,才带领美国经济走出低谷,推动全球经济的复苏和振兴。此次经济危机中,全球秉承开放的基本价值观,共同警惕保护主义的抬头,显然比大萧条时期成熟得多、理性得多。当前和今后一段时期，国际社会依然要在世界贸易组织等多边框架下以诚相待、共谋发展。其次，要坚定不移地推进国际金融体制改革。金融监管的直接功能在于防范金融风险，根本目的却在于保障金融自由和创新。为了国际金融秩序的稳定和世界经济的复苏，要在强化国际金融体系稳健性的基础上继续深化金融自由与创新，其中，IMF的改革已经迫在眉睫。

三　维持创新中的均衡与多元

关于促进世界科技、经济均衡发展，这是世界经济发展的长期目标，而经济危机的爆发，使得这一目标的实现更加迫切；世界经济的复苏和重整，也使得该目标的实现更加可行，可以分解到各国及国际社会的经济复苏和振兴举措中。一方面，要以新兴市场经济体为新的科技研发增长极，构建全球科技创新中心多元化格局。新兴市场经济国家随着市场化改革的深入，相对更为缺乏的已经是科技资源。为此，它们在本国市场化改革进程中要更加注重在增强科技自主创新的方向上取得实质性突破；在国际经济舞台上则要更积极地推动国际技术流动的协调制度革新并提出一些富有创见性和建设性的国际技术转让制度革新方案以掌握主动，包括直接涉及技术流动的国际知识产权制度，以及有助于发展中国家引进技术的国际货币金融协调协商机制（如IMF）、贸易和投资协商机制（如WTO）的改革。另一方面，要在多边合作框架下积极推进复边或区域性合作进程，构建世界经济中心多元化格局。有效推进区域性自由贸易安排作为多边贸易体制的重要补充，可以发挥区域一体化对经济全球化的缓冲功能，也有利于形成多个局域性经济循环，构建世界经济中心多元化格局。

下篇 中国迎接服务经济时代

第五章
形势：问题与瓶颈

我们应该不要让自己的畏惧阻挠我们去追求自己的希望。

——肯尼迪

第一节 中国经济发展转型的必然性

一 服务业大发展是中国经济结构转型的必然

中国经济发展正处在新的阶段，面临新的形势和新的任务。加快转变经济发展方式是一项长期而重大的战略任务。在需求结构调整上，要促进经济增长由主要依靠投资、出口拉动向依靠消费、投资、出口协调拉动转变，增强消费对经济增长的拉动作用。在供给结构调整上，或者说在产业结构上，由主要依靠第二产业带动向依靠第一、第二、第三产业协同带动转变，着力发展第三产业，提高第三产业占 GDP 的比重。在生产要素结构调整上，由主要依靠增加物质资源消耗向主要依靠科技进步、劳动者素质提高、管理创新转变，改变经济增长过度依赖物质资源消耗的状况。

1. 扩大消费对经济的拉动作用是转变经济发展方式的重要内容之一

我国居民消费率偏低。长期以来，我国的居民消费率不仅远低于

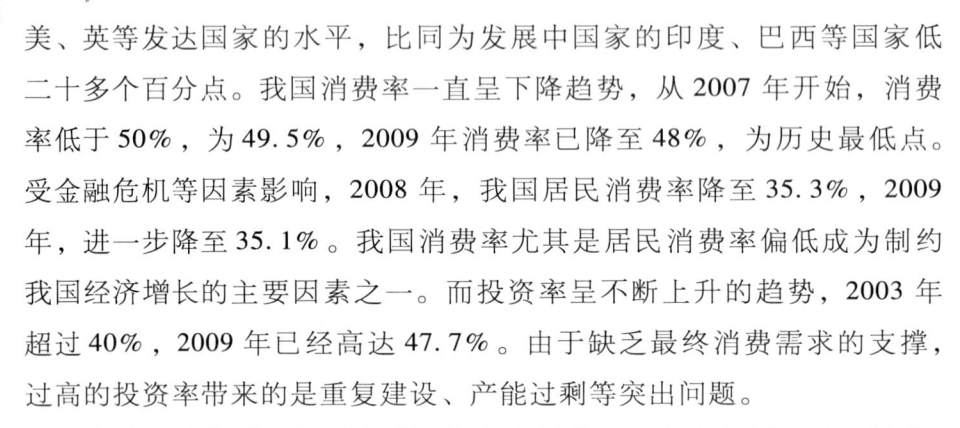

美、英等发达国家的水平，比同为发展中国家的印度、巴西等国家低二十多个百分点。我国消费率一直呈下降趋势，从2007年开始，消费率低于50%，为49.5%，2009年消费率已降至48%，为历史最低点。受金融危机等因素影响，2008年，我国居民消费率降至35.3%，2009年，进一步降至35.1%。我国消费率尤其是居民消费率偏低成为制约我国经济增长的主要因素之一。而投资率呈不断上升的趋势，2003年超过40%，2009年已经高达47.7%。由于缺乏最终消费需求的支撑，过高的投资率带来的是重复建设、产能过剩等突出问题。

当前，消费需求发展滞后提高成为制约我国经济发展的重要因素。随着经济发展和居民生活水平的提高，居民的消费将从物质消费为主转变为非物质消费为主，满足基本生存的消费比重将进一步降低，享受型和发展型消费的比重将上升，对住房、汽车、教育、旅游、医药保健、文化等的服务性消费需求将进一步提高。

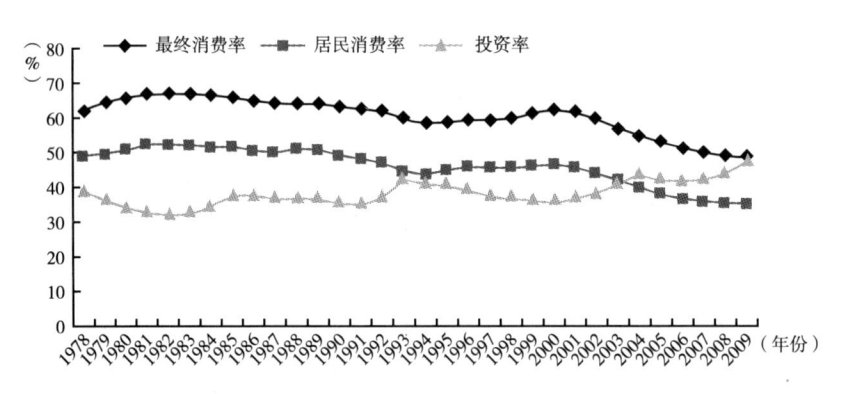

图 5-1 1978~2009 年中国投资率、最终消费率和居民消费率

2. 加快产业结构优化升级是推进经济结构调整的重要方面

在不同经济发展阶段、环境的变化和社会的进步，产业结构都会发生变化，在不同时期，产业结构调整面临的任务是不同的。我国的产业结构，无论是第一、第二、第三产业间及产业内部，还是传统产业与新兴产业，或是劳动密集与技术密集型和资本密集型产业，都存

在着不合理的状况。在 2008 年金融危机的影响和冲击下，产业结构不合理的状况更加凸显，许多行业出现的产能过剩和重复建设变得尤为明显。2009 年底，钢铁、水泥、平板玻璃、煤化工、多晶硅、风电设备这六个行业作为调控和引导的重点，电解铝、造船、大豆压榨等成为产能过剩矛盾比较突出的行业。产能严重过剩不仅是对资源的巨大浪费，也成为未来整个产业有序发展的障碍。到 2020 年，我国要全面建成小康社会，到 21 世纪中叶基本实现现代化的宏伟目标。而要实现这些目标，就需要保持经济社会可持续发展，促进产业结构升级和经济发展方式转变。

我国产业结构调整过程中要顺应国内外需求结构升级的新趋势，捕捉国际市场变化，瞄准国际科技和产业前沿，及时调整产业结构和产品结构，大力发展现代农业，壮大战略性新兴产业，促进服务业特别是现代服务业加快发展。

3. 从要素投入结构看，我国企业生产资源消耗偏高，能源消费总量居世界前列，资源环境的约束日益突出

经济发展与资源环境的矛盾，是我国经济发展中需要长期面对的重大挑战。在工业产品中，劳动密集型和资源密集型的产品产量居于世界前列，但知识密集型和技术密集型产品仍然大量依赖进口和外商投资企业提供。当前是"十二五"时期，是我国处于经济社会发展的战略转型期和全面建设小康社会的关键时期，工业化、城市化加速发展，但是却面临着紧迫的人口、资源、环境压力。2009 年，我国 GDP 约 5 万亿美元，占世界 GDP 比重不到 1/10，但我国生产粗钢 5.68 亿吨，水泥 16.5 亿吨，分别约占世界总产量的 43% 和 52%；一次能源消耗达 31 亿吨标准煤，是世界能源消费总量的 17.5%。与之伴随的是严重的大气污染、工业点源污染、农业面源污染问题，水资源和土地资源消耗很大，造成的生态环境代价巨大。这种以高能耗、高污染、低效益，以大量消耗资源支撑为主的经济增长方式已经不可持续。

2009年，服务业增加值占整个GDP的比重为43%，服务业从业人员占全社会从业人员的比重只有34%。服务业发展滞后带来的一个最大问题，就是就业的矛盾越来越突出。发达国家服务业就业占比为70%~80%，发展中国家的占比也在40%左右。相比较而言，我国服务业就业人数的占比很低，反映出我国服务业吸纳就业容量大的优势没有得到充分发挥（见图5-2）。

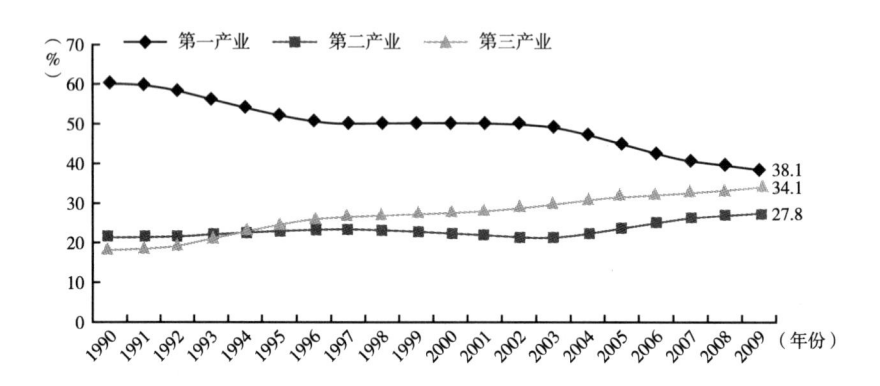

图5-2 中国就业的产业分布

4. 内外需结构性问题突出，货物贸易与服务发展不平衡

20世纪后半叶，东亚地区以雁形模式呈现过产业和贸易的国际间转移趋势。日本、四小"龙"、四小"虎"、中国等经济体以外需引导经济成长的发展模式，创造了一个又一个经济奇迹。但是，20世纪末的那场亚洲金融危机给亚洲敲响了警钟；21世纪初的一场国际金融危机虽然从美国爆发，但从全球经济结构性矛盾来看，亚洲仍然是重要的矛盾构成之一。2008年以前，我国的货物进出口总额逐年递增，2008年达到最高值，为25632.6亿美元。受金融危机影响，2009年，中国货物进出口额下降到22075.4亿美元，进口额和出口额均同比下降。同时，货物贸易顺差规模不断扩大。1990年以来，我国货物贸易除个别年份如1993年为逆差（122.2亿美元）外，其他年份均保持了顺差，我国货物贸易顺差激增，2005年顺差超过1000亿美元，为1020亿美元，2008年顺差最大，为2981.3亿美元（见图5-3）。可见，即便是连续受到两次金融危机的冲击，中国对外贸易倚重于货物贸易、货物贸易增长势头强等基本态势与结构特点始终没有改变。

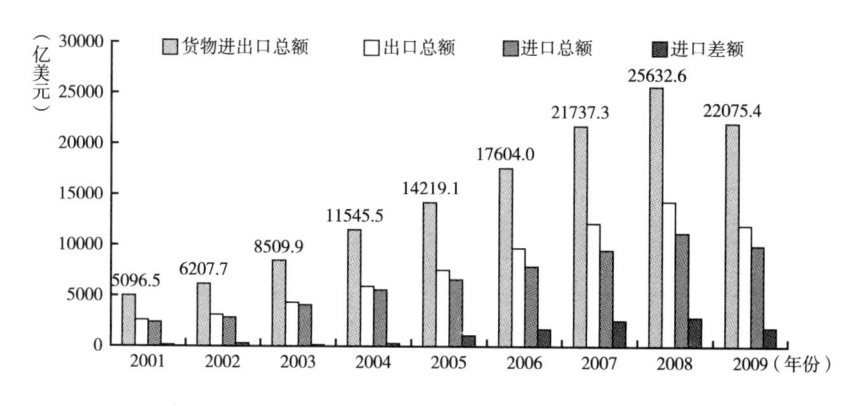

图5-3 中国货物贸易基本情况

2008年以来，尽管受金融危机影响，货物贸易与服务贸易增长速度都急剧下滑，但货物贸易下滑速度快于服务贸易。这说明，我国出口产品中的货物产品在产品结构、产品竞争力方面受到外部冲击时，受到的影响更大。

然而，中国货物贸易本身也一直存在结构性矛盾。中国货物贸易出口中以加工贸易为主，其次是一般贸易。但是，随着国家推进外贸发展方式转变战略的稳步实施，2008年以来，加工贸易额与一般贸易额的差距在逐步缩小（见图5-4）。

更重要的是，长期以来，中国服务贸易发展滞后于货物贸易。2009年，世界主要国家或地区服务贸易与货物贸易中，中国服务贸易与货物贸易总量位于美国和德国之后，但从结构来看，中国的服务贸易和货物贸易占比分别为11.5%和88.5%，服务贸易占比是最低的。

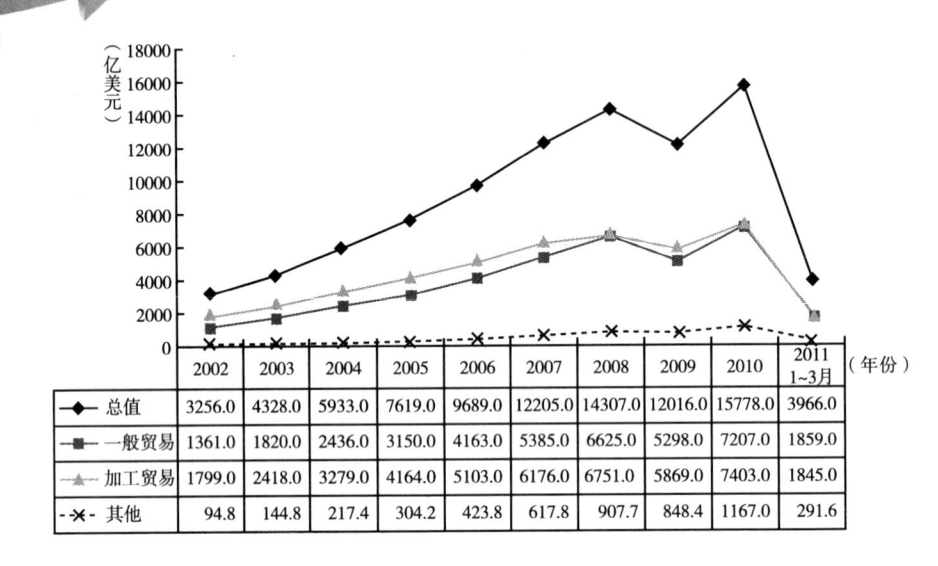

（年份）	2002	2003	2004	2005	2006	2007	2008	2009	2010	2011 1~3月
总值	3256.0	4328.0	5933.0	7619.0	9689.0	12205.0	14307.0	12016.0	15778.0	3966.0
一般贸易	1361.0	1820.0	2436.0	3150.0	4163.0	5385.0	6625.0	5298.0	7207.0	1859.0
加工贸易	1799.0	2418.0	3279.0	4164.0	5103.0	6176.0	6751.0	5869.0	7403.0	1845.0
其他	94.8	144.8	217.4	304.2	423.8	617.8	907.7	848.4	1167.0	291.6

图 5－4　2002 年至 2011 年 1～3 月中国出口分贸易方式

资料来源：中国商务部。

表 5－1　2009 年主要国家或地区服务贸易与货物贸易占比情况

单位：十亿美元，%

国家/地区	对外贸易总额	服务贸易		货物贸易	
		金额	占比	金额	占比
美国	3462	801	23.1	2661	76.9
德国	2523	470	18.6	2052	81.4
日本	1401	270	19.3	1132	80.7
英国	1230	400	32.5	831	67.5
法国	1291	264	20.5	1026	79.5
意大利	1030	215	20.8	815	79.2
中国	2493	286	11.5	2207	88.5
西班牙	717	209	29.1	508	70.9
荷兰	1124	179	15.9	944	84.1
印度	560	161	28.7	399	71.3
欧盟	12123	2842	23.4	9281	76.6
世界	31534	6426	20.4	25108	79.6

资料来源：WTO 国际贸易统计数据库（International Trade Statistics Database）。

二 服务业大发展是参与国际经济竞争的必然

随着经济全球化的逐步深入,越来越多领域的竞争在不断加剧。外部环境不确定因素越来越影响到一国经济的顺利发展,气候变化、粮食安全、能源资源安全等全球性问题错综复杂。面对激烈的国际竞争,发展中国家正在采取措施加快产业升级,缩小与发达国家之间的差距。金融危机刺激了科技进步和创新步伐的加快,产业升级步伐加快。发达国家加快调整科技和产业发展战略,把绿色、低碳技术及其产业化作为突破口,力争塑造新的竞争优势,抢占新的制高点。应对全球需求结构变化,保持我国经济的健康发展,需要加快经济发展方式转变和经济结构调整。

在各国经济联系越来越密切的情况下,中国不可避免地受到全球经济失衡和后危机时期经济结构调整的影响。美国等发达国家采取措施增加储蓄和降低消费,并不断强化贸易保护主义措施,这给中国的外贸出口、汇率政策和产业政策带来巨大的调整压力。而新兴市场国家和发展中国家也采取措施促进经济增长,这在给我国开拓新市场、调整市场结构和增加出口带来新的机遇的同时,也带来了挑战。

金融危机爆发后,国际经济形势和经济格局正在发生变化,从需求角度来看,这种变化表现为:全球经济增速放缓,总需求水平显著下降,国际市场需求受到抑制,全球总需求水平难以恢复到危机前的水平。金融危机以前,按购买力平价法加权计算,2005年、2006年和2007年,世界GDP增长率分别为4.48%、5.08%和5.18%,2008年下降为3.02%,而2009年进一步下降到-0.60%。[①] 从2008年年底开始,为了应对危机,各国都不同程度地采取了刺激措施,全球经济开始复苏,但是全面复苏的基础并不牢固,各经济体失业率依然处于高位,消费和投资的需求依然疲软,新的经济增长点短期内还难以形成,

---

① 数据来源:国际货币基金组织数据库。

仍然有待培育。各种形式的保护主义不断出现，对国际市场需求的扩大产生制约。全球经济自主复苏依然乏力。受金融危机影响，发达国家资产价格暴跌，银行信贷萎缩，家庭财富严重缩水，私人消费和投资需求受到抑制，明显下滑，失业率不断提高，加之贸易保护主义不断强化，发达国家的进口需求在未来数年内难以有显著提高。而新兴市场国家和发展中国家虽然经济回升态势好于发达国家，但是这些国家在危机以前经济发展主要是以出口为导向，由于发达国家市场需求下降，新兴市场国家和发展中国家要从出口拉动向内需主导经济增长模式转变需要很长时间，这将使这些国家良好的发展势头受到抑制。全球需求结构面临调整，正逐步进入经济结构深度调整期。以美国为代表的经济体长期以来保持大量的逆差，而中国、东亚国家则出现顺差。在危机中，美国等发达国家过度依赖虚拟经济的增长模式受到冲击，不得不调整需求结构，压缩消费和减少进口，扩大产品出口，而新兴市场和发展中国家也不得不寻求扩大内需，依靠扩大内需尤其是居民消费需求推动经济增长。虽然经济全球化的长期趋势不可逆转，但全球消费与储蓄或者消费与投资格局将发生新的变化，全球需求结构面临再平衡调整。

国际金融危机使我国转变经济发展方式的紧迫性更加凸显。国际金融危机对我国经济的冲击表面上是对经济增长速度的冲击，实质上是对经济发展方式的冲击。面对国内外环境的挑战，继续依靠扩大出口带动经济增长的方式已经不能适应我国经济发展的需要了，加快经济发展方式转变已经成为刻不容缓的战略任务。

由于全球需求结构开始出现变化，当前全球产业结构正在朝着低能耗、低污染、高产出的方向发展，绿色、低碳、环保、节能等领域有可能成为新的经济增长点，成为下一步全球产业发展的重点和方向。对这些领域的投资将很快增长，需求也将明显增加，围绕这些领域的发展，服务业将起到促进、协调的作用。面对国际环境带来的机遇和挑战，我国要保持经济持续、快速、健康发展，需要加强引导产业结构调整，发展战略性新兴产业和服务业，增强自主创新能力、优化结构、提高效益、增加可持续性，大力推动经济进入创新驱动、内生增长的发展轨道。

三　服务业大发展是参与全球经济治理的必然

在全球经济治理中，新兴市场国家和发展中国家能否增强在国际经济事务中的话语权和参与权、推动形成平等参与的世界经济治理机制，在很大程度上取决于这些国家自身的实力。这些实力包括经济实力、政治实力、文化实力等综合国力的硬实力和软实力。发端于美国的2008年国际金融危机给世界经济和各国经济发展造成严重冲击，也凸显了现行国际金融体系的缺陷，凸显了全球经济治理机制应对危机能力的不足，这迫切需要加强全球经济治理，继续推进国际金融体系改革。

目前，新兴市场国家和发展中国家在世界经济中的分量不断增加，在全球治理中的作用日益显现。新兴经济体的崛起为世界经济发展提供了动力，也成了世界经济复苏和增长的引擎。但是由于现行国际机制运行的惯性以及其他政治因素的影响，新经济体没有能够在全球经济治理中发挥应有的作用，其代表中小国家的声音也被排除在决策之外。在以建立世界贸易组织为最终结果的"乌拉圭回合"谈判中，发展中国家普遍处于弱势地位，在服务贸易领域的谈判一直由发达经济体所主导。考虑到各国服务业发展不平衡的客观现实，服务贸易协定采取了国民待遇具体承诺方式的自由化进程。但是，这却成为服务业发达国家后续谈判进攻的起点。毕竟在服务市场准入方面，发达经济体与经济明显欠发达的国家之间"捉对厮杀"，后者的筹码要弱得多。中国在加入世界贸易组织过程中，在服务领域所作的承诺大大超出了发展中国家应该承担的承诺水平，有的领域甚至超过了发达国家承诺水平。随着中国和其他新兴经济体的崛起，新的全球经济治理机制应该反映世界经济格局变化，遵循相互尊重、集体决策的原则，特别是应该增加新兴市场国家和发展中国家在机制中的代表性和发言权。由于世界经济的主体部分是服务经济,因此,在服务领域的国际经济规则制定、争端解决、利益分配与协调等治理决策过程中,新兴经济体的服务业发达程度与在国际市场中的份额,将决定其最终话语权和地位。今后一段时期,以世界贸易组织为代表的多边领域的服务业开放还存在不确定性,围绕中国、印度、巴西等新兴经济体的服务市场准入与服务贸易壁垒问题展开的谈判角逐,将越来越激烈。随着2011年世界贸易组织多哈回合谈判的"希望之窗"日益收紧,世界贸易组织为了在世界经济疲乏复苏进程中发挥更大的作用,对谈判安排作出了调整,服务贸易谈判暂被列入慢轨道,这也充分体现了服务领域的国际经济治理的复杂性。

第二节 中国服务业发展面临的突出问题

中国服务业发展从规模、结构、质量、效益等各方面来看都明显滞后,在服务业发展深度(市场化、社会化)、服务业发展高度(信息化、知识化)和服务业发展广度(国际化、全球化)等三个核心维度上都没有得到充分发展。

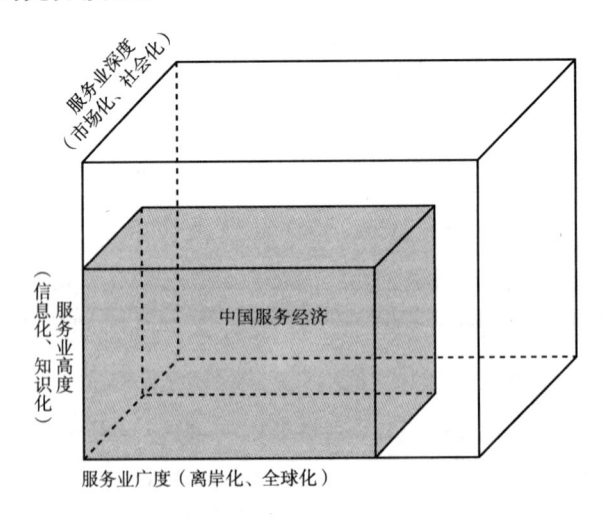

图 5-5 中国服务经济的三个维度

一 规模较小

1. 中国服务业增加值占 GDP 比重长期偏低

当前，服务业占 GDP 的比重，世界平均水平为 70%，低收入国家为 50%，中等收入国家为 55%，高收入国家为 74%。中低收入国家与高收入国家相差 20 个百分点左右。尽管发达国家与中低收入国家发展条件有明显差异，但中低收入国家中服务业发展水平不断提高不失为发展趋势。2009 年，低收入国家服务业比重达到 50%，全球服务型经济呈现新的格局。

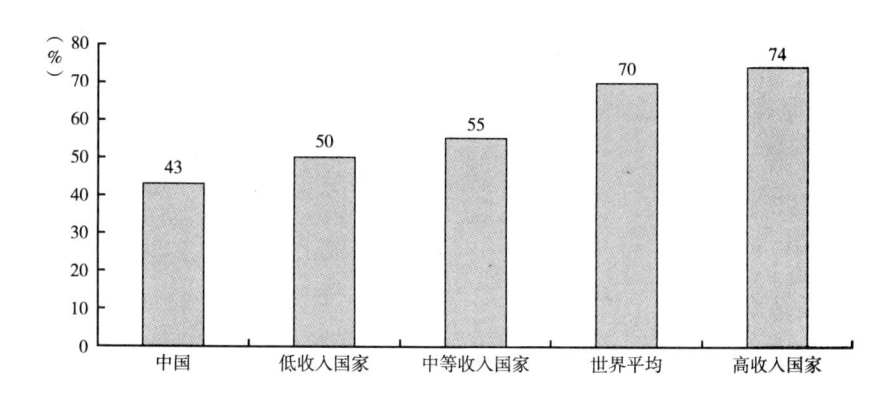

图 5-6 服务业增加值比重的比较

资料来源：世界银行 WDI 数据库，其中中国为 2010 年数据，其他为 2009 年数据。

中国服务业增加值占 GDP 比重长期较低，低于世界平均水平。从 20 世纪 90 年代中期，国务院就发出文件鼓励服务业发展。十几年过去了，服务业发展始终没有取得突破。从整体上来看，我国服务业占 GDP 比重呈上升趋势，但是到 2009 年，这个比重也只达到 43.4%，这个比重低于世界平均水平 10 个百分点左右，更是远低于 OECD 国家的水平，OECD 国家服务业占 GDP 的比重超过 70%。

当前，服务业发展水平低，制约了我国参与服务全球化和承接服

表 5－2　中国国内生产总值构成

单位：%

年份	国内生产总值	第一产业	第二产业	第三产业	年份	国内生产总值	第一产业	第二产业	第三产业
1978	100.0	28.2	47.9	23.9	1994	100.0	19.8	46.6	33.6
1979	100.0	31.3	47.1	21.6	1995	100.0	19.9	47.2	32.9
1980	100.0	30.2	48.2	21.6	1996	100.0	19.7	47.5	32.8
1981	100.0	31.9	46.1	22.0	1997	100.0	18.3	47.5	34.2
1982	100.0	33.4	44.8	21.8	1998	100.0	17.6	46.2	36.2
1983	100.0	33.2	44.4	22.4	1999	100.0	16.5	45.8	37.7
1984	100.0	32.1	43.1	24.8	2000	100.0	15.1	45.9	39.0
1985	100.0	28.4	42.9	28.7	2001	100.0	14.4	45.1	40.5
1986	100.0	27.2	43.7	29.1	2002	100.0	13.7	44.8	41.5
1987	100.0	26.8	43.6	29.6	2003	100.0	12.8	46.0	41.2
1988	100.0	25.7	43.8	30.5	2004	100.0	13.4	46.2	40.4
1989	100.0	25.1	42.8	32.1	2005	100.0	12.1	47.4	40.5
1990	100.0	27.1	41.3	31.6	2006	100.0	11.1	47.9	40.9
1991	100.0	24.5	41.8	33.7	2007	100.0	10.8	47.3	41.9
1992	100.0	21.8	43.4	34.8	2008	100.0	10.7	47.4	41.8
1993	100.0	19.7	46.6	33.7	2009	100.0	10.3	46.3	43.4

资料来源：《中国统计年鉴 2010》。

务业跨国转移。我国服务业仍以旅游、交通运输和社会服务为主，现代服务业发展不足。生产性服务普遍较为落后，缺乏专业化的中高端服务供应商，多数还是制造业企业"大而全"、"小而全"式的自我服务，在境内外没有有效的营销渠道，企业生产和服务的供应链管理水平低，整合利用全球资源能力差，承接服务转移能力非常薄弱。由于服务业对产业积聚的要求更高，生产性服务业落后将成为我国承接服务业转移的瓶颈。

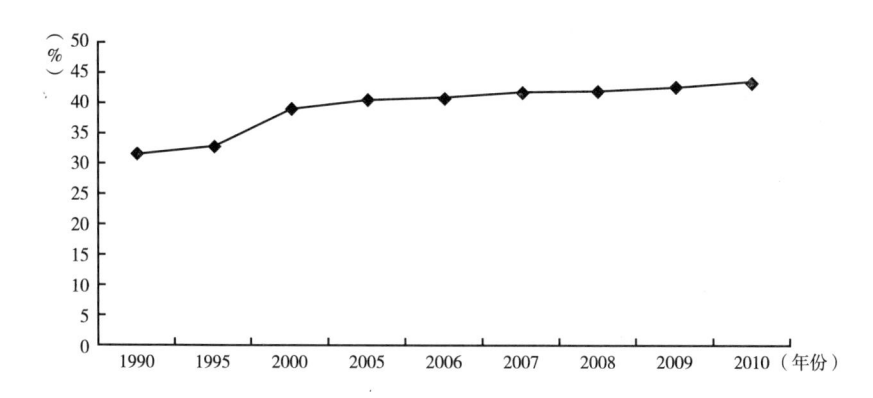

图 5-7 中国服务业增加值占 GDP 比重（1990~2010 年）

资料来源：国家统计局，历年《国民经济和社会发展统计公报》。

表 5-3 中国服务业发展水平与一般标准的比较

单位：美元，%

人均 GDP 或 GNP	产值比重			就业比重		
	第一产业	第二产业	第三产业	第一产业	第二产业	第三产业
1000	18.6	31.4	50.0	28.6	30.7	40.7
2000	16.3	33.2	49.5	23.7	33.2	43.1
3000	9.8	38.9	48.7	8.3	40.1	51.6
中国服务业 2008 年发展水平						
3266	11.3	48.6	40.1	39.6	27.2	33.2

注：表中前三行所列标准系钱纳里等经济学家根据 100 多个国家的实证研究提出的一般标准。

资料来源：程大中：《中国服务业的增长、技术进步与国际竞争力》，经济管理出版社，2006，第 17 页。

2. 服务业对经济增长的拉动作用还比较弱

从产业对国民经济的影响来看，制造业对国内生产总值的拉动作用一直保持较高状况，服务业的拉动作用基本上为缓慢上升的趋势，这种态势持续到 2007 年，达到最高值 6.6 个百分点，2008 年拉动作用开始下降，2009 年下降到 3.9 个百分点（见表 5-4）。服务业对国民经济拉动作用的下降与 2008 年的全球金融危机有密切关系。从发达国家经济发展的经验来看，服务业伴随着工业化发展而发展，并逐渐成

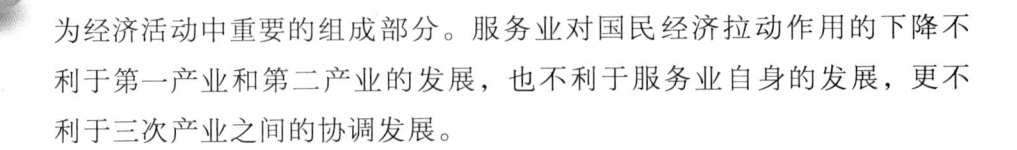

为经济活动中重要的组成部分。服务业对国民经济拉动作用的下降不利于第一产业和第二产业的发展,也不利于服务业自身的发展,更不利于三次产业之间的协调发展。

表 5-4 三次产业对国内生产总值增长的拉动

单位:百分点

年 份	国内生产总值	第一产业	第二产业	第三产业
1990	3.8	1.6	1.6	0.6
1991	9.2	0.6	5.8	2.8
1992	14.2	1.2	9.2	3.8
1993	14.0	1.1	9.2	3.7
1994	13.1	0.9	8.9	3.3
1995	10.9	1.0	7.0	2.9
1996	10.0	1.0	6.3	2.7
1997	9.3	0.6	5.6	3.1
1998	7.8	0.6	4.8	2.4
1999	7.6	0.4	4.4	2.8
2000	8.4	0.4	5.1	2.9
2001	8.3	0.4	3.9	4.0
2002	9.1	0.4	4.5	4.2
2003	10.0	0.3	5.9	3.8
2004	10.1	0.8	5.3	4.0
2005	11.3	0.6	5.8	4.9
2006	12.7	0.6	6.3	5.7
2007	14.2	0.4	7.2	6.6
2008	9.6	0.6	4.7	4.3
2009	9.1	0.4	4.8	3.9

资料来源:《中国统计年鉴 2010》。

二 结构欠佳

1. 生产性服务业很不发达

在服务业中,为生活服务的一般传统服务业基本能满足广大居民的生活需求,但是为生产服务的生产性服务业,包括研发、金融、会计、审计、咨询、保险、物流、中介服务等还远没有满足我国是制造业大国这一状况的需要。而没有现代服务业的支撑，我国由制造业大国向制造业强国转变将会很困难，以物流业为例，发达国家的物流成本占 GDP 的 10% 左右，我国接近 20%，而且这种状况已经持续较长时间，主要原因在于专业化、社会化的现代物流体系还没有形成。再例如，技术创新在发达国家已经成为第三产业的一个重要组成部分了，包括技术成果的评估、技术贸易市场等，我国大部分仍停留在企业内部。

中国生产性服务业在发展中面临着一些突出的问题。当前，传统的生产性服务业仍占服务业主体，如交通运输、仓储和邮政业占服务业份额基本在 15% 左右（如图 5-8 所示）。2003 年，美国的这一比重为 7.9%、日本为 8.8%、德国为 8.8%，我国运输、仓储和邮政业占服务业的比重大约为这些国家的两倍，传统生产性服务业的转型升级还需加快，这样才能整体提升生产性服务业为制造业、服务业服务的能级、效率和质量。

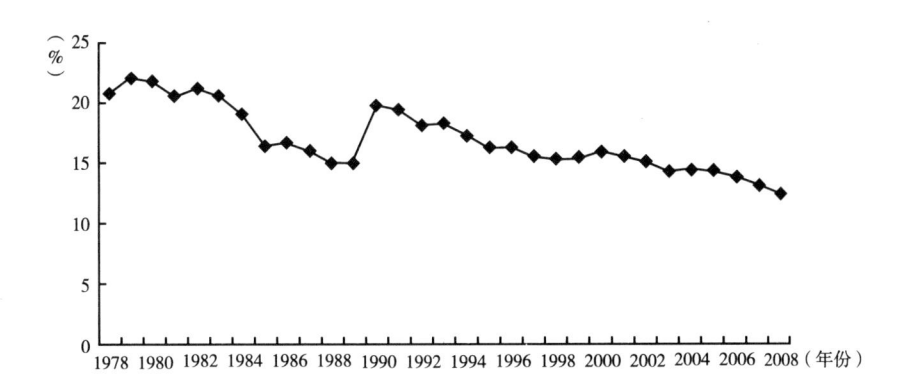

图 5-8　中国交通运输、仓储和邮政业的占比

资料来源：《中国统计年鉴 2010》。

金融、研发、物流、咨询、会计、审计、会展等高端服务业只有依托制造业产业链的基础才有所依存，而制造业的升级，离不开生产

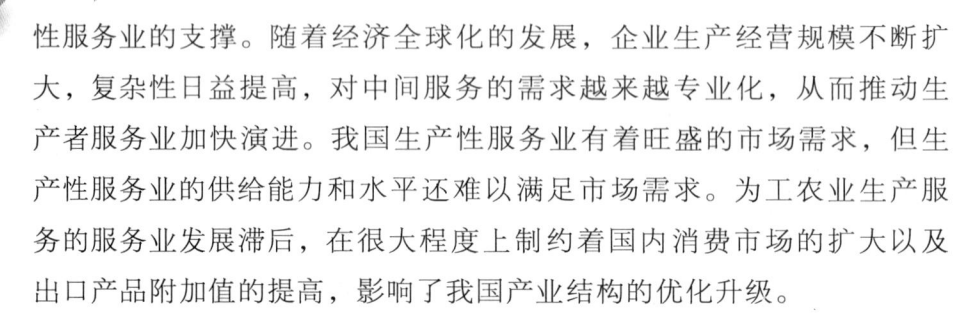

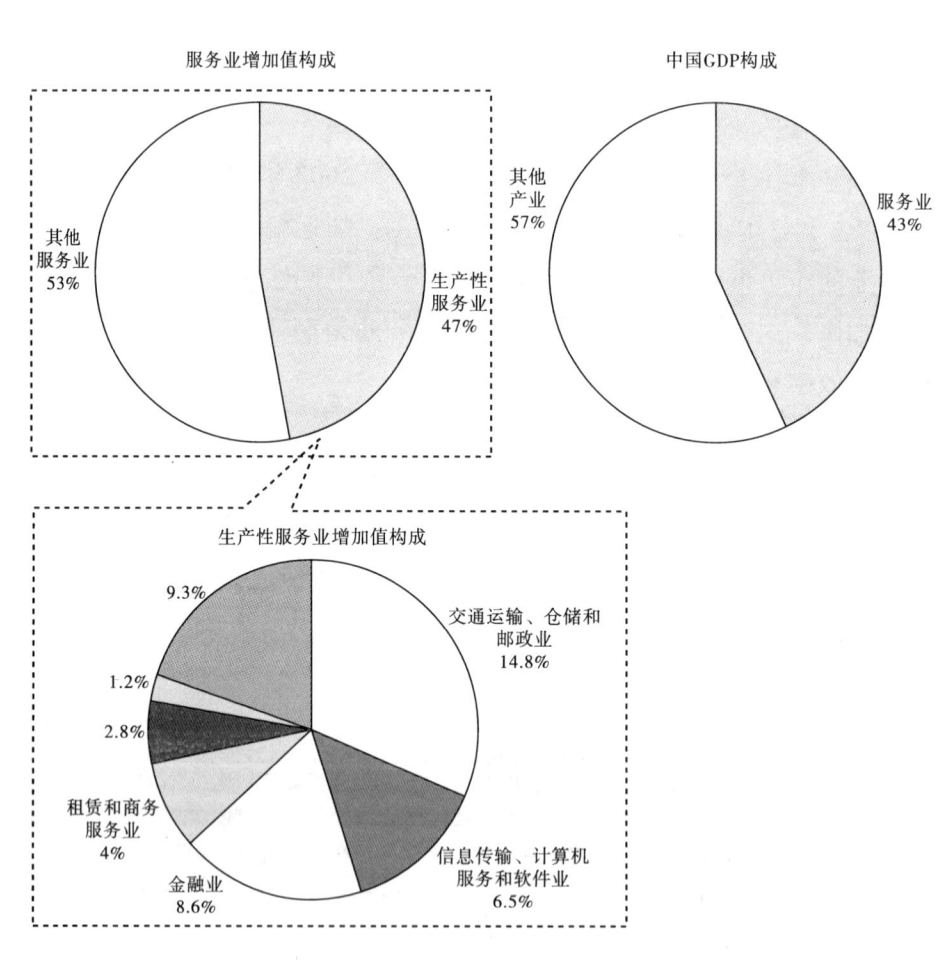

性服务业的支撑。随着经济全球化的发展，企业生产经营规模不断扩大，复杂性日益提高，对中间服务的需求越来越专业化，从而推动生产者服务业加快演进。我国生产性服务业有着旺盛的市场需求，但生产性服务业的供给能力和水平还难以满足市场需求。为工农业生产服务的服务业发展滞后，在很大程度上制约着国内消费市场的扩大以及出口产品附加值的提高，影响了我国产业结构的优化升级。

服务业增加值构成
其他服务业 53%
生产性服务业 47%

中国GDP构成
其他产业 57%
服务业 43%

生产性服务业增加值构成
交通运输、仓储和邮政业 14.8%
信息传输、计算机服务和软件业 6.5%
金融业 8.6%
租赁和商务服务业 4%
2.8%
1.2%
9.3%

图 5-9 中国服务业存在结构性矛盾

2. 公共服务市场发育不健全

公共服务领域的市场化、社会化程度是衡量经济结构合理程度和发展水平的重要标志。公共服务的市场化是一种关于公共管理主体的多元化制度安排,包括合同外包、特许经营、使用者付费等,其核心就是在公共服务领域引入市场机制,即由原来政府独自垄断公共服务的提供和生产,转变为政府主要作为提供者来提供制度安排和运行规则,其他社会主体主要通过竞争来参与公共服务的提供。公共服务的市场化能够利用社会资源弥补政府对公共产品供给的不足、利用市场的竞争和活力降低公共服务的成本、提高公共服务的质量。①

为有效解决公共服务领域中存在的服务质量不佳和效率不高的问题,我国也已开始了公共服务市场化,在公共领域开始逐步引入竞争机制,部分公共领域运营也采用特许经营、BOT 等模式,这对于改善公共服务、满足居民的公共服务需求起到了积极的作用。但总的来看,我国公共服务事业发展水平还比较低。在公共服务领域,包括教育、医疗、社会保障、城市交通、供水、供电、垃圾处理、污水处理等,整体上是供给不足。长期以来,这些领域主要是靠政府投资,社会资金进不去,导致在公共服务事业上的投资比较少,造成公共服务领域满足不了居民需求。

我国公共服务市场化过程面临诸多问题,并受到各种因素的制约,主要表现在政府职能转变不到位、相关制度不健全、观念上存在偏差、市场化改革滞后。

服务产品提供主体单一,缺乏有效竞争,服务产品的效率低,服务质量不高。这些领域主要是靠政府财政投入,投入不足造成了供给不足。解决公共服务供给不足的问题就要通过创新社会管理体制,把社会资金引入公共服务品的供给上来,包括城市中地铁、学校、医院

---

① 关于公共服务的市场化、社会化发展问题,请参阅第二章相关内容。

的修建等，要允许民间资金的进入。传统的完全由政府提供的公共服务，虽然便于政府实施管理，但相应的公共服务经营主体却缺乏应有的活力，公共服务质量、效益低下，距离人民群众的公共消费需求还有较大差距。

目前，在公共服务市场化的过程中，政府更偏重公共服务市场化前期的规划管理，而对其在建成过程、建成后实际运营则缺乏有效监管和后续管理制度和措施。

对发展公共服务业在促进经济与社会协调发展方面的重要意义还缺乏充分认识。我国经济社会发展中面临的一个突出矛盾，就是以民生为重点的社会建设相对滞后，经济社会发展不够协调。服务企业尤其是公用事业企业，比如教育科研、文化体育、城市公用事业等服务领域，被完全当做公益性、福利性的社会事业来运营，忽视这些公用事业企业作为市场主体追求市场利益的需求，忽视这些企业的产业化经营、商业化运作，加大了企业负担，损害了企业的竞争力，也影响了服务业的快速发展。发展服务业与政府职能转变、事业单位改制还没有有效地结合起来，政企分开、企事分开、营利性机构与非营业性机构分开还没有得到切实执行。

三 竞争力弱

1. 缺乏具有国际竞争力的服务企业

我国缺乏具有竞争力的跨国企业。世界服务经济发展不平衡，服务业跨国公司全球扩张步伐加快，中国服务业如果不实现跨越式发展，服务业本身和整体经济都有可能很快就被边缘化。在专业服务业领域，世界排名前50位广告公司，美国就有28家；前50个律师事务所，美国占42个；前50个咨询公司，全部是美国的；前25个市场研究公司，美国占14个；前25个会计事务所，美国占15个。中国服务业企业前100名中除金融类服务业企业外、其余都是电网、交通运输类企业等依托实物资产提供服务的企业,而没有像广告公司、律师事务所、咨询公司等以知识密集型为主要特征、以人力资本为主要依托的服务业企业(见表5-5、表5-6、表5-7)。

表 5-5　中国服务业企业 500 强前 10 名

单位:万元

名次		企业名称	销售收入	
2010 年	2011 年		2010 年	2011 年
1	1	国家电网公司	126031199	152880849
2	3	中国移动通信集团公司	49012279	51901596
3	2	中国工商银行股份有限公司	47340600	54500200
4	4	中国建设银行股份有限公司	39867200	45408700
5	5	中国人寿保险(集团)公司	38950383	43752296
6	6	中国农业银行股份有限公司	33842700	40794200
7	7	中国银行股份有限公司	33474100	40024770
8	8	中国南方电网有限责任公司	31242311	36857369
9	9	中国中化集团公司	24302851	33532680
10	10	中国电信集团公司	24289580	26389387

资料来源:中国企业联合会、中国企业家协会发布的 2010 年、2011 年《中国服务业企业 500 强名单》,具体可查询网站:http://www.cec-ceda.org.cn/。

表 5-6　2007 年世界前 50 位广告公司、律师事务所和咨询公司的国家分布情况

	美国	英国	日本	德国	法国	瑞典	加拿大	巴西	韩国	澳大利亚
广告公司	28	7	4	3	2	1	1	1	1	2
律师事务所	42	8	0	0	0	0	0	0	0	0
咨询公司	50	0	0	0	0	0	0	0	0	0

资料来源:Honomichl:2007 Top 25 Global Market Research Firms,中国会计视野网(http://www.esnai.com)。

表 5-7　2007 年世界前 25 位市场研究公司、会计师事务所的国家分布情况

	美国	英国	日本	德国	法国	西班牙	比利时
市场研究公司	14	4	3	1	2	1	0
会计师事务所	15	9	0	0	0	0	1

资料来源:Advertising Age:World's Top 50 Advertising Agency companies 2007,中国法律数据咨询网(http://www.lawon.cn),2007 年 Vault 全球咨询公司 50 强排行榜。

我国服务企业规模普遍较小。尽管我国服务企业经过多年的发展，整体规模在不断扩大，基本具备了与世界级大企业竞争的条件，但是中国服务业大企业与世界级大服务业企业相比，规模普遍较小。2010年，中国服务业企业收入排名第一位的中国国家电网公司营业收入2262.94亿美元，利润45.561亿美元，分别是美国零售商沃尔玛营业收入4218.49亿美元的53.6%，利润163.89亿美元的27.8%。而若同超市连锁和贸易批发等行业与世界级相同行业企业相比，中国的这类企业差距更加巨大。

表5-8 2011年世界500强排行榜前10名企业名单

单位：百万美元

名次	公司名称	营业收入	利润	国家
1	沃尔玛（Wal-Mart Stores）	421849.0	16389.0	美国
2	荷兰皇家壳牌石油公司（Royal Dutch Shell）	378152.0	20127.0	荷兰
3	埃克森美孚（Exxon Mobil）	354674.0	30460.0	美国
4	英国石油公司（BP）	308928.0	-3719.0	英国
5	中国石油化工集团公司（Sinopec Group）	273421.9	7628.7	中国
6	中国石油天然气集团公司（China National Petroleum）	240192.4	14366.9	中国
7	国家电网公司（State Grid）	226294.0	4556.1	中国
8	丰田汽车公司（Toyota Motor）	221760.2	4765.7	日本
9	日本邮政控股公司（Japan Post Holdings）	203958.1	4891.2	日本
10	雪佛龙（Chevron）	196337.0	19024.0	美国

资料来源：财富中文网（http://www.fortunechina.com）。

2. 服务的国际竞争力弱，服务贸易长期处于逆差状态

世界服务贸易整体呈上升态势。2003~2008年，世界服务出口和进口均已超过10%的速度增长，但是受到2008年金融危机的影响，世界经济出现衰退，世界服务贸易也出现严重下滑，2008年世界服务出口和进口分别比上年增长12%和11%，2009年则出现负增长且下降幅度巨大，服务出口额和进口额分别为 33116 亿美元和 31145 亿美元，分别比上年下降了 13% 和 12%（见表 5-9）。

表 5-9 世界服务贸易进出口额与增长率

单位：亿美元，%

年份	金额			年增长率								
	1980	2000	2009	2000	2001	2002	2003	2004	2005	2006	2007	2008	2009
服务出口	3650	14928	33116	6.2	0.35	7.3	14.6	20.0	10.9	10.6	19.0	12.0	-13.0
服务进口	4024	14766	31145	6.5	1.20	5.9	14.0	18.9	10.6	10.3	16.0	11.0	-12.0

资料来源：中国商务部：《中国服务贸易发展报告 2010》，中国商务出版社。

中国服务贸易发展快，但与发达经济体比较，还相对滞后。2010年，中国经济总量超过 5 万亿美元，在世界排名第二，但是中国的服务贸易在世界各国的排名中则显得滞后，中国服务进口 1921 亿美元，在美国、德国、英国之后，位居第三；服务出口 1702 亿美元，在美国、英国、德国和法国之后，位居第四。

表 5-10 2009 年世界服务贸易的主要出口国家和进口国家

单位：十亿美元，%

排名	出口国家（地区）	金额	比重	增长率	排名	进口国家（地区）	金额	比重	增长率
1	美国	470	14.2	-9	1	美国	331	10.6	-9.0
2	英国	240	7.2	-16	2	德国	255	8.2	-10.0
3	德国	215	6.5	-11	3	英国	160	5.1	-19.0
4	法国	140	4.2	-14	4	中国	158	5.1	0.0
5	中国	129	3.9	-12	5	日本	146	4.7	-11.0
6	日本	124	3.8	-15	6	法国	124	4.0	-12.0
7	西班牙	122	3.7	-14	7	意大利	114	3.6	-11.0

资料来源：中国商务部：《中国服务贸易发展报告 2010》，中国商务出版社。

中国服务贸易长期处于逆差状态。这与各国服务业开放程度普遍不高、国际市场开放的不对称性等都有关。但是，最主要的还是"中

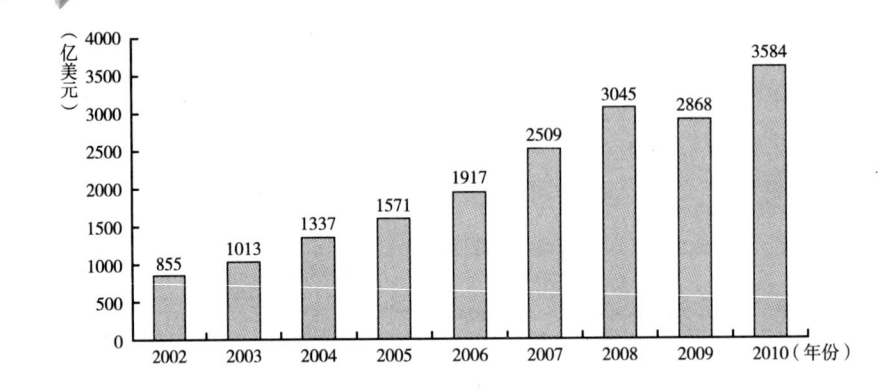

图 5-10 中国服务贸易快速发展

资料来源：中国商务部：《中国服务贸易发展报告 2010》，中国商务出版社。

国服务"的全球竞争力不强。总的来看，中国的服务贸易变动态势与世界服务贸易变动态势基本保持一致，2003~2008 年，服务进口和服务出口均保持两位数以上的速度增长，增长速度最快的年份甚至超过了 30%。中国服务进出口的特点是进出口规模不断扩大。2001 年，中国服务进出口额为 719 亿美元，服务进出口规模继续增长，2008 年达到 3045 亿美元，但同年，服务进出口增幅出现回落，同比增长 21.4%，增幅回落 9.5 个百分点。其中，服务出口额达到 1465 亿美元，同比增长 20.5%，增幅回落 12.5 个百分点，服务进口额为 1580 亿美元，同比增长 22.2%，增幅回落 6.7 个百分点。2009 年服务进出口额大幅度下降，为 2867 亿美元，增长幅度同比为 -5.8%，增幅回落 27.2 个百分点，服务出口为仅为 1286 亿美元，出现负增长，为 -12.2%，增幅回落 32.7 个百分点，服务进口为 1581 亿美元，增长则只有 0.1%，增幅回落 22.1 个百分点。2010 年，中国服务贸易恢复快速增长势头，全年服务进出口总额达到 3624 亿美元，增长率为 26.4%，高出世界服务进出口总额增长 18 个百分点。但是，中国服务进出口逆差则进一步加大。2001 年中国服务贸易逆差为 61 亿美元，到了 2009 年，服务贸易逆差则扩大到 295 亿美元，是 2001 年以来逆差最大的一年。

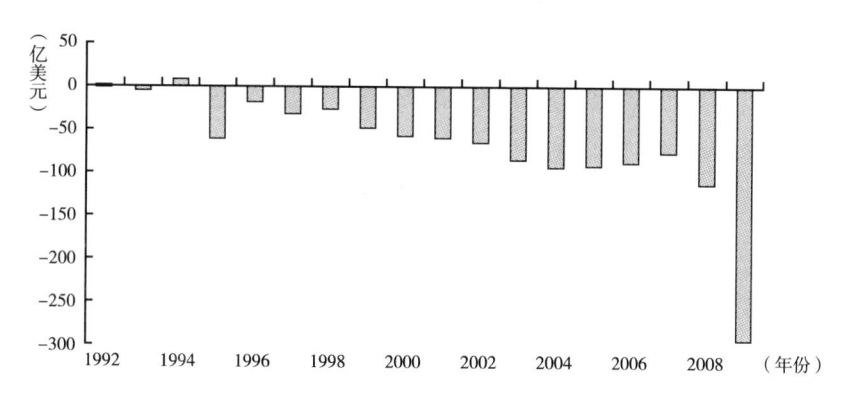

图 5-11 中国服务贸易逆差发展情况

资料来源：中国商务部：《中国服务贸易发展报告 2010》，中国商务出版社。进出口差额为计算值。

第三节 中国服务业发展需要突破的瓶颈

我国服务业发展滞后的原因是多方面的，从根本上看，主要包括五个方面：观念很落后、市场不开放、体制不健全、市场需求弱、保障不齐备。

（一）观念很落后

当前，不论是社会、市场还是政府，在对服务经济的认识上都存在很大的局限性，缺乏全局性、深刻性、规律性的把握。

首先，在认识上没有过"内外关"、"远近关"。服务业发展与否，不仅关系到国内经济社会的科学发展，更关系到中国在国际社会的地位。但是，当前各界对经济增长方式转变、经济结构转型的紧迫性和重要性的认识，还流于形式和表面，仅仅停留于对资源耗费、环境污染等表面现象的批判，而没有认识到，过度倚重出口和投入的经济增长模式更深层的忧患在于容易使中国经济受制于人，使中国在国际经济舞台上日益边缘化。更重要的是，一些地方、一些部门对加快经济发展方式转变可以依靠的力量的认识陷于保守，仅仅就体制改革谈体制改革，没有认识到服务业开放和服务贸易发展是促进服务业体制改革的有效途径，通过开放促改革、开放促发展是经济全球化时代中国实施经济发展战略的必然选择。

其次，在认识上没有过"轻重关"、"虚实关"。制造业之重，已经让中国的经济结构、自然资源不堪重负、积重难返；然而，当前社会各界对待服务业的态度，仍然让人感慨——"国家生命中不堪承受之轻"。各界对如何实现经济增长方式转变、经济结构转型的理解和把握，还过于机械和教条，仅仅就技术创新谈技术创新，就制造业谈制造业，而没有认识到，20世纪50年代以来，服务业才是引领和推动技术创新的根本动力；服务业（尤其是生产性服务业）全面发展，才是制造业升级和产业结构优化的关键。各界还有多少人在把制造业的看得见、摸得早、抓得住等同于实体经济的繁荣殷实，是在苦干"务实"；认为服务业的看不见、摸不着、抓不住等同于虚拟经济的虚无缥缈，是在空谈"务虚"，何其谬哉！社会上普遍对服务业本身的认识和对服务业发展规律的理解浮于表面，往往把服务业局限于生活服务领域，把政府的公共服务供给者身份等同于公共服务生产者从而统包统揽，把服务贸易局限于出入境旅游等传统领域，没有认识到生产性服务业才是服务经济的主体部分，公共服务是服务经济的重要组成部分、政府职能转变是公共服务发展的引擎，没有认识到服务业与制造业发展机理的不同从而导致服务领域的税收制度迟迟得不到改进，没有认识到从工业化中期开始服务业比重就已经超过了制造业从而形成了"重二产、轻三产"、"工业化完成了再发展服务业"等错误的产业发展思路。

再次，在认识上没有过"大小关"、"官民关"。现在大家都在呼吁中国服务业开放难、竞争弱，为什么？门槛高。门槛为什么高？因为对中小企业排斥、对民间资本回避，还没有认识到民营资本、中小企业才应该是服务业发展最主要的力量。非公有制经济已经成长为国民经济的重要组成部分，但是主要还是集中于制造业领域。服务业领域的行政垄断、税费负担等已经把大部分民营资本拒之门外。要实现我国经济快速、持续、稳定发展，需要解决一系列问题：居民的需求日益多样化、个性化，严峻的就业问题等等，这就需要大力发展非公有制经济，作为公有制经济的补充，取长补短，发挥市场配置资源的基础性作用，发挥企业微观主体的积极性。非公有制企业在原材料、燃料、能源、动力以及交通运输、邮电通信基础设施等领域都取得了很大的成就。中小型服务企业一直是服务经济领域最活跃的因素。但是，中小型服务企业发展普遍存在融资难、负担重等问题。在服务经济发达国家，如美国，中小企业一直是经济发展、科技创新、吸纳就业的主力军。这些国家政府部门对中小企业参与服务经营往往都会提供资金补贴、信用担保、协助开拓市场等政府服务。

（二）市场不开放

以开放促改革、以开放促创新、以开放促发展，不能是一句空话。但是，当前，服务业开放面临着两方面的突出问题：对内开放不足——行政垄断严重、民营资本难以进入；对外开放不足——外资进入服务市场壁垒较高、领域较少。服务业要开放促改革、促发展的主要阻力来自行业既得利益集团的阻碍和管理部门产业保护思维的周旋。

目前，我国服务业领域的进入障碍超过一般竞争性领域。服务业准入门槛较多，不仅金融、保险、证券等服务业部门对民营企业开放不足，咨询、文化、软件等领域的服务业发展也面临诸多阻碍。我国电信、金融、保险、铁路运输、航空运输、广播电视等大部分服务行业由政府垄断经营，市场准入限制十分严格，国有企业占绝对主体地位。市场在服务业的资源配置中还没有发挥基础性作用。大多数服务产品的价格还是由政府制定和管理，市场机制在服务领域尚未完全形成。

服务业的市场化程度较低。目前，服务业投资主体较为单一，还没有完全对民间资本和外资开放，较高的进入门槛和狭窄的市场准入范围限制了大多数潜在投资者的进入。特别是在生产性服务领域，市场化程度低造成生产性服务业创新不足，生产性服务的供给满足不了制造性企业的需求，使制造业企业生产经营效率很难有大的提高，而制造业企业发展滞后反作用于生产性服务业，也抑制了生产性服务业升级。

（三）体制不健全

由于长期以来倚重发展工业，还没有形成有利于适应服务业发展特点的价格形成机制。服务业用电、用水的价格比工业用电、用水价格高，还没有形成科学与合理的定价机制。另外，在用地、工商管理等方面还有过多的限制。服务业要素的价格政策滞后于产业发展需要，导致服务业用水、用电和用地的价格与工业用水、用电和用地的价格差距很大，服务企业特别是中小型服务企业运营成本畸高，限制了产业规模和市场主体的快速发展。服务业的税收政策优惠空间小，降低了服务业投资预期，增加了企业负担，损害了企业竞争力，服务业发展受到很大限制。

服务业发展缓慢的一个重要原因是服务业的税收过重。当前的税收制度是限制服务业发展的一个主要的制度障碍。服务业税制弊端明显。在我国现行征收的18个税种中，与服务业关联的税种有15个。其中消费税、房产税、印花税、契税、耕地占用税、土地增值税和关税等税种只涉及服务业的部分行业。而城镇土地使用税、房产税、车船税、印花税等税种与绝大部分服务业行业都相关。当前的税收政策较之以前有了很大的改进，但是由于与服务业有关的相关税制等政策不能适应当前产业发展的变化和需要，限制了服务业的进一步发展和服务业与其他产业的融合，表现在以下几个方面：一是与其他产业相比，总体税负过重。从2006年1月开始，第一产业（农业）税负为0；第

二、第三产业税负呈上升趋势，1998～2004 年，第二、第三产业税负平均值分别为 17.36% 和 18.42%。从 2001 年开始，第三产业税负明显高于第二产业税负。现在对于服务业提供出口的劳务，还没有任何退税的政策，境外劳务、金融保险等为境外提供的服务都不退税，我们出口的服务在国际市场上缺乏竞争力。二是服务业中税种设计不合理。目前，我国流转税中增值税和营业税并存。尤其在服务业中，增值税征收范围窄、营业税征收范围宽。目前，服务业征收营业税，服务业的税收负担过重。营业税的负担高于增值税。增值税全国负担平均是7%，减去扣除，实际全国负担是 3%。营业税基本税率是 5%，再加上购进税，使服务业承担的税负更重。一般情况下，营业税计税依据是营业收入全额，不能进行购入货物和固定资产抵扣。对于一些外购货物和固定资产投入大的服务业（如物流仓储），税收负担比征收增值税的生产行业重。再如，我国增值税事项凭专用发票抵扣进项额的制度。从服务业购物服务的生产企业，由于得不到专用发票，不能获得增值税抵扣，影响了生产企业对服务的投入，制约了服务业的发展。三是税收优惠政策不科学，影响了服务业的发展。现行服务业所得税税收优惠方式单一、环节简单，对经营过程重视不够。如新办交通运输业第一年免征所得税，第二年减半征收所得税，而后续经营、扩张、并购等关键环节却没有给予扶持。这种设计只对一般传统服务业有一定效用，而对一些风险较高、投入较大的高新技术服务业难以取得显著效用。四是个人所得税缺乏鼓励个人消费、投资的政策导向。五是服务业税收制度设计没有充分考虑服务业对人才的独特需求。服务业归根到底是由人为人服务，特别是知识密集型专业服务的提供，必须依赖于高素质的服务业人才。但是目前的税制没有考虑服务业的特殊性，对服务业人力资源投入的支持力度也不够大，这成为服务业人才流失的原因之一。税负重、营业税重复征税、出口不退税等这些税收方面的制度因素，限制了我国服务业的快速发展。若不改变这种制度障碍，我国服务业的发展仍将缓慢，很难使我们的服务业发展达到预期目标。

【专栏 5-1】

美国财税政策促服务经济发展①

1. 财政分类支持服务业发展

对于公共服务业，美国政府强调财政支出责任；对于私人服务业，政府则通过市场化、产业化和社会化促进其发展。公共服务和社会管理支出在财政支出中所占比重达到75%左右，有力地促进了医疗卫生、社会福利保障、教育、交通、社会服务业的发展。

2. 税收优惠政策灵活多样

政府根据服务业不同特点采用不同优惠形式，达到了促进服务业发展的目的，包括：直接减免、投资抵免、加速折旧、提取投资准备金和亏损结转等。针对服务业中小型公司数量多的特点，美国所得税法对小型公司给予特殊课税规定，赋予小型公司选择不同纳税方式的权利。

3. 税收政策注重服务业创新

除了对固定资产实行加速折旧之外，非营利科研机构可以免征各项税收，研发投入享受企业所得税费用扣除。

4. 税收政策保障服务贸易的发展

对于贸易出口公司、国内企业的国际销售公司、外国销售公司等，其符合条件的服务贸易收入可以享受低税率、部分减免、延缓纳税等优惠。美国还鼓励专利、许可等无形资产出口，将专业或许可出口到

---

① 中国国际经济交流中心研究部：《美国、印度促进服务业发展的财税政策比较及借鉴》，中国国际经济交流中心研究报告第36号。

高税率国家，可享受税收抵免待遇。居民借款给外国人购买美国产品和服务，其利息所得将作为出口信贷利息，享受较低税率。

【专栏 5-2】

印度财税政策促服务经济发展①

1. 对服务外包产业税收优惠力度大

第一，对出口导向型企业的进口货物包括资本货物，免征进口关税，10 年免征企业出口产品或服务所得税。第二，对于设在经济特区的企业，免征关税、消费税、服务税、证券交易费、股息分配税；联邦政府批准后 15 年内，可连续 10 年免征企业出口产品或服务所得税；由特区内从事离岸银行业务的企业支付印度非居民的存款或贷款利息，不要求其代扣利息预提税。第三，对于电子产品科技园、软件科技园、自由贸易区内企业自开始市场经营起 10 年内，减免企业所得税；对于园区内企业进口货物包括资本货物，免征进口税。

2. 鼓励服务业科技创新

允许企业在缴纳所得税前扣除其实际支付研发费用的 150%。征收企业引进国外技术费用的 5% 作为研究开发税，用于设立技术开发和应用基金，以资助国内企业从事科技研发、创新成果转化和引进技术。任何企业如果将其营业收入的 2% 用于研发，则免征研究开发税。

3. 大力吸引外国投资

为了鼓励外国投资者投资本国的服务业，截至 2009 年 3 月底，印

---

① 中国国际经济交流中心研究部：《美国、印度促进服务业发展的财税政策比较及借鉴》，中国国际经济交流中心研究报告第 36 号。

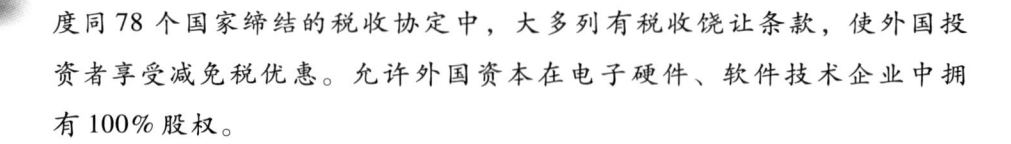

度同 78 个国家缔结的税收协定中，大多列有税收饶让条款，使外国投资者享受减免税优惠。允许外国资本在电子硬件、软件技术企业中拥有 100% 股权。

（四）市场需求弱

这里主要指的是生产性服务的需求问题。需求引导市场扩张、促进产业发展。当前，我国的生活性服务需求旺盛、市场容量较大，在较大程度上吸引了投资和消费，促进了经济发展。但是，我国制造业处于产业链低端、城市化进程还有待加强，因此，对生产性服务需求还不足，成为制约生产性服务发展的重要因素。

我国工业经济仍然以劳动密集型和资源密集型的产业和产品为主，更多的是投入资源要素，包括自然资源生产要素和劳动力要素，产品在国内外市场上竞争主要依赖成本和价格的优势竞争。企业在技术进步、产品研发、市场调研、产品营销、售后服务、品牌建设、会计、审计、咨询、信息服务等方面投入较少，另外，即便有的企业在生产经营活动中涉及生产性服务需求，但更多的是企业内部消化完成，没有充分利用市场上专业化的服务外包公司提供的服务，既阻碍了自身经营效率和竞争力的提高，也束缚了生产性服务业的发展。

我国城市化相对滞后，生产性服务业没有形成有效集聚，也弱化了生产性服务业的需求。随着城市规模的扩大，生产性服务业也随之发展。城市化的不断提高，交通、信息化、供水、供电、环境保护等基础设施和发展平台将不断完善，有助于在中心城市区域范围内集聚更多的信息、资金、技术等生产要素，有助于生产性服务业集聚、升级。我国城市化目前已经达到 47%，但与我国经济发展和工业化程度相比，我国的城市化进程相对滞后。导致服务业业态种类较少、服务资源分布相对分散、集聚程度偏低等问题，进而弱化了对生产性服务的中间需求。

（五）保障不齐备

服务业发展离不开基础设施、金融服务、知识产权保护等系统性的制度保障。但是，这些基本保障还很不健全。

最突出的就是金融服务体系不发达。金融业在服务业发展中肩负着双重任务，既是支持服务业发展的重要力量，又是服务业发展的重要组成部分。在美国，金融业的产出是700多亿美元，而这700多亿美元控制全球几十万亿美元的资产。人民币尚未国际化、金融服务发展严重滞后，使我国一直在承受其他国家的货币风险和金融压力。

金融服务业对其他行业发展具有不可替代的导向、引领、支撑与促进作用。要实现制造业从产业链低端到产业链高端转型升级的目标，离不开金融服务业的支持。金融业为产业结构优化提供资金及资本支持，为产业结构调整营造良好的资本环境，而加快产业结构优化。一方面，金融服务业在支持制造业、其他服务业发展进程中，发挥着优化资源配置的重要作用。另一方面，金融服务业对制造业、其他服务业发展提供丰富的金融服务，对产业发展起着支撑和促进作用。

金融可以改变工业企业组织结构和企业规模，企业借助金融支持实现成长和规模扩张。企业发展壮大通过两种途径，一种是依靠自身不断积累，通过要素投入实现生产规模的不断扩大，另一种是通过并购或资产重组实现企业规模的扩大。这两种情况都要运用金融工具借助资本市场来实现。

我国服务业大多分散、规模小、资本实力较弱，特别是生产性服务业普遍缺乏研发和创新实力，缺乏自主品牌、技术、专利等无形资产积累，融资能力弱、竞争力弱。而我国银行体系以国有大银行为主，银行体系过于苛求企业财务报表和贷款抵押、质押物价值，占服务业大多数的中小企业贷款需求得不到满足。

另外，很多服务业属于公共服务性质或公益型行业、半公益型行业,如教育、体育、医疗卫生、中介服务、传媒与文化、社会服务、旅游等,其资产规模、现金流量和经济效益等指标不能完全符合商业银行贷款要求,得不到贷款支持或贷款很少。这些行业如果没有金融机构贷款支持,很难做大。更重要的是,民营企业核心竞争力的培育源自其在研发和技术创新方面的投入。研发和技术创新成本高、风险大,需要风险投资的支持以及财政资金的扶持,但是在这方面,我国的金融体系还远远不能满足需要。

此外,由于金融体系不发达,我国企业"走出去"所需金融支持受到限制,不能完全适应国际市场竞争新形势。对"走出去"企业所涉及的外汇管理政策、非现场监管体系、简化境内企业对外支付手续等方面还有待改善和加强。对"走出去"企业的后续用汇及境外融资、企业出口信贷、产品买方信贷政策措施的支持力度还不够。我国当前金融基础设施较难满足金融业的高水平发展。我国的评级、会计服务仍大量依靠外国机构,而国际的各种金融标准并没有反映我国的实际情况,限制了我国金融机构的发展,也限制了我国金融机构对"走出去"企业的金融支持。

从不同的角度观察,我国金融服务业发展存在的问题有所不同,与服务业发展密切相关的主要是两个方面的问题。

第一,市场结构不尽合理,缺乏为中小型服务企业融资的"草根"金融体系。我国现在金融体系主要是由大银行构成,这些大银行在经济发展中发挥了不可替代的作用,银行、保险行业由几家主要的机构占据市场大部分市场份额。如五大国有银行总资产占银行业总资产的48.7%,全国性大型银行存款占金融机构总存款的57.5%,贷款占55.3%。然而为小型、微型企业服务的金融服务系统还很不完善,制约了中小企业的进一步发展。服务业主要是大量的小企业和个体户,它们需要的流动资金规模非常小。围绕大企业、大项目提供贷款的大型贷款机构比较多,而为服务业的小企业和个体户提供流动资金贷款的中小金融机构还很缺乏。在融资方式上，我国的融资主要是银行融资为主，而服务业尤其是研发等现代服务业的高风险性、高收益性等特点，更适合以股权融资或风险投资的方式实现融资。目前，针对中小企业贷款难、担保难的问题，虽然颁布了一些新的政策，但是还未形成完整的支持中小企业发展的金融政策体系，中小企业融资和贷款仍然受到诸多束缚。

现在的中国金融体系主要是以服务大企业为目标，而从数量上看，我国99%的企业为中小企业，其中，中型企业不足1%，98%都是小型企业。截至2010年6月末，央行推行的小额贷款公司机构数量已达到1940家，而银监会发起的三类新型农村金融机构也已超过200家。然而，我国有3000多万个个体户，还有接近1000万个的小、微企业，共计4000多万个微小的企业主体，因此相对于需求来说这些小额贷款的金融机构明显不足。小企业不能成功获得贷款的主要原因包括：缺少信用担保机构的担保，缺少抵押，以及财务透明度低，企业经营状况不理想等。小企业自身融资客观条件不能适应金融系统基本要求，因此，小企业从银行（特别是大银行取得贷款）比较困难。适合小企业需求的包含金融产品、金融机构、金融监管在内的金融服务体系，有专家将其称为"草根金融"。金融机构目前发放的贷款仍然以短期贷款为主，这种贷款仅能满足小企业的短期资金融通。愿意为小企业提供固定资产融资，发放中长期贷款的金融机构很有限。各金融机构对小企业贷款所采用的利率以及审批限制等方面都较为苛刻。

第二，金融创新动力不足。一方面，受制于必要的基础性衍生工具市场缺乏、金融产品的创新又受到较为严格的管制，市场整体创新性不足。监管部门从维护金融体系和社会稳定出发，国有金融机构从保证安全出发，在金融领域存在较多政府保护的情况下，金融创新动力不足。另一方面，金融产品、金融工具的创新力度还不够，银行类金融机构还没有形成提供综合性、多样化、优势互补的金融服务，还不能对客户提供全方位金融服务,适合不同行业和不同发展阶段企业的创新金融产品还很不足。依赖抵押品的传统授信模式仍为金融机构采取的主要方式,符合企业需求的金融产品和服务还很少,几乎所有机构的核心业务都相似,不能满足企业对金融服务多样化的需求,尤其是为中小型服务企业提供投融资政策咨询、项目评估、财务辅导、融资设计等特色的金融服务,同时也造成金融机构相互恶性竞争。

服务企业的发展往往是"以质取胜",而区别于制造业的最大一点就是服务业的"质"来源于"体验",浓缩在"品牌"。因此,知识产权保护对服务业而言,尤显重要。服务业领域的金融服务理应更多地围绕品牌等无形资产来发展,但是,这方面我国还十分欠缺。

第六章
转型：机遇和挑战

聪明的人善于利用机会，高明的人善于创造机会。

——莎士比亚

第一节 中国服务业发展面临的机遇

人类社会将迎来新一轮的经济全球化。经济全球化是人类社会发展的长期历史趋势，这是不为人的意志所转移的大趋势。后危机时期，全球化的步伐可能稍微放缓，但是不会停止。新一轮全球化将在发展模式和驱动力量上发生调整，单极推动将让位于多极推动，同时将维持一些不变的发展态势：第一，区域经济一体化与经济全球化此消彼长的竞合态势不会改变。第二，科技全球化推动技术贸易和跨国转移的趋势不会改变。第三，全球金融自由化、投资便利化、贸易自由化的动向不会改变。第四，跨国投资与贸易融合互动的导向不会改变。第五，服务全球化推动服务贸易和外包加快发展的趋势不会改变。第六，产业内贸易作为国际贸易的主导力量不会改变。第七，跨国公司的公司内贸易的主导地位不会改变。第八，后危机时期，各国通过抢夺科技和经济创新新领域的制高点来推动经济复苏并迅速崛起的发展路径不会改变。这些因素共同作用，为中国融入新一轮经济全球化创造了难得契机。

我国服务业相对滞后不仅是我国产业结构滞后，也是我国现代化水平滞后的表现。现阶段，积极参与服务全球化、承接服务业跨国转移促进服务业现代化，是落实科学发展观、转变经济增长方式的客观要求，对于实现"十二五"经济社会发展目标具有重要战略意义。一是可以从供给和需求两方面促进经济结构战略性调整和产业结构的优化升级，有助于实现"十二五"期间显著提升服务业比重、实现三次产业协调发展的目标。二是将有力改变我国在国际产业链中处于低端的不利局面，逐步进入和占领国际产业链的中高端环节，增强自主创新能力，推动"中国制造"向"中国创造"的转型。三是有利于建设资源节约和环境友好型经济，实现经济的可持续发展。四是有利于转变外贸增长方式，促进服务贸易与货物贸易的协调发展。

（一）经济全球化、服务全球化总体趋势不会改变，而且世界经济进入大调整、大变革时期，服务业国际转移趋势加强

经济全球化使国内产业分工链条向全球延伸，过去国家之间的分工向跨国水平分工全面延伸，并深入产品服务内部不同工序、区段、环节和流程，带动了全球价值链的大重组。通过服务业国际投资、服务外包方式实现的服务业国际转移步伐不断加快。以服务外包为例，20世纪90年代中后期以来，全球一体化生产服务网络进一步完善，跨国公司不断加快服务外包和跨国外包网络建设进程，分离非核心业务和流程，以抢占国际产业链制高点，强化核心竞争力和全球控制力；同时，拥有低成本、大规模制造服务能力的接包企业也可以在全球价值链中占据一席之地，有些还可以成为专业化的大型服务运营商，其结果是服务外包发包方与接包方的合作链条不断延伸扩展，甚至形成长期战略联盟。外包市场的扩展还助推像艾森哲、麦肯锡等一批专业化高端外包商的迅速成长，它们专门从事从接包到发包、转包的双向外包业务及相关服务，还有一批从传统公司自我服务向完全独立的专业化服务外包商的转型，进一步推动了服务外包的全球布局和扩散。

后危机时代，通过参与世界产业大调整、大重组，将加快服务业升级的机遇。国际金融危机重创世界经济，世界经济贸易投资急剧坠落给世界和中国都带来巨大挑战，外部环境存在的挑战和不确定性风险，继续加强跟踪预警和防范；但是，危机往往伴随着世界经济技术产业的大调整、大变革、大重组。由于危机冲击和国际竞争空前加剧，全球生产要素重组和国际产业转移将掀起新的高潮，制造业与服务业既分工又融合的趋势加快推进，绿色经济和新兴战略产业将获得新的突破。发达国家力推再工业化，在发展新兴战略产业和运用高科技改造传统产业上都将取得积极进展，全球高端制造业竞争将加剧。国际产业转移将加快由一般制造业向高端制造业、高科技产业和服务业延伸。

全球产业大重组、大调整将为中国通过承接服务业国际转移，"调结构、转方式"创造机遇。首先，全球服务外包的广度和深度更加强化，跨国服务外包成为助推中国服务业非线性升级的具体途径。跨国公司服务业外包的意愿将进一步强化，对中国市场的兴趣将进一步增加。这将有利于我国全方位承接国际产业转移，推动产业结构调整，加快经济转型升级，特别是以开放推动服务业实现跨越式发展。其次，跨国并购再掀高潮将为中国企业"走出去"提供历史性机遇，服务企业追随型和自主型"走出去"空间广阔。联合国贸发会议预计，全球FDI将恢复增长，出现新一轮跨国并购高潮。我国经济率先复苏，存在着宏观经济环境稳定、市场庞大、外汇储备充足、资金充裕等综合性优势。国际金融危机之后，不少国家放宽对外资的限制，我国投资和并购海外优质资产、资源的机会增多，并购海外技术、品牌和营销网络的成本下降，开展核心能力型并购可能性大大增加，我国企业对外

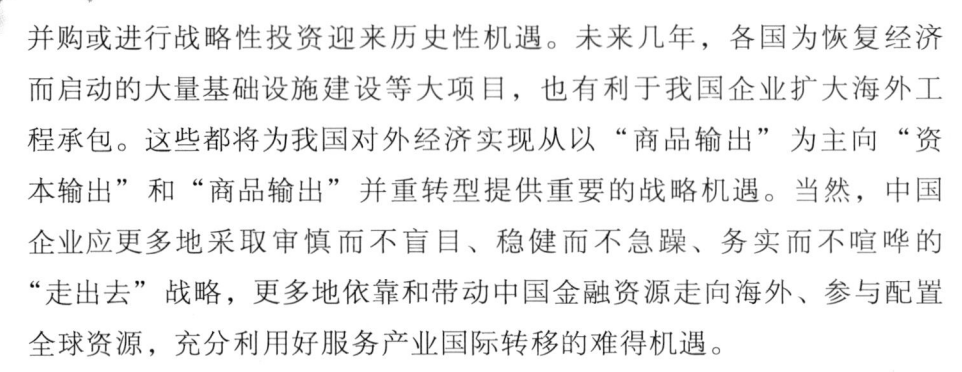

并购或进行战略性投资迎来历史性机遇。未来几年，各国为恢复经济而启动的大量基础设施建设等大项目，也有利于我国企业扩大海外工程承包。这些都将为我国对外经济实现从以"商品输出"为主向"资本输出"和"商品输出"并重转型提供重要的战略机遇。当然，中国企业应更多地采取审慎而不盲目、稳健而不急躁、务实而不喧哗的"走出去"战略，更多地依靠和带动中国金融资源走向海外、参与配置全球资源，充分利用好服务产业国际转移的难得机遇。

（二）世界贸易组织仍在积极推进服务业市场自由化；亚太区域化战略发展空间大，有利于服务业走出去

随着后危机时代的来临，经济全球化将重新启动，区域一体化、次区域合作、双边合作进程也将加快，有助于我国推进新一轮服务业对外开放。危机后，经济全球化将重新启动，全球生产要素进一步优化配置，商品、科技、人才、知识和信息跨国流动更加频繁，各国经济相互融合、相互依赖的势头也更趋显著。同时，区域经济一体化将加速发展。世贸组织预测，到2010年底，全球自贸区将达到400个，目前全球贸易中有50%以上发生在各区域集团内部。国际分工与贸易进一步拓展，将带来新的全球化红利，有助于我们主动参与国际经济合作，发挥传统比较优势，培育新的竞争优势，更深入地参与世界范围内要素优化配置，拓展经济发展空间。

在世界发展受挫后，区域、次区域、双边合作往往成为各国更加现实的选择，全球化在缝隙中匍匐前行；在世界经济上升期，经济全球化往往携手区域经济一体化、次区域经济合作、双边经济合作一道挺进，推动各国服务业开放，加快服务业国际化、全球化发展进程。

亚洲，经济和政治意义远远超过其地理范围。亚洲有一个发达工业化国家——日本，它的经济规模超过了欧洲任何一个国家；有两个发达经济俱乐部的后起之秀——韩国和新加坡；有三个疆域辽阔、人口众多的国家——俄罗斯、中国、印度，其中中国、印度的人口将近世界的一半。亚洲俯瞰印度洋和太平洋，菲律宾和印度尼西亚这样的群岛之国控制着重要的海上通道。美国为了抢夺并巩固其世界的霸权，不得不在亚洲这块大陆上发起三场战争：反法西斯阵营的对日战争、抵制新生势力的朝鲜战争和越南战争。

当前和今后一段时期，在亚太区域，不论是发达经济体还是新兴经济体，都把亚太区域经济合作作为参与国际竞争、制衡彼此实力、共谋开拓市场等的重要舞台。日本试图在东北亚、东亚、亚太合作中优先占据强势地位；美国把全球经济和国家安全战线前沿向亚太地区回收，与日本、中国相抗衡；东盟合作已经更加深化，为亚太区域经济一体化提供了一种可能的选择；欧盟也按捺不住，准备通过推行FTA战略参与亚太区域的经济合作进程。在林林总总的构想中，中国作为亚太地区乃至全球范围内的重要经济体，既可以从区域经济一体化的选择与尝试中深层次拓展国际市场，为充分利用两种市场、两种资源大力发展服务业创造空间，又可以从对经济全球化的支持和维护中捍卫贸易自由化的国际社会共同立场，确立新一轮服务全球化中的国际地位，从而进一步巩固亚太区域经济合作中主导地位的角色，而后者是世界经济波动起伏中进可攻、退可守的大后方。在后危机时代，这一幕正在演绎之中。无论是往哪方面的倾向，都改变不了我国加快服务业"走出去"发展的进程。

（三）在全球新一轮科技创新浪潮中，中国有实力参与国际高端科技合作，为服务业发展创造科技进步平台

历史经验表明，全球性经济危机往往催生重大科技革命。1857年的世界经济危机引发了以电气革命为标志的第二次技术革命，1929年的大萧条引发了以电子、航空航天和核能等技术突破为标志的第三次技术革命。本轮金融危机的发生，凸显世界经济增长依赖金融创新，缺少科技革命支撑的脆弱性。危机后，新一轮科技革命正在孕育之中。发达国家不断加大科技研发投入，抢占新能源、生物工程、物联网、

"智慧地球"等高科技制高点，力图推动增长模式转型。美国提出将研发投入提高到占 GDP 的 3%，欧盟宣布到 2013 年前，投资 1050 亿欧元发展绿色经济，俄罗斯提出扩大纳米和核能技术应用。未来跨国技术贸易、技术合作与转移将呈现加快发展趋势。这为我国积极参与国际技术合作，引进先进技术、人才和管理，提高研发水平创造难得机遇。

新一轮科技革命将为我国加快服务创新提供有利条件。发展中国家在全球技术革命和产业大变革中面临新的机遇，不宜再简单重复先行工业化的一般产业发展路径，而应通过学习、模仿和国际合作，加快实现发展与升级，这就是一再被历史证明的后发优势。在知识经济和服务经济时代，知识、技术、管理和创新成果可以伴随国际贸易、投资及产业转移活动而得到更广泛的传播、扩散与转移，产生更大的外部性和外溢效应；实行开放政策国家的创新积累效果要远远大于封闭型国家，特别是信息网络技术在国际溢出过程中将产生共用的"知识资本库"，使开放型国家可以接触整个世界已有的知识基础、站在巨人的肩膀上高起点发展。从一些新兴市场和北欧国家的经验看，它们在知识经济时代短期内实现产业结构的迅速跨越，正是充分利用了这种后发优势，实现了从技术到战略思维、制度设计、管理模式的全方位变革。

当前，世界主要发达国家某种程度上实现了由工业型经济向服务型经济的转变，服务业产值已占 GDP 的 70% 以上。2010 年，我国服务业占 GDP 的比重只有 43%，不仅远低于发达国家，也低于中低收入国家，迫切需要加快发展服务业特别是现代服务业。现代服务业是知识经济的典型代表，IT 及互联网发展推动了服务业的技术进步和广泛应用，使服务业创新更为频繁和密集，为现代服务业创新发展提供强力支撑。以研发为代表的生产性服务业，还成为决定企业、产业和国家技术创新能力的关键。从"中国制造"向"中国创造"的转变需要加快服务业发展与创新。

2006年，国务院发布《国家中长期科学和技术发展规划纲要（2006~2020年）》，列出了生物技术、信息技术、新材料技术、先进制造技术等8类前沿技术，通过前沿技术的发展，发挥科技引领未来发展的先导作用，提高我国高技术的研究开发能力和产业的国际竞争力。设立了信息产业与现代服务业领域，把现代服务业与信息产业并重首次被纳入《国家中长期科学和技术发展规划纲要（2006~2020年）》，并把"现代服务业信息支撑技术及大型应用软件"和"下一代网络关键技术与服务"等作为优先主题。科学技术尤其是信息技术对现代服务业发展起着重要的支撑和先导作用，是"服务型经济"快速成长和发展的重要推动力量。2006年7月，科技部发布了《现代服务业科技行动纲要》，提出的主要任务包括建立现代服务业共性技术支撑体系、建立现代服务业标准规范体系、构建现代服务业科技创新体系等内容。这些措施的出台对于推动企业、高等院校、科研机构、中介组织、投融资机构等社会力量共同参与现代服务业科技创新和服务业发展起到了积极的推动作用。

国际分工从制造业向服务业的全面深化为后发国家产业跨越式升级提供了前提条件。我们应抓住新一轮世界科技革命带来的战略机遇，坚持把科技创新作为调整经济结构、转变经济发展方式的中心环节，加快推进技术创新，加快发展现代服务业。经过多年的科技发展，我国现代科技尤其是信息技术基础设施已有相当规模和水平，为我国现代服务业发展奠定了良好的基础。依靠科技创新更多地开拓服务业的空间、服务的新领域，通过科技创新来提升服务的水平。

（四）中国经济进入新的发展阶段，发展服务经济的后发优势明显

我国已进入加快服务业发展和升级的重要机遇期。我国人均GDP接近4000美元，进入工业化中期阶段，服务业将进入快速发展期。处于经济、产业、社会加快转型的新时期，生产性服务、消费性服务需求旺盛；而政府职能转变、政府事务外包等从供给层面推动公共服务需求扩大；城市化不仅为服务业集聚提供了空间和时间，而且激发了充分的市场活力与足够的服务消费需求。

1. 中国处于经济、产业、社会加快转型的新时期，服务需求旺盛

大力发展服务业是加快转变经济发展方式的必然要求。"十二五"规划提出，坚持把经济结构战略性调整作为加快转变经济发展方式的主攻方向，把推动服务业大发展作为产业结构优化升级的战略重点，要加快发展生产性服务业，大力发展生活性服务业，优化服务业发展布局，推动特大城市形成以服务经济为主的产业结构。加快发展服务业，促进经济增长向依靠第一、第二、第三产业协同带动转变。这对促进经济、产业、社会加快转型，满足生产性、消费性服务需求，推动公共服务发展指明了方向。服务业是国民经济的重要组成部分，具有涉及领域广、带动就业多、消耗资源少、拉动增长作用强等特点。服务业特别是生产性服务业与制造业越来越相互融合，使产业经济活动中服务业比重逐步上升，附加值提高。大力发展商务服务、现代物流、工程设计等生产性服务业，推动制造业与服务业的专业化分工与合作，可以促进传统制造业产业组织和生产经营方式的改造提升，增强制造业价值创造能力和国际竞争能力。

（1）产业升级趋势加快，产业融合趋势渐强，不断催生新的服务业态和新兴增长点。

生产性服务业与制造业融合生长，两者相互作用、相互依赖，共同发展。制造业是决定产业链的重要环节，是服务业服务的主要对象。只有依托制造业产业链的基础，金融、研发、物流、咨询、会计、会展等高端服务业才有所依存。制造业的升级，离不开生产性服务业的支撑。生产性服务业具有知识、技术密集度高，附加值大，资源消耗低，环境污染低等特性，是促进产业结构升级的突破口。随着产业内部专业化分工的深化，工业发展越来越依赖于服务业发展的规模和发展的程度，而工业的发展对生产性服务业提出了日益增多的个性化需求。

随着经济全球化的深入发展，企业生产经营规模不断扩大，复杂性日益提高，引发了对中间服务的大量需求，推动生产者服务业加快演进。从适应全球产业分工和促进产业升级、推进新型工业化的角度，加快发展生产性服务业。国际产业发展趋势是投入服务化和产出服务化程度不断提高，由此带来生产性服务业的快速发展，反过来，生产性服务业的发展对产业升级具有支撑作用。随着专业化分工逐步细化、市场化水平提高，生产企业内部的研发、设计、会计、营销、咨询等职能逐步分离出来，生产性服务由原来的"内在化"，转为"外在化"。很多跨国公司更关注核心能力与业务的发展，而将其商务活动外包到专业服务公司经营，生产性服务在全世界范围内不断扩展壮大。

在推进制造业现代化的发展进程中，引导工业企业将其核心竞争力以外的业务剥离出去，由社会化的专业服务去完成，使企业将主要力量集中在竞争力的提升上。变单纯的制造业集聚为产业链集聚。鼓励规模大、信誉高、服务质量好的企业，实施跨地区、跨行业的兼并重组，促进生产性服务业的集中化、规模化。这就对生产性服务业的发展提出了更高的要求。当前我国正处在工业化的中后期，处于加速发展的阶段，还远未完成工业现代化。工业发展状况对服务业尤其是生产性服务业的发展起着重要的影响作用。生产性服务业是建立在工业化基础上的，是伴随着现代工业的发展而逐步发展起来的，工业的发展程度决定了服务业的发展程度。工业化达到一定水平后，产品的供、产、销、宣传、售后服务等过程越来越细化，也越来越需要专业化的服务，所以，工业化达到一定的高水平后往往能够促进服务业迅速发展。发展服务业与推进工业化在更高程度上相互促进、相互融合，能够大力促进产业结构的优化升级，推动经济增长和社会进步。从长期看，现代工业的发展则意味着生产性服务业发展的空间变大。积极承接国际服务外包，吸引跨国公司总部、研发中心、设计中心、营销

中心和软件开发中心等落户中国。

(2) 生活性服务的消费需求快速增长。

我国居民消费率偏低。长期以来，我国的居民消费率不仅远低于美、英等发达国家的水平，比同为发展中国家的印度、巴西等国家低20多个百分点。受金融危机等因素影响，2009年，我国居民消费率进一步降至35.1%。我国消费率尤其是居民消费率偏低成为制约我国经济增长的主要因素之一。随着收入水平的提高，我国居民消费呈现多样化特征，对旅游、文化、体育健身等新型服务的需求显著增加。大力发展服务业，能够提供较多的劳动岗位，扩大居民就业；能够培育出具有广阔市场前景的消费热点，形成推进消费需求增长的强劲内生动力。我国正处于城镇化加速推进的阶段，城镇化是服务业发展的重要条件，而服务业的繁荣，对于增强城市的公共服务能力、资源集聚能力和辐射能力，支撑城镇化进程，也将产生不可替代的重要作用。

随着经济发展和居民生活水平的提高，居民的消费将从物质消费为主转变为非物质消费为主，满足基本生存的消费比重将进一步降低，享受型和发展型消费的比重将上升，对住房、汽车、教育、旅游、医药保健、文化等的需求将进一步提高，同时，在新的环境和条件下，对传统餐饮、商业等有了更高的要求。而我国当前消费不足与服务业发展水平较低有很大关系。虽然城市居民服务性消费发展较快，但占居民总消费支出的比重近几年也仅在28%左右。2004~2009年，城市居民服务性消费占居民总消费支出的比重增长幅度每年增加0.5个百分点，低于总消费支出增长幅度。另外，从居民服务性消费结构看，教育费用、交通通信和医疗费比重偏大，三项支出之和占居民服务性消费30%左右。由传统服务业向现代服务业转换过程中，更多的家政服务、家庭医生、家庭病房等现代服务会逐步走进居民的家庭，目前，提供此类服务还相对较少。由于我国经济发展方式转变还在进行中，消费并未成为拉动经济增长的主要力量。随着居民收入和生活水平的提高，消费结构升级步伐加快，交通通信、医疗保健、文教娱乐服务等方面的支出比重上升，居民服务消费规模持续扩大，但在短期内，居民服务业的发展对经济发展拉动作用有限。

（3）政府公共服务外包推动公共服务需求扩大。

政府公共服务按照公共产品理论可划分为纯公共服务和准公共服务，纯公共服务指国防、安全、司法、行政、经济调控等非政府生产提供不可的服务，准公共服务指教育、医疗、文化等介于政府和私人都能生产提供的服务。随着经济社会的发展，两者间有些内容边界也可能发生变化。对于部分公共服务可以通过市场化方式提供，即由市场或民间部门参与公共服务的生产及输送。政府部门通过合同外包、业务分担、共同生产或解除管制等方式，将部分职能转由民间部门经营，政府只需承担财政筹措、业务监督，以及绩效成败的责任。

西方发达国家政府公共服务外包，大多数都是从城市绿化、街道清洁等服务领域逐渐发展到能源供应、医疗保健、教育培训、环境改善、文化体育等公共事业领域。政府公共服务外包在我国的起步时间较晚，但发展迅速，我国一些地方政府逐步在政府公共服务中引入市场机制，更多地依靠私营企业和民间机构来完成部分公共服务，政府公共服务外包已成为政府体制改革的重要内容。随着经济的发展，政府职能也在发生转变。进一步转变政府职能，加快建设法治政府和服务型政府，实现把市场能够发挥更大作用的领域交给市场。处理好政府和市场、公平和效率、尽力而为和量力而行的关系，调动全社会的力量，共同参与社会事业发展。坚持政企分开、政事分开、事企分开原则，建立起有效的公用事业管理体制。在实现政府管制和企业运营职能分离、政府与所属公用事业企业分离的同时，建立有效的政府监管体系，切实发挥政府作用。实现上述目标，涉及政府公共服务的提供问题。政府公共服务的产生和发展反映出政府职能转变和政府事务开始以社会为导向，而这又促使政府将公共服务进行外包，即政府向

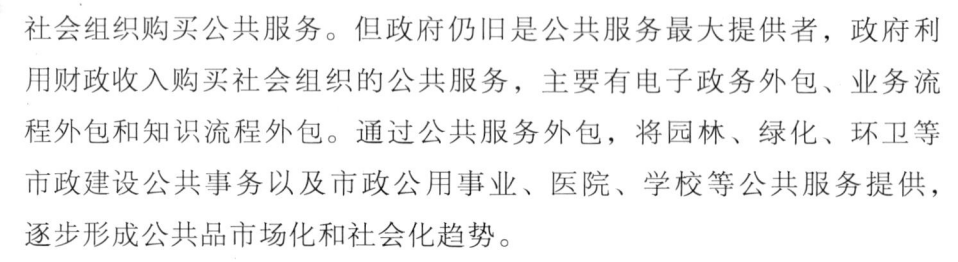

社会组织购买公共服务。但政府仍旧是公共服务最大提供者,政府利用财政收入购买社会组织的公共服务,主要有电子政务外包、业务流程外包和知识流程外包。通过公共服务外包,将园林、绿化、环卫等市政建设公共事务以及市政公用事业、医院、学校等公共服务提供,逐步形成公共品市场化和社会化趋势。

(4) 中国城市化进入加速期,服务业发展可享有城市化后发优势。

2010年我国的城镇化率为47.5%,从世界范围来看水平明显偏低,低于与我国人均实际收入大体相当国家的平均水平,也滞后于相同发展阶段国家的平均水平。改革开放以来特别是近几年,中国城市化速度加快,但相对于工业化和经济发展水平,中国的城市化仍然滞后。2005年,日、韩等国同等工业化率对应的城市化率也都在60%以上,而当时中国的城市化率则刚刚超过40%(见表6-1)。相对于工业化进程,我国的城市化进程是滞后的。

表6-1 中、日、韩工业化与城市化比较

单位:%

国家名称	工业化加速期	工业化水平提高幅度	城市化水平提高幅度
日 本	1947~1957年	28~36	28~57
韩 国	1960~1981年	20~39	20~56
中 国	1952~1978年	19.5~49.4	12.5~17.9

资料来源:顾朝林等:《中国城市化:格局、过程、机理》,科学出版社,2008,第24页。

如前所述,传统的城市是工业中心,现代城市绝大部分已成为服务业中心,服务业成为城市经济活动最重要的角色。纵观20世纪,全球生活在工业与服务业占主导地位的城市地区人口的比例从15%上升到47%。城市是服务业功能集聚、吸纳就业、促进发展的主要场所,中心城市是引领服务经济转型和发展的基本动力源。城市化推进的过程也是服务业发展的过程。服务业越繁荣,城市的服务功能、集聚水平和辐射能力也就越强，城市化水平也就越高。从产业结构来看，城市是服务业的基地，城市服务业发展，有很强的带动作用，能够促进城市知识、资本、信息、人力资源的流动，促进城市转型。①

中国城市化带来服务业大发展的机遇。随着经济的快速发展，我国的城市化进程也将进入加速期。国家"十二五"规划明确，到2015年，我国城镇化率要达到51.5%。2020年我国的城镇化率将达到60%，2030年可能会达到70%，未来一段时期，将是我国城镇化发展较快的时期，而城镇化的发展也伴随着服务业的快速发展。

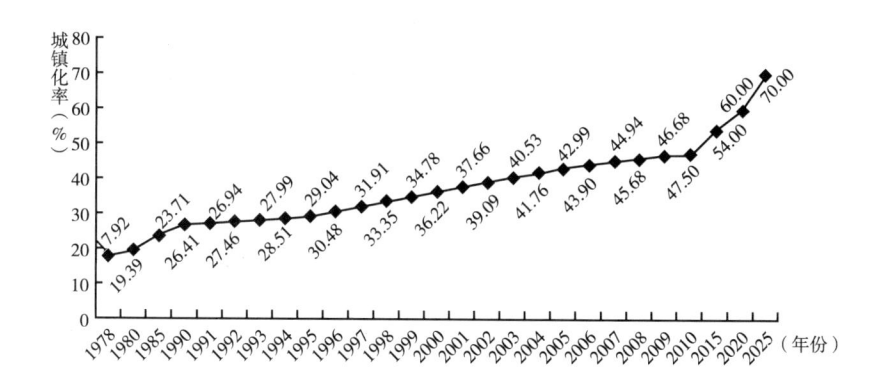

图 6-1 中国城镇化率发展情况及预测

资料来源：《中国统计年鉴2010》。2015~2030年数值为预测值。

随着城市化迅速发展，我国城市人口越来越多，对通信、电力、供水、供气、公共交通、污水和垃圾处理等城市公用事业和基础设施的需求越来越大。我国每年大约有2000万人口进入城市，需要相应的市政公用设施与其相配套。完善服务基础设施，为居民提供更便捷的消费环境，这就需要加快发展城市公共交通基础设施，改善居民出行质量。随着城市现代化水平提高以及城市化发展，家用汽车已走进居

---

① 参见本书第二章有关内容。

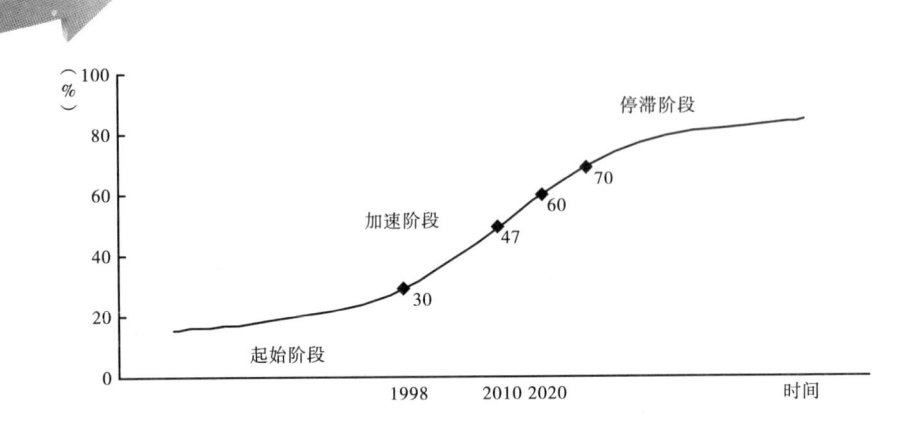

图 6-2 中国城镇化进程（诺瑟姆曲线）

民家庭，城市地铁网络也在大城市逐步成规模，城市间城市轨道交通设施规模也初步形成，居民的出行方式已发生明显变化。

2. 中国制造业基础扎实、人力资源丰富、基础设施完备、民营经济发达，服务供给潜力巨大

我国的民营经济发展迅速，服务企业竞争力加快提升。民营经济特别是中小型民营企业与服务业发展关系十分密切。在成熟的服务经济体中，绝大多数服务业提供者的规模并不大，但是却拥有活跃的市场参与能力和服务创新能力，并且在整体上成为吸纳社会就业、保障社会稳定、推动经济增长的主力军。当前，民营经济已成为国民经济增长的主要推动力量。我国个体私营经济占 GDP 的比重目前已超过 1/3，非公有制经济投资已占到全社会固定资产投资比重的 50%，提供了城镇 75% 以上的就业岗位以及大部分农民工的就业。非公有制经济在对外贸易中不断增强竞争力。"十一五"期间，随着外贸经营权的放开，私营外贸企业发展迅速，私营企业进出口总额从 2005 年的 1662.1 亿美元增加到 2008 年的 4564.8 亿美元，增长近 3 倍，占全国进出口商品比重的 17.8%。截至 2009 年 12 月底，注册私营企业已达 740.2 万户，比上年底增长 12.59%，已经成为数量最多、比例最大的企业群体。2005~2009 年私营企业户数年均增长 15.2%。截至 2009 年 12 月底，注册个体工商户3197.4万户，较上年底增长9.6%，比2005年增加733.5万户。私营企业注册资金为14.6万亿元，比上年底增长24.79%，是2005年的2.38倍；个体工商户注册资金为1.09万亿元，比上年底增长20.55%，是2005年的1.87倍。我国非公有制经济经过30多年的跨越式发展，我国非公有制企业占全国企业总数的80%，创造的最终产品和服务价值占国内生产总值的60%左右，纳税额占国家税收总额的50%左右。非公有制企业已经成为社会主义市场经济的重要组成部分、解决社会就业的主要渠道、财政收入的重要来源、自主创新的重要源泉和维护社会和谐稳定的重要力量。

民营经济在中国国民经济中的地位非常重要，贡献非常突出。主要表现在六个方面：第一，民营企业是市场经济的基础，也是社会主义市场经济的重要组成部分。截至2010年一季度，全国登记注册的私营企业已达755.7万户，占全国的70%以上，注册资本15.3万亿元，占全国的35%以上。加上外商及港澳台投资企业，非公有制企业的数量和资金总量更大、比重更高。中国企业500强中，非公有制企业数量和营业收入所占比重，已分别从2003年的13.8%和5.6%，上升到2009年的20.8%和9.2%。随着市场化改革的深入，民营经济在经济增长中的贡献度日益提高。从20世纪90年代中期以来民营经济发展变化的大致趋势看，自1996年开始，民营企业的总产值基本保持了年均30.66%的增长势头，企业投资者人数也达到了平均24.12%的增长率。第二，民营经济是就业的主渠道。我国非公有制经济解决了城镇就业的70%、新增就业的90%，是吸纳、扩大社会就业的主要渠道，增加城乡居民收入的重要源泉。第三，无论是中国还是世界上其他国家，民营经济都是技术创新和管理模式创新的主要来源。在美国，50%的发明创造是由小企业完成的。在中国，2008年民营企业500强中，158家拥有"中国驰名商标"，245家被省级以上科技管理部门认定为高新技术企业，318家企业拥有28562项专利。第四，民营经济是改善收入分配结构的重要途径。中产阶级的主体部分如专业人员、中小企业家大部分来自民营经济。进入21世纪以来，民营经济的长足发展，极大地提高了这个阶层人群的人数及其收入占比，有利于收入分配结构的调整改善。第五，民营经济的税收贡献不断增长，产品供给日益多样，是增加国家收入、满足人民群众丰富物质文化生活的重要力量。第六，民营企业还是中国企业"走出去"的重要力量。华为、联想、中兴等相当一部分非公有制企业具备了成为具有国际竞争力的跨国企业集团的条件，还出现了江苏沙钢集团这样跻身世界500强的企业集团，2009年营业收入总额1460亿元，全国民企500强排名第1位。

中国经济正处于战略转型的关键时期。通过大力发展服务经济，民营企业在促进国民经济"调结构、转方式"过程中可以作出更大的贡献。

此外，我国制造业实力较强，货物贸易规模较大，在很大程度上可以支撑生产性服务业的孕育与壮大。我国拥有质优价廉而且十分庞大的综合人力资源优势，包括部分中高端科技管理人。我国拥有较高水平的信息基础设施和较强的信息技术产业支撑。这些都为我国发挥后发优势、积极参与服务业全球化实现服务业跨越式升级奠定了基础、创造了条件。

第二节 中国服务业发展面临的挑战

世界服务业加速现代化、全球化的趋势，不仅对我国服务业发展提出挑战，而且也日益对我国经济增长方式及产业、技术和企业经营管理模式等提出全方位的挑战，进而也对我国现行的经济体制、法律体系、政策体系、行政环境乃至行业、区域和企业的微观制度安排提出了挑战。如果不能顺应这一潮流，我国在参与新一轮全球化和未来的国际竞争中将处于不利的位置。

一 内部挑战

当前,服务业发展面临的内部挑战最突出的在于制造业和货物贸易发展优势弱化、升级缓慢、自然环境和资源压力加大,如不推进转型升级,对服务业和服务贸易的拉动和推动作用有限。

当前和今后一段时期,世界经济增长模式调整,我国转变发展方式的压力加大。全球经济正在向低碳经济和技术创新主导型模式转变,国际社会在全球气候、环境、劳工标准、企业社会责任等方面向我国施加压力。我国能源资源高消耗的经济发展方式越来越难以适应国际竞争的需要,多数产业核心竞争力不强,参与全球范围内要素配置的能力较弱,总体上仍处于国际产业链的中低端。现有的体制机制严重制约了我国经济发展方式的转变,也不利于构建资源节约型和环境友好型社会,迫切需要进一步推进能源资源等要素价格市场化改革和全方位制度创新。

产业参与国际竞争,一是靠资源禀赋和要素成本的比较优势,它具有长期性和基础性特征,决定产业国际分工、国际贸易和跨国投资的长期趋势和基本格局;二是靠竞争战略和制度条件的竞争优势,它具有战略性和选择性特征。产业国际化趋势、市场化程度、对外开放程度、产业成熟度、国内需求潜力和动态比较优势等因素,对于产业发展前景和竞争优势的影响将更为直接和明显。

我国制造业经过多年的快速发展,已经在全球产业中占有重要地位。但是,单纯依靠资源比较优势参与国际竞争的模式难以为继。我国制造业总体还处于资源和能源消耗大、效率低、污染重、附加值低的阶段;主动参与全球分工不够,没有完全融入全球产业链;国际竞争力欠缺,仍处于全球制造业产业链的低端。在以跨国公司为主导的全球产业转移加快,制造业产业链日益全球配置,合作的区域化和集团化不断加强的背景下,我国制造业应该在积极开放中充分发挥比较优势，主动参与全球产业分工，在竞争中提升国际竞争力。当前，自然资源稀缺成为我国承接国外产业转移的重要约束条件。尽管我国一些自然资源从总量上在世界居于前列，由于我国人口众多，人居资源占有量明显低于世界平均水平，人均资源占有量仅为世界平均水平的58%，居世界第53位。由于自然资源后备储量严重不足，总体而言我国的自然资源是缺乏的。而制造业是典型的资源消耗型产业，许多产品的生产都受着自然资源的影响，这在很大程度上影响到世界制造业向我国的转移，同时也迫切需要我国部分产业向外进行转移，以充分利用国内、国外两种资源，国内、国外两个市场，实现资源的优化配置。

中国的服务业和服务贸易的互动协调发展还很不充分。一方面，国内服务业与制造业关联度不大，主要原因在于面向生产、支持生产的生产性服务业发展明显滞后，比重低，效益低。服务业发展壮大，离不开支柱产业生产性服务业的发展壮大。在后工业化阶段，这是中国最大的优势，但是，就在制造业本身面临转型升级困境的时候，这恰恰又成为中国服务业发展的短板。另一方面，中国服务贸易又与货物贸易关联度极大。最典型的表现在运输服务、保险服务上。这两项国际货物贸易的基础服务项目，在我国长期处于逆差状态，而且其保持与货物贸易相一致的涨跌波动。在制造业和货物贸易转型升级滞后或受阻的情况下，生产性服务业得不到快速发展，服务贸易得不到结构改善和规模提升，服务业大发展可能会变成一句空话。

此外，服务业发展面临几个来自内部的重要挑战不容忽视。一是中国人口红利"天窗期"正在收窄，人力资源成本上升较快。据我们估计，中国人口红利的天窗还可以敞开10~15年。目前，高层次人才依然紧缺，企业运营成本过高。低人力成本优势吸引了大量的就业集中于附加价值不高的运输、餐饮、住宿等传统服务业领域，但从事现代服务业和承接外包服务所需的高素质人才紧缺，人才使用成本增加太快，部分行业中高级人才成本已接近发达国家的一半。在急需大量高素质人力资源的生产性服务业还没有发展壮大之前，人力资源成本提前上升，会对服务业结构优化带来巨大挑战。二是内需仍然受到较大限制。我国的社会保障体系依然薄弱，政府的公共服务能力还比较弱，服务消费方面的有效需求的扩大可能存在不确定性。三是我国服务业体制政策环境不完善。[①] 服务业发展对软环境的依赖大大高于制造业，消除体制障碍是我国成功承接服务业转移的当务之急。我国服务业整体管理水平不高，行业管理比较分散，法律法规不配套，部门之间的沟通协调不够，在服务发展中地方分割和保护等问题都还非常突出。部分行业垄断经营严重，行业标准模糊不清，行业准入限制较多或门槛较高。我国尚未制定针对承接服务外包的优惠政策，而印度、爱尔兰、菲律宾等均对服务外包企业提供"零"税负或低税负的优惠政策；印度为承接软件外包还设立特殊区域，创造与国际接轨的小环境。

二 外部挑战

不论是世界贸易组织多边框架下的服务业市场自由化进程的加快，还是区域、次区域经济一体化和自由贸易区实践的深入发展，客观上给中国服务业带来了严峻挑战：中国服务业和服务贸易面临的来自发达经济体、新兴经济体、其他发展中国家的竞争压力正在加剧。

2008年国际金融危机席卷主要发达经济体，外需不振，导致我国面临的外部竞争压力明显加大。全球经济低速增长导致世界贸易量走低，将对我国出口造成负面影响。在世界经济恢复调整期内，我国出口难以保持过去几年的高增长。危机后，我国将面临更加激烈的国际竞争。

国际经济利益冲突加剧，针对我国的保护主义升温。中国作为日益崛起的发展中大国，与发达经济体、新兴经济体的共同利益增加的

---

① 参阅本书第五章有关内容。

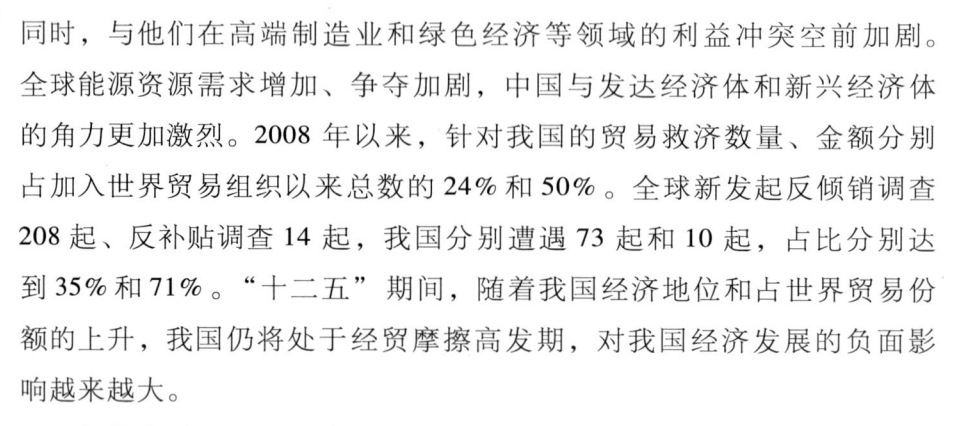

同时，与他们在高端制造业和绿色经济等领域的利益冲突空前加剧。全球能源资源需求增加、争夺加剧，中国与发达经济体和新兴经济体的角力更加激烈。2008年以来，针对我国的贸易救济数量、金额分别占加入世界贸易组织以来总数的24%和50%。全球新发起反倾销调查208起、反补贴调查14起，我国分别遭遇73起和10起，占比分别达到35%和71%。"十二五"期间，随着我国经济地位和占世界贸易份额的上升，我国仍将处于经贸摩擦高发期，对我国经济发展的负面影响越来越大。

长期来看，我国作为崛起中的经贸大国进入经贸摩擦高发期。我国出口产品频遭贸易摩擦是我国所处国际环境、发展阶段和产业结构决定的，是我国经济发展与外部环境变化综合作用的结果。我国贸易摩擦高发的根本性因素将在较长时期内存在。一是世界经济失衡的状态将长期存在，国际贸易保护主义的主要矛头仍将指向中国。二是一些国家出于保护国内特殊利益集团的需要，仍然会借贸易问题对中国挑起是非。三是我国承接国际产业转移的贸易格局将继续使贸易顺差常态化。四是我国经济贸易增长方式的根本转变和向消费需求为主导的转型，需要一个较长期的过程。五是我国建立完善的经济体制也是一个长期任务。这些因素决定了我国在参与全球经济合作与竞争中，将有较长时期的磨合期。在此过程中，我国的贸易摩擦只会多，而不会少；只会更加复杂多样，而不会简单化。

从发达经济体来看，一是其在高端制造业、科技创新和生产性服务业等方面仍占优势，对我国形成持续的竞争压力。二是其推动再工业化，与我国竞争将加剧。从新兴经济体和其他发展中国家而言，我国与新兴大国在国际谈判中的一致利益有所上升，但围绕外部市场、发展空间的竞争增加。一是其劳动力成本低廉，而我国劳动力成本相对上升，我国某些劳动密集型产业包括低端环节的服务外包将面临挑战。二是新兴市场之间吸引国际投资和产业转移的竞争将进一步加剧。

目前，我国在承接服务业和软件外包等方面已落在印度、爱尔兰等国的后面，未来在进一步承接服务业跨国转移方面还将面临一些新兴经济体如巴西、俄罗斯、越南、菲律宾等日益激烈的竞争和挑战。与此同时，人民币外部升值预期和压力也在空前加大。

当前，我国服务业对外开放步伐已经放缓，政府、社会和服务企业在发展的全球视野、战略思维、开放理念、商业模式等方面都存在不足与差距，一旦服务业领域的多边、双边自由化进程加快，服务业将直面国际竞争（见图6-3、图6-4）。

Moody's —— 49%（2006年）—— 中诚信
Moody's —— （曾试图控股）—— 大公国际
STANDARD &POOR'S —— 战略合作关系（2008年）—— 上海新世纪
FitchRatings —— 49%（2007年）—— 联合资信

图6-3 中国服务企业面临外国企业并购的严峻挑战（信用评估领域）

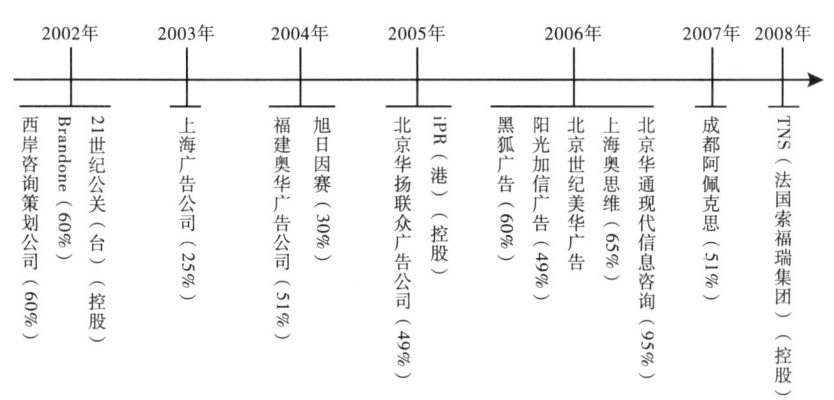

2002年：西岸咨询策划公司（60%）、Brandone（60%）
2003年：21世纪公关（台）（控股）、上海广告公司（25%）
2004年：福建奥华广告公司（51%）
2005年：旭日因赛（30%）、北京华扬联众广告公司（49%）、iPR（港）（控股）
2006年：黑狐广告（60%）、阳光加信广告（49%）、北京世纪美华广告、上海奥思维（65%）、北京华通现代信息咨询（95%）
2007年：成都阿佩克思（51%）
2008年：TNS（法国索福瑞集团）（控股）

全球最大广告集团英国WPP(Wire & Plastic Product)公司在华并购扩张

图6-4 中国服务企业面临外国企业并购的严峻挑战（广告领域）

第七章
崛起：方向与战略

全球体系按照经济标准奖励和惩罚参与者。
——亨利·基辛格博士《美国的全球战略》

在全球化的服务经济革命中，谁引领了服务经济发展的潮流，谁主导了服务产业的创新，谁掌握了服务市场的导向，谁就更能抓住经济发展的主动权和主导权。但是，在这场经济革命中，中国的服务业发展却落后了。一方面，中国服务业的产业基础薄弱，服务业增加值占 GDP 比重偏低，服务贸易在对外贸易中的比重偏低；更重要的是，服务业在引领创新方面的机制还没有成型、作用还极其有限，这些都对产业结构升级、外贸结构优化、经济结构调整和发展方式转变产生了严重的制约。另一方面，身处服务经济全球化时代的发展中国家，面对发达国家服务业的强势扩张，其经济自主权、产业主导权、市场话语权正在接受一场前所未有的考验；而中国作为最大的发展中国家，经济体中一直潜伏着的重大结构性矛盾使得这场考验变得更为严峻。世界服务经济快速发展的 30 多年，也是中国改革开放的 30 多年。但是，中国在产业发展导向上，似乎走了与各国经济发展普遍趋势不甚一致的道路。

中国加快转变发展方式迫在眉睫。但是，出路在哪里？

中央高瞻远瞩，早在十七大就提出了要实现"三个转变"，调整经济结构、转变发展方式。但是，几年过去，理论界和实践界似乎还在兜圈圈，不变的是发展方式——它并没有取得实质性的、突破性的进展；变的只是财政政策、货币政策短期组合的调整。十几年前的亚洲金融危机如此，十几年后的全球金融危机依然如此。当然，时代在进步，政府驾驭市场经济的能力也在增强。为应对全球金融危机，国家提出了4万亿元的一揽子经济刺激计划，推出十大产业振兴规划和七大战略性新兴产业规划，但是，相对于成熟市场经济体制而言，我们的政策选择还是缺乏前瞻性、系统性和稳定性，财政政策、货币政策的短期组合用得太多，经济结构会因为政策惯性而逐步僵化，这要引起我们的高度关注。我国的服务业发展滞后，服务业发展水平较低。已经成为发达国家重要经济支柱的生产性服务业，在我国还处于边缘化的产业。国际金融危机的爆发，使中国经济中的结构性矛盾暴露得更为突出。

对于中国经济的结构性矛盾，一定要认清规律、抓住要害、打好基础、系统解决，万不可一蹴而就，更不能头痛医头、脚痛医脚。立足于经济理论，我们考察了各国经济发展历史和现状，针对中国经济的实际情况，我们认为，中国经济要战略转型、产业结构要优化升级、发展方式要加快转变，服务业是主导，服务业是关键，服务业是突破口。大力发展服务经济，实现经济跨越式转型，是当前中国的战略选择。

第一节 "中国服务"起航：深度参与经济全球化

一 我们需要什么样的全球化？

新一轮经济全球化即将来临。我们需要什么样的全球化？对于即将到来的新一轮经济全球化，世界需要的是各国多极推动、共同治理、互利共赢的经济全球化，它应该具有以下一些特点。

第一，新兴经济体成为新一轮全球化的主要推动力量。这一轮经济复苏的主要动力已经是新兴市场国家。我们看见了这样一个经济复苏链条：新兴经济体需求回升—发达经济体出口上升—发达经济体需求回升—世界贸易回暖—发展中国家和世界经济回暖。新一轮经济全球化的推进将比这样的简单逻辑复杂得多，但是新兴经济体将毫无疑问地成为国际经济舞台上的重要角色。

第二，多极推动的全球化，而不是单极推动。多极化是世界的根本发展趋势。一方面，服务革命和信息技术革命加快全球价值链的建构，把各国产品和服务更快更深地融入全球产业链，全球价值链在重构世界经济的维度。另一方面，公权力的集中行使，不断吸引价值链的高端向拥有优化市场环境的国家或地区积聚，这些国家或地区成为全球价值链的聚合点。这些聚合点过去主要是美国，现代和将来，还将包括欧盟、新兴经济体。新兴经济体本身又是一个动态的范畴，因此，多元格局不断演化，力量均衡的总体趋势逐渐布向全球。因此，新一轮全球化必然是多极化的，由主要经济体携手共同推动、共同治理。

第三，多边治理模式与区域经济安排并行不悖，各国经济互利共赢基础上的全球经济良性循环和区域经济安排内的利益均衡，成为新一轮经济全球化维持长期推进态势的两块基石；但是，在全球经济领域，国际经济组织依然是推动新一轮经济全球化的最佳共同治理平台。[①] 多极化世界的治理机器，只能是国际组织。国际经济组织又是最有效的。新一轮的全球化离不开 WTO 等国际经济组织创造的共同治理平台，但是，如何完善其决策机制与运行规则，将是关键。

---

① 参见第一章有关内容。

第四，新一轮全球化是服务业的全球化。新一轮全球化的产业转移重点在服务业。① 服务业特别是支持其他产业的服务业，其广联性、渗透性、扩张性不断推动单个经济体融入世界经济循环。

二 中国深度参与经济全球化

中国必须采取更加积极主动的对外经济发展战略，既要积极主动地在人才、技术、制度等方面做好全方位准备，融入世界经济，又要积极主动地与其他主要经济体一道，携手推动新一轮全球化的发展。

第一，要适应世界经济向服务型经济转型的总体趋势，完成服务业国际转移承接与让渡的接力，在动态调整中提升国家在全球价值链中的战略地位。每次经济危机过后，都会带来一次国际经济调整、国际分工调整和产业国际转移的高峰。这一轮国际经济调整的重点在服务领域；新一轮世界经济增长的重点在服务领域。中国借此机遇完成产业升级和经济发展方式转变，向服务经济迈进，是第一步。其成果将是有实力主导若干全球价值链。第二步，通过制度革新整合全球优势资源向我国积聚或为我国所控，使我国一直动态地掌握若干核心全球价值链的核心环节，进而在新一轮全球化中掌握主动权甚至主导权。

第二，要适应经济全球化的发展趋势，推进人民币国际化，推动中国企业和中国资本"走出去"，提升中国通过货币和资本在全球范围内调配资源的能力。经济全球化是社会生产力和科学技术发展的客观要求和必然结果，有利于促进资本、技术、知识等生产要素在全球范围内的优化配置。它为全球经济和社会发展提供了前所未有的物质技术条件，打开了广阔的前景，给各国、各地区提供了新的发展机遇。新一轮全球化依然如此，但是，也给逐渐强大的中国提出了难题：在可以预见的将来，比如到2020年，中国将是经济总量与美国不相上下

---

① 参见第一章有关内容。

的经济大国，中国的任何大小举措都会牵扯国际经济的神经。如何加强对这样庞大的经济体进行资源供给和总体调控，是一个难题，也是现在就要开始思考的重大课题。笔者认为，中国有两方面务必加强：第一，加强金融的掌控能力，其中一个重要手段就是人民币的国际化。国际硬通货是调剂和配置全球资源的最有效手段。第二，提升经济外交能力，诚如美国前国务卿亨利·基辛格博士所指出的，中国在外交方面要有更多战略性思考，要形成中国的外交哲学和外交战略，而不能仅限于把外交事务当做"行政问题"来处理。

第三，要坚持多边合作、区域合作"两条腿走路"。"十二五"规划提出，"十二五"时期，中国要采取更加积极主动地对外开放战略，积极参与全球经济治理和区域合作。一是要推动国际经济体系改革，促进国际经济秩序朝着更加公正合理的方向发展。二是要推动建立均衡、普惠、共赢的多边贸易体制，反对各种形式的保护主义。三是要引导和推动区域合作进程，加快实施自由贸易区战略，深化同新兴市场国家和发展中国家的务实合作，增加对发展中国家的经济援助。这些战略部署符合新一轮全球化的本质要求。

第四，要在新一轮经济全球化中成为有力的推动者，在国际经济规则的制定中拥有更大的话语权，在国际经济组织推动经济全球化进程中发挥更大的作用，携手主要经济体共同治理全球经济。

三　中国服务：创造并分享机遇参与经济全球化

进入21世纪以来，国际金融危机"如期而至"。[①] 危机中孕育新的生机——这是新兴经济体值得骄傲的响亮口号。新一轮经济全球化即将全面启动——这是国际社会成员的共同企盼。"中国服务"能够迈进这一轮经济全球化的"机遇之门"吗？机遇只宠爱有准备的头脑。

---

① 2008年的国际金融危机实际上潜伏已久。详见本书第三章有关内容。

(一) 中国服务参与经济全球化要分享八大机遇

我国在危机中受冲击相对较小、经济率先复苏，使得我国参与世界产业大重组的优势和有利条件空前加强，加快整体产业链优化重组、参与服务业全球化、加快服务业发展与升级、实现服务业跨越式升级迎来一系列历史性机遇：一是抓住新一轮服务业和高技术产业国际转移的机遇，提升"引进来"水平，大力优化外商投资结构，更好地促进产业升级。二是加快"走出去"、借"走出去"引进来、提升核心竞争力的机遇。要把"走出去"作为新一轮对外开放的重点，打造更高水平上汇聚、调配全球优势资源和要素的网络，积极获取关键技术、工艺流程和商业模式，全面提升核心竞争力。三是抓住契机扩大先进技术及服务的进口，更充分地发挥进口促进结构优化和技术创新的功能性作用。四是抓住与其他国家特别是新兴经济体形成利益同盟的契机。新一轮经济全球化是新兴经济体走上世界舞台中心的全球化。新兴经济体、发达经济体越来越紧密地联系在一起，经济和贸易上既有互补又有竞争，新兴经济体之间竞争程度加剧。利益共同体的形成有利于维持国经济利益的均衡发展，维护世界稳定成长的秩序，这是其他新兴经济体的期待，也是中国的期待。它们未必是经济同盟，却可以是自由贸易区框架下的共赢，还可以使具体项目、具体领域上的交流与合作互利。五是参与跨国技术合作、推动技术创新的机遇。我们应该抓住危机后孕育新一轮技术革命和跨国技术贸易、技术合作与转移加快的时机，更充分吸纳全球科技、人才、知识和智力成果，抢占科技制高点，加快建设创新型国家的步伐。六是重塑现代化管理体系的机遇。大危机催生大变革，包括从宏观到微观管理方式的全方位变革，管理变革正成为新的生产力。我们应该通过并购、战略合作、管理咨询等多样化方式，全方位引进国际上先进的经营战略、商业模式、方法与理念，重塑我国企业管理现代化、国际化体系。七是提高与跨国公司战略合作水平，提升我国在全球价值链的地位。每一轮或大或

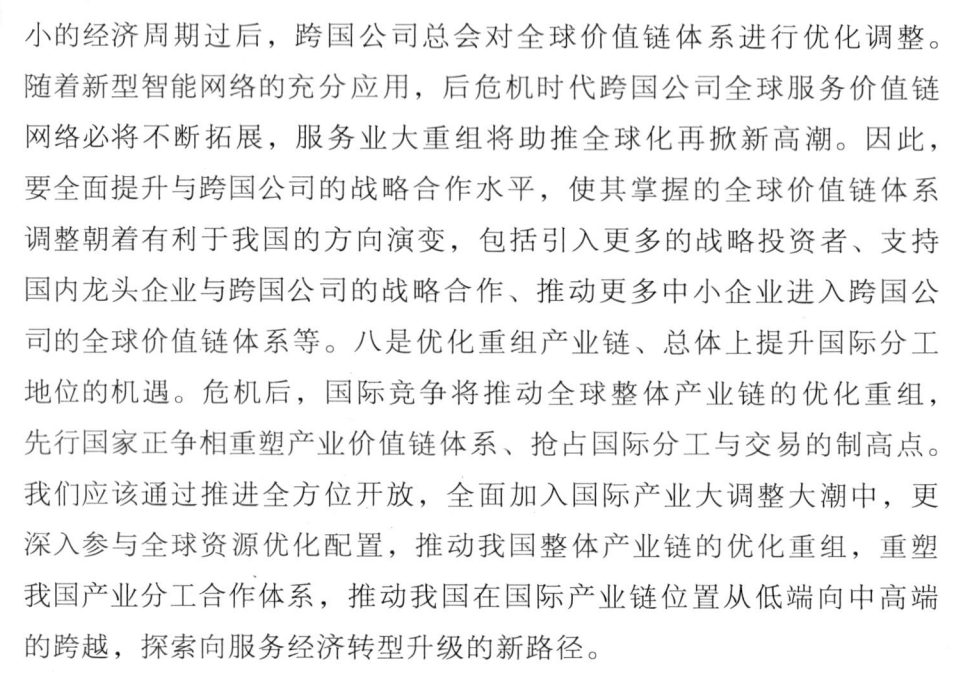

小的经济周期过后，跨国公司总会对全球价值链体系进行优化调整。随着新型智能网络的充分应用，后危机时代跨国公司全球服务价值链网络必将不断拓展，服务业大重组将助推全球化再掀新高潮。因此，要全面提升与跨国公司的战略合作水平，使其掌握的全球价值链体系调整朝着有利于我国的方向演变，包括引入更多的战略投资者、支持国内龙头企业与跨国公司的战略合作、推动更多中小企业进入跨国公司的全球价值链体系等。八是优化重组产业链、总体上提升国际分工地位的机遇。危机后，国际竞争将推动全球整体产业链的优化重组，先行国家正争相重塑产业价值链体系、抢占国际分工与交易的制高点。我们应该通过推进全方位开放，全面加入国际产业大调整大潮中，更深入参与全球资源优化配置，推动我国整体产业链的优化重组，重塑我国产业分工合作体系，推动我国在国际产业链位置从低端向中高端的跨越，探索向服务经济转型升级的新路径。

（二）中国服务参与经济全球化的发展方向

我们认为，中国服务深度参与经济全球化，必须在四个方面取得战略性突破：第一，通过服务业提升中国制造业和货物贸易的国际竞争力。中国已经成为世界的制造业大国和货物贸易大国，但是，制造业的高投入、高耗费已经成为产业自身与社会的共同困扰；货物贸易条件恶化、效益低下却又背负诱发国际经济不平衡的嫌疑。服务业特别是生产性服务业的发展，可以提升产品的核心价值和附加价值，可以降低能耗，可以促进制造业转型升级，可以保障大量社会就业；服务贸易的发展，可以适当缩减贸易顺差，可以引进国内急需的先进技术，并通过引进消化吸收再创新，提升我国产业的技术水平，从而进一步提升"中国制造"的品质，改善中国货物贸易条件，真正实现"以质取胜"和"以智取胜"。第二，树立服务业的民族品牌和民族企业。在日益激烈的国际经济竞争中，自主知识产权比任何时候都更加重要，它是精品的摇篮。民族企业应当不断提升自主创新能力，以

"中国服务"、"中国创造"代替"中国制造",树立中国自己的品牌。以文化服务为例,发达国家在文化贸易过程中对中国的影响是通过品牌产品实现的,文化贸易往往都聚焦到品牌之上。塑造中国为世界所认可的品牌文化产品,这对于扩大中国文化的影响力,提升中国的软实力,实现国际间文化贸易的平衡发展,意义重大。第三,服务经济发展推动中国软实力提升。新一轮经济全球化进程中,国家"软实力"将为自己赢得更多的贸易伙伴和更持久的国际市场,其核心是文化。因此,文化产业的重要意义开始远超过经济范畴。各国文化产品在国际文化贸易过程中会遇到跨文化传播障碍。具备"软实力"推广的国家,往往都是在主题选择、内容创意、产品形式等方面可以兼顾本土化与国际化,在民族性与国际标准之间保持张力,生产出既有民族特色又能与国际接轨的文化产品或服务。第四,服务经济发展加强中国对全球经济治理机制的参与,为发展赢得国际空间。

【专栏 7-1】

ERA—时空之旅

《ERA—时空之旅》融杂技、舞蹈、戏剧、音乐和世界一流多媒体技术于一体,中国元素、国际制作,打造全新舞台艺术样式,涵盖原创音乐、现场演奏、电子投影、数字舞台、超大水幕、巨型镜墙等。《ERA—时空之旅》挖掘和利用中国特别是江南特有的民族艺术元素,以时空交错为表现手法,艺术地展现昨天、今天、明天,展示中华民族的悠久历史和灿烂文明。

《ERA—时空之旅》推出 5 年内的演出纯票房收入便超过 2 亿元,创下了中国一个单项剧目在同一地点保持演出时间最长、观众观看人数最多、票房收益最高的纪录:2000 多场的演出场次,200 多万的观众人次,

2亿多元的票房。2011年《ERA—时空之旅》将赴韩国演出100场。

中国对外文化集团在制作《ERA—时空之旅》品牌项目中形成了"中国元素，国际制作；中国故事，国际表述"的理念。坚持这一理念，有利于创造出更多具有普世价值、能够赢得国际市场的文化产品。

品牌是对产品价值的扩大和延伸，中国文化"走出去"必须打造一定数量和规模的品牌产品，使其在国际市场站稳脚跟深入人心。这是一项综合的系统工程，既需要有对本民族文化的深入了解与自信，又需要有对整个世界多元文化虚怀若谷的学习与借鉴，同时也与我国整体经济社会发展和改革开放的水平紧密相连。

（三）中国服务参与经济全球化的战略选择

我国制造业产业结构的升级是在抓住国际产业转移机遇，主动扩大开放，引进外资和参与国际经济合作中完成的。我国要抓住服务业全球化和后危机时代世界产业大调整的双重机遇，实现服务业跨越式升级，也必须坚持扩大开放，引进外资，积极参与服务业全球化进程，走开放型经济之路，以开放促改革、促创新、促发展。我国必须将参与服务业全球化作为新一轮对外开放的核心内容，并置于加快经济发展方式转变的战略高度认真对待，切实转变发展观念、创新发展路径。坚持实行更加积极主动的开放发展战略，以扩大开放推动服务业体制和管理的创新，全面优化服务业的行政和法律环境；坚持不断提高承接服务业跨国转移和外包的水平，带动我国有比较优势的一些现代服务业部门的迅速振兴和整体服务业的发展与升级；通过积极参与服务全球化和世界产业大重组，引入国际上的先进技术、先进理念、组织形式和商业模式，全方位加强自主创新能力建设。

第一，将服务业开放式升级作为整体产业结构优化升级的战略重点。我国经济发展方式转变和产业结构升级的关键瓶颈制约在于服务业落后。实现经济结构战略性调整、促进经济增长向三次产业协调拉动转变，突破口就在加快服务业发展升级。要适应新一轮以全球化为主要驱动力的服务业革命潮流，切实转变战略思维和发展理念，强化全球视野，把利用后发优势实现服务业开放性跨越式升级作为转变发展方式、实现经济结构战略性调整的主攻方向，培育服务业内生增长创新能力，深度参与服务全球化。

第二，实施更加积极主动的开放战略，提升"引进来"速度和水平，加强战略联盟与合作。一是完善服务业利用外资的法律法规，建立规范的服务业投资准入制度，积极稳妥地扩大服务业市场准入；二是加快研究出台规范服务业并购的政策，引入战略投资者，加快服务业的重组，推动垄断性服务行业改革的深化；三是尽快出台服务业吸收外资的行业导向政策，将研发、信息、金融、物流及供应链、市场营销及专业服务等我国比较薄弱的生产性服务业列入优先鼓励的范围，加大优惠政策支持力度；四是加强与服务型跨国公司的战略合作，支持有条件的企业与跨国公司建立战略联盟，推动我国服务业核心能力和企业经营管理水平的全面提升。

第三，加快实施服务业"走出去"战略，积极参与世界服务业大重组。印度等新兴经济体以本土企业为主导，实行全球化战略，通过"走出去"和跨国并购，提高在全球范围配置资源的能力，利用外部优势要素、知识、人才、先进理念和管理，优化重组自身产业链体系，全面提升核心竞争力，在一些制造业和服务业领域创造了全球化型跨越式升级的成功范例，其经验与做法非常值得参考借鉴。我国要抓住后危机时代服务业开放式升级的重要机遇，大力支持有条件的服务企业和制造企业"走出去"，参与世界服务业结构重组，开展跨国投资、并购与各种合作，优化重组自身产业价值链，使之成为服务业跨越式升级的一条新途径。

第四，完善服务业区域布局，推进服务业向中心城市集聚发展，引领服务业跨越式升级进程，以点带面提升服务出口整体实力。应选择上海、北京、重庆、深圳等中心城市作为扩大服务业开放、率先向服务经济转型的示范区，允许其在相关改革开放政策先行先试、集成创新、错位发展，先行探索服务业开放性跨越的新路径，推动大型和特大型城市率先形成服务经济占主导的经济结构，成为中国服务参与国际竞争的主力军。根据不同地区的基础特点，在现有国家级经济技术开发区、高新技术区、保税物流区等的基础上，积极承接服务外包和转移，大力发展科技研发、信息、专业服务、物流运输、商务服务等生产性服务，培育一批面向全球的专业化中高端服务运营商和服务业聚集区。在条件成熟时可以考虑尝试建立综合型自由贸易区或出口加工区，创造与国际服务业接轨的小环境，全面提高我国服务业参与全球资源配置的能力。

第五，进一步加强海峡两岸与港澳服务业开放领域的合作，分领域、分阶段推进服务贸易自由化进程。中国香港已经发展成为全球举足轻重的服务型经济体系，在金融、物流、航运、贸易、专业服务等方面具有独特的竞争优势，不仅是向内地转移服务业的出发地，也是推动向内地转移他国服务业的中转地，在内地承接服务业转移中有着独特的优势。中国台湾和澳门也有自己的优势。CEPA 和 ECFA[①] 的签署和实施，内地服务业首先向港澳台开放，为通过其承接服务业转移和加强服务业合作提供了特殊的渠道。要尽快完善有关配套政策，消除各种障碍，搭建平台，完善公共服务和中介服务，为提升与香港生产性服务业合作的水平创造更好的条件。让港澳台成为我国服务业开

---

① CEPA（Closer Economic Partnership Arrangement），即关于建立更紧密经贸关系的安排的英文简称。包括中央政府与香港特区政府签署的《内地与香港关于建立更紧密——经贸关系的安排》、中央政府与澳门特区政府签署的《内地与澳门关于建立更紧密经贸关系的安排》。ECFA（Economic Cooperation Framework Agreement），大陆方面表述为"海峡两岸经济合作框架协议"。

放式跨越的重要桥梁和纽带，助推海峡两岸与港澳产业升级与经济繁荣。2011年9月，李克强副总理视察香港时对外宣布，大陆香港将于2015年实现服务贸易自由化。这是一个重要的起点。

第六，扩大服务贸易，提升"中国服务"能力。一是直接参与服务业离岸外包进程，提高软件、信息服务接单能力，大力发展服务业加工贸易，扩大软件及信息服务出口；二是积极扩大高水平的生产性服务进口，对于我国比较薄弱的生产性服务行业，允许跨国公司向我国跨境交付的服务，提高生产性服务供给质量，引入竞争，促进国内生产性服务的发展和升级；三是通过多边、双边渠道积极参与服务贸易自由化进程，积极稳妥地扩大服务市场开放和准入，加强服务贸易促进活动，逐步提高自由化、便利化程度，促进服务贸易的快速发展。

第二节　打造"中国服务"：主导四大全球价值链

拨开上一轮经济全球化的面纱，我们看见的是国际货运物流与营销网络支撑下的货物贸易、信息通信技术支撑下的服务外包与服务贸易、国际货币支撑下的国际金融、金融体系与国际经济组织支撑下的跨国投资所共同演绎的世界经济大繁荣。新一轮经济全球化的生产力驱动不会改变，贸易、投资和金融的三重唱依然会奏响全球主旋律，但是，其音调、节奏与旋律，却发生了根本性改变。抓住其中的关键音符，才能扼住全球价值链的弦，演奏新一轮经济全球化的生命交响曲。

一　打造金融服务部门　强化全球资源调配

美国前国务卿亨利·基辛格博士基于全球的历史经验和现实、美国的战略思维取向和决策逻辑，曾经高屋建瓴地指出："如果你控制了石油，你就控制了所有国家；如果你控制了粮食，你就控制了所有人；如果你控制了货币，你就控制了整个世界。"

美国做到了，它用先进制度与科技创新筑起国家信用的高墙，以军事为盾，以市场为矛，以美元为箭，控制了国际金融资源，从容地调配和利用着世界优势资源。全球强国地位以全球强势货币为支撑，全球强势货币以全球领先的金融市场和国际金融中心为支撑。这就是我们国家要努力的方向。

在金融主导全球经济的背景下，在大国崛起和大国博弈过程中，谁拥有全球领先的金融市场和国际金融中心，谁就能够占据全球货币与金融的制高点，取得全球经济、金融与货币领域的主导权、主动权、话语权，对全球货币与金融领域游戏规则的制定与实施有最大的支配权和影响力，掌握国际资本流动、定价与交易的控制权，成为全球货币和金融体系的最大受惠者，能以最雄厚的金融实力和最少的代价便利地保护国家的核心战略利益，游刃有余地处理各种重大的经济与金融问题，有力地提升和维护国家的全球地位和综合实力。

历史上，工业革命后的英国正是凭借英镑和发达的金融市场巩固和强化了其"世界工厂"和"日不落帝国"地位，美国则在美元和华尔街的支撑下顺利完成了经济的现代化，并进一步迅速发展成为超越英国等老牌帝国的全球超级大国。

目前，中国经济规模位列全球第二。但是，中国的货币与金融体系的发展严重滞后，成为中国综合国力中最为薄弱的环节和"短板"，对中国的全球地位形成重要的约束和掣肘。

总的来看，中国金融服务的国际竞争力较弱。中国金融服务贸易还没有进入世界前20（见表7-1）。2009年，在IMF掌握数据的89个国家（地区）中，中国金融服务出口仅排在第25位；在IMF掌握数据的96个国家（地区）中，中国金融服务进口仅排在第24位。2009年，中国金融服务贸易进出口总额从2008年的8.81亿美元增长到11亿美元,增速达到24.9%。其中出口额为4亿美元,增长强劲,比2008年增加27.0%;进口7亿美元,增长23.7%;金融服务仍处于逆差状态,逆差额为3亿美元。2000~2009年,中国金融服务贸易出口额从0.78亿美元提高到4亿美元,年均增长34.8%,占中国服务贸易出口总额的比重基本保持在0.3%左右的水平;中国金融服务贸易进口额从0.97亿美元提高到7亿美元,年均增长64.1%,占中国服务贸易进口总额的比重基本保持在0.4%左右的水平。

表7-1 2009年世界主要国家或地区金融服务进出口情况

单位:百万美元,%

排名	国家或地区	出口额	出口占比	排名	国家或地区	进口额	进口占比
1	美国	55446.0	23.7	1	卢森堡	18669.8	18.7
2	英国	53026.4	22.7	2	美国	16454.0	16.5
3	卢森堡	37134.9	15.9	3	英国	10518.7	10.5
4	瑞士	16183.3	6.9	4	德国	6216.9	6.2
5	德国	11761.5	5.0	5	爱尔兰	5779.3	5.8
6	新加坡	8336.3	3.6	6	西班牙	4550.8	4.6
7	爱尔兰	7957.9	3.4	7	加拿大	3547.0	3.6
8	意大利	7455.5	3.2	8	意大利	3128.6	3.1
9	日本	4803.7	2.1	9	日本	3055.9	3.1
10	西班牙	4546.6	1.9	10	新加坡	2400.0	2.4
11	比利时	3040.8	1.3	11	比利时	2058.0	2.1
12	塞浦路斯	2537.5	1.1	12	瑞士	1899.7	1.9
13	韩国	2382.6	1.0	13	巴西	1611.9	1.6
14	加拿大	2314.8	1.0	14	俄罗斯	1485.6	1.5
15	法国	2134.2	0.9	15	荷兰	1369.7	1.4
16	巴西	1570.4	0.7	16	法国	1362.0	1.4
17	挪威	1508.8	0.6	17	乌克兰	1319.0	1.3
18	瑞典	1332.0	0.6	18	挪威	1309.4	1.3
19	荷兰	1308.3	0.6	19	沙特阿拉伯	1188.1	1.2
20	奥地利	1065.3	0.5	20	斯洛伐克	960.5	1.0
	以上合计	225846.6	96.5		以上合计	88884.7	89.1

资料来源:根据IMF数据整理。转引自中国商务部《中国服务贸易发展报告2010》,中国商务出版社。

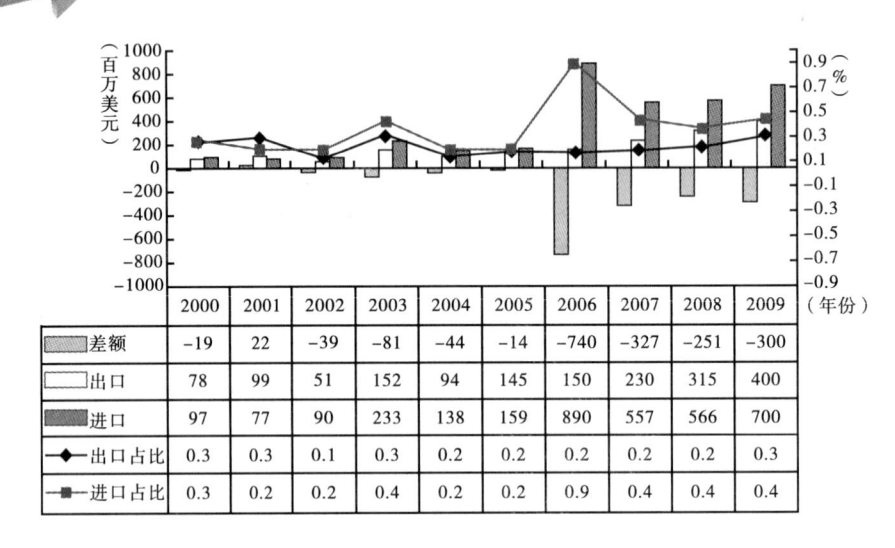

	2000	2001	2002	2003	2004	2005	2006	2007	2008	2009
差额	-19	22	-39	-81	-44	-14	-740	-327	-251	-300
出口	78	99	51	152	94	145	150	230	315	400
进口	97	77	90	233	138	159	890	557	566	700
出口占比	0.3	0.3	0.1	0.3	0.2	0.2	0.2	0.2	0.2	0.3
进口占比	0.3	0.2	0.2	0.4	0.2	0.2	0.9	0.4	0.4	0.4

图 7-1　2000~2009 年中国金融服务进出口情况

资料来源：国家外汇管理局。转引自中国商务部《中国服务贸易发展报告 2010》，中国商务出版社。

此外，中国金融机构"走出去"发展还没有形成规模。2009 年，中国工商银行马来西亚有限公司和阿布扎比分行相继获得所在国监管机构批准成立，均为几十年来首家获得同类型牌照的外国银行。到 2009 年，5 家大型商业银行在亚洲、欧洲、美洲、非洲和大洋洲共设有 86 家一级境外营业性机构；收购或参股 5 家境外机构，业务范围涵盖商业银行、投资银行、保险等多种金融服务领域。5 家股份制商业银行在境外设立分行、代表处或开展境外收购。这与外国金融机构相比还有很大的差距。

改革开放以来，中国经济高速成长。但是，在国际经济交往中，人民币一直处于弃而不用和完全边缘化状态。中国的高成长和庞大的社会经济与国际贸易规模，未能转化为中国的货币与金融的能量，而是通过集中的美元结算和美元资产的持有，为他人作嫁，支撑了美元和美国金融市场的发展，导致在国际货币和金融领域对美元和美国过度依赖。与中国和全球其他新兴经济体高成长格局下的这种过度依赖相伴随的，是美元错配（美国之外的主体大量持有美元资产，而不是基于其本国货币的资产）和货币与金融的不平衡不断发展，并使得美国不堪重负，相关的风险过度集中，且越来越大。美国前财长约翰·康纳利早在20世纪70年代就说过一句"至理名言"：美元是我们的货币，却是你们（世界）的问题。

要实质性地改变严重的货币错配状态，更均匀地在全球配置货币与金融资源，要在国家和全球层面缓解和消除货币与金融体系的不平衡，要发展中国在货币与金融领域的"软实力"，履行中国在全球货币与金融领域的大国责任，要保障中国的国家战略利益，支持中国的和平发展，支持中华民族的伟大复兴，就必须尽速推进人民币的国际化，以人民币为基础，以国际金融中心为依托，以金融机构境外商业存在为支点，尽快发展一个与国家综合实力相匹配、支持经济与社会可持续发展、促进全球货币与金融平衡、具有全球辐射力和竞争优势的金融服务部门。

打造中国金融服务部门的紧迫性，一是来自中国经济转型和产业升级的紧迫性，二是来自国际金融结构调整和国际金融秩序重构的紧迫性。

1. 从中国自身来看，经济转型和产业升级迫在眉睫

在全球贸易保护主义越发严重和国际贸易摩擦不断增加的背景下，中国过度依靠低附加值的货物贸易顺差拉动国内经济增长的模式，已经遇到了越来越多的外部障碍和越来越大的外部阻力。而且，在这种增长模式下，出现了在大国崛起的历史中唯独中国才有的国际贸易条件日益恶化的现象：一方面，国内有着巨大刚性需求的石油、铁矿石、其他重要原材料和关键零部件等进口品的价格不断走高，并且在国际具有市场垄断地位的铁矿石等供应商的狮子大开口的提价要挟和来自华尔街的金融大鳄的过度炒作的双重阻击下，陷入任人宰割的长期被动局面。另一方面，国内过度竞争和过度投资状态下大量生产出来的、以国际市场为导向的出口商品的价格不断走低,与此相伴随的是国内严重的环境破坏、恶劣的生产条件、微薄的劳动收入和大量企业艰难的生存状况,以致有人发出中国的"世界工厂"是"血汗工厂"的疑问。不断恶化的国际贸易条件表明,尽管中国是全球商品的生产大国和贸易大国,但却不能掌握商品定价的控制权,只能受制于人,牺牲自己,勒紧裤带、辛辛苦苦地为他人创造和输送收益,无法取得与中国庞大的经济与贸易活动规模相匹配的正常经济回报,并且回报的空间不断受到压缩。

此外,由于中国国内外金融投资渠道不畅,以极高的代价形成的高额外汇储备只能主要投资于实际利率为负的美国政府债券,实际投资损失十分巨大,同时国内的大量资金或者被用来进行高污染、低水平的重复投资和重复建设,或者被用来进行房地产等炒作,使得资产泡沫不断膨胀,出现严重的经济结构扭曲、资产配置不当和高水平的系统性风险。

要显著改善中国的国际贸易条件,改变高投入、低回报的局面,消除经济结构失衡,提高经济资源和资产的配置效率,控制和降低系统性风险,实现社会经济的可持续发展,就必须加快转变社会经济发展方式,大力推进经济结构转型与产业升级,大力发展具有高附加值的高端制造业和服务业,大力拓宽社会投资渠道,推进生产、投资和金融的合理化、全球化,在全球范围内构建具有全球持续竞争优势的完整的产业链和价值链,对本国的资产组合和国民财富进行全球化配置。

为此,亟须建成既立足于本土又有全球竞争力和辐射力的金融服务体系,为经济转型、产业升级、资产配置、全球投资提供必需的金融支持。并且,货币与金融市场国际化发展的本身,也会进一步推进现代金融服务业的发展,扩大中国高附加值的现代金融服务业的出口,改善出口结构和社会经济结构,为中国经济转型直接作出贡献。

2. 世界范围内，国际金融结构调整和金融秩序重构风起云涌

国际金融危机对发达经济体的金融体系和全球经济造成巨大冲击，削弱了美国等发达经济体在全球经济与金融领域的影响力，加速全球金融版图重构和国际金融格局再调整的进程，为我国的人民币国际化和国际金融中心建设提供了千载难逢的历史机遇，为我国打开了谋求国际金融领域战略核心利益的"机遇之窗"。打开这一窗口的具体因素包括：第一，修复全球金融体系过程中对国际货币体系和国际金融监管体系的改革呼声，为我国通过自身发展基础提出有利于维护我国金融战略核心利益的政策主张提供了机遇。第二，主要经济体受危机所累，对其货币的支持弱化，为以币值坚挺的人民币走向国际创造了条件。第三，发达经济体金融的暂时受创，新兴经济体尤其是金砖四国谋求货币金融领域的更大发言权，形成了国际货币竞争新格局，此外，亚太地区的新兴经济体也在通过国际货币体系改革和金融监管体系重构谋求自己的国际话语权，改变外贸市场与金融市场过度依赖美国的畸形格局，在格局转变过程中，急需一个新的区域结算货币与强大的区域金融中心提供支撑。第四，在应对此次危机过程中，我国提升了自身的国际金融地位，人民币的国际地位和影响力不断增强，中国在国际货币体系改革和国际金融监管体系重构中的重要性已经为世界所公认。

面对上述机遇，我国面临的挑战和问题是：第一，如何将庞大的经济与贸易总量有效地转化为支持人民币走向国际的动能，充分把握并扩大人民币国际化带来的发展机会。第二，庞大的国民储蓄和财富如何实现保值增值，包括如何解决以外币形态投资于他国证券形成的巨大货币错配问题，如何解决外币资产持有面临的资产缩水损失。第三，如何使境外本币金融需求能得到本土本币金融供给的响应：本币离岸市场已经产生并呈现交投活跃、争抢本币定价权之势，其表现一是人民币无本金远期交投活跃，汇率引领国际对人民币汇率的预期；

二是境外人民币资产独立供给能力激活，人民币利率市场化运行态势初成。

所以，我们需要以此为契机，一方面大力推进人民币国际化进程，在全球和亚太地区金融秩序重塑过程中顺势而为，不断提升中国在地区和国际金融市场上的话语权、影响力和行动力；另一方面全面深化与及时推进中国香港、上海等国际金融中心建设，在人民币和金融市场国际化的进程中，维护这些国际金融中心市场在人民币资产的全球交易、定价、结算的中心地位和全球人民币资产市场的主导地位，避免人民币资产市场的定价权和控制权旁落与外移，确保国际金融中心建设和人民币国际化相互支持、相互推动、相互促进。

二 主导全球服务外包价值链　掌控全球资源布局

服务外包的战略意义往往被人们所忽略。当前，对服务外包主要存在三种不够客观、不够长远、不够全面的认识。其一，仅仅从服务外包的经济贡献和就业保障出发，对服务外包举双手赞成。其二，仅仅看到当前中国服务外包往往处于国际价值链中低端，对服务外包投反对票。其三，仅仅看到当前中国服务外包的科技创新不强和价值增值不高，对服务外包的热度就不大。从经济全球化进程来看，服务外包的影响远远在这几个层面之外。成熟、发达的全球价值链是动态的、开放的，一个国家、一个企业融入其中，既以自有资源从中受益，又能借机将他国资源为我所用。服务外包是双向的，可以向他国接包，也可以向他国发包。双向互动过程完成了资源的整合与配置，这符合比较优势规律，也符合国际社会根本利益。在服务外包上有所建树，可以充分发挥后发优势，突破简单跟随式发展模式的陷阱，走上服务业跨越式发展的快轨。一方面，不断完善鼓励承接服务外包的政策措施，提高承接和吸纳能力，拓展外包市场和接包方式，逐步提升接包业务水平，加强接包企业能力建设，强化辐射带动效应；另一方面，大力推进本土企业服务外包与分工协作，推动各行业龙头企业分离非核心业务；大力培育本土中小和民营服务运营商，支持有实力的外包商向服务运营商的升级。通过两者的有机结合，可以最大限度地强化承接服务外包的外溢效应，更多分享服务全球化红利，创新服务业技术成长升级的路径。当一个国家、一个企业通过这样实现产业升级甚至上升为全球价值链的主导者时，它也必然是一个全球服务外包的运筹者、全球资源的调配者。这符合国家利益的战略定位。

首先，服务外包使各国产业发展的关联性、互动性日益增强，也使各国的经济、产业、技术乃至管理模式经历全方位变革。通过参与服务外包和国际发包，一国产业结构实际上已成为一个开放系统，在与其他国家产业结构的互动联系中成长运行。跨国公司是运筹这一切的强势力量。跨国公司一直是发达国家经济扩张的远征军，也一直是后发国家产业非线性升级的决定力量。新一轮全球化进程中，跨国公司将加快向服务化转型。进入21世纪，全球500强中服务型跨国公司已经占一半以上，制造业跨国公司中服务业收入所占比重也日益提高，它们主导了全球服务业跨国转移与外包；近年来服务业跨国投资流量占当年FDI的大部分，目前存量已占到全部FDI的2/3。印度鼓励承接服务外包的开放政策助推服务业发展升级，已经在全球价值链中掌握重要环节，几家大型公司已经成为服务外包和信息产业领域的航空母舰。目前各国在吸引服务外包领域的竞争呈现日益激化的趋势，中东欧、东南亚等地更多的新兴经济体都正在跻身其中。

其次，随着服务经济主导格局的深化发展，产业内部的服务外包能级、层级都在动态中调整与升级，服务外包与全球价值链的主导地位转移的关系日益紧密。新一轮全球化中，除了规模扩张和市场布局的总体格局将持续下去之外，服务外包伴随全球化的拓展，日益被作为一种新的商业模式呈现出诸多新的趋势与特点，显现出巨大的发展潜力与空间。一是外包日益向研发、销售、管理、咨询、物流、客户关系等高端环节渗透,目前信息技术和行政管理行业的外包比重最大,达55%和47%,物流、财务管理和人力资源管理也分别达22%、20%和19%,高端外包服务的全球收入增速远高于低端外包服务,估计美国离岸外包中技术密集型行业比重将由目前的50%上升到2015年的70%。二是IT和金融服务外包占据主导,IT与金融业的相互交叉、渗透和融合还将进一步强化服务外包的离岸趋势。三是继信息技术外包(ITO)、业务流程外包(BPO)之后,知识流程外包(KPO)展现巨大潜力和升级空间,外包业务的技术复杂性将不断提高,外包市场结构将不断升级。KPO专注于价值链的高端环节,主要包括市场调研、投资评估、业务咨询、法律服务、软件设计、专利申请、芯片设计等研发业务,更充分展示了服务外包高端化的趋势,虽然起步较晚,但其高速成长和纵深拓展的空间十分巨大。四是物联网、云计算技术发展,推动ITO、BPO、KPO三大业务向纵深方向发展。[①] 五是服务外包的工业化和产品化趋势。外包的规模化和竞争的加剧推动服务供应商加快外包标准化,使外包服务更简单、更具可重复和可操作性,随之而来的是服务外包呈现出工业化或产品化的趋势,大型外包合同减少、合同期缩短、外包更加模块化,"服务混合与客户混合"成为外包业务的新特点。服务外包的工业化和产品化趋势必将助推其走向规模经济和范围经济,大大提高外包竞争和效率,优化提升外包供应质量,并进而激发出外包业务的更强成长性和业务领域的全面拓展。六是离岸服务外包大大拓宽了服务贸易的内涵和外延,加快了全球服务贸易的发展与升级,不仅增加了一系列新的服务贸易项目,大大提高了服务的可贸易程度,而且加速了服务贸易产品创新与升级,为服务贸易发展注入巨大生机活力。

国际金融危机过后,新一轮经济全球化全面启动在即,服务外包

---

① 参见本书第一章、第二章有关内容。

的全球新趋势仍将延续。后危机时代的服务外包市场仍将展示新的蓬勃生机与活力。国际金融危机短期内也给服务外包带来一定的不利冲击，世界经济衰退导致全球服务需求有所下降，发包方需要应对调整全球布局、控制成本和业务重组的压力，接包方则面临短期订单减少、客户降价以及同业竞争加剧的压力，发达国家因就业压力和保护主义抬头还出现一些"反全球化"和"反外包化"情绪。但是，危机对服务领域的影响相对较小，服务外包没有出现全面收缩，中国和东亚一些新兴市场承接服务外包逆势上扬，一些跨国公司在调整外包业务布局同时仍在拓展服务外包的深度和广度，并出现一些新的特点。

后危机时代，世界产业进入大调整、大重组、大变革时期，服务全球化和外包领域是大调整的战略重心，孕育新的产业革命与创新的黄金机遇，主要有以下值得注意的趋势：一是为了减缓企业运营成本和同业竞争压力，企业外包动力和意向反而趋于强化，越来越多的企业更加重视将非核心业务外包到成本更低的国家，外包市场总体呈现更广阔的前景。二是BPO成为企业危机后恢复扩张的重要平台，可帮助企业更好利用外部核心知识、优化价值链、共享服务和快速实现收益。三是跨国公司很多开始倾向于将ITO、BPO和KPO业务捆绑式发包，开展一条龙式深度服务合作，提升核心竞争力，这将推动服务外包业务和企业商业模式的进一步创新，创造出新的商业机会与空间。四是危机后全球服务外包大重组将带动服务外包产业结构和市场格局的新一轮调整，全球外包行业加剧重新洗牌和分化态势。五是服务外包领域跨国并购重组掀起新的高潮。新的并购高潮正蓄势待发，[1] 推动服务业和整个产业组织革命的新高潮。总之，伴随世界经济的逐步复苏和新一轮经济全球化的酝酿发展，在外包规模和市场布局进一步拓

---

[1] 实际上，2008年下半年以来，这一趋势已经显现，出现了塔塔咨询、凯捷咨询等一系列并购案。

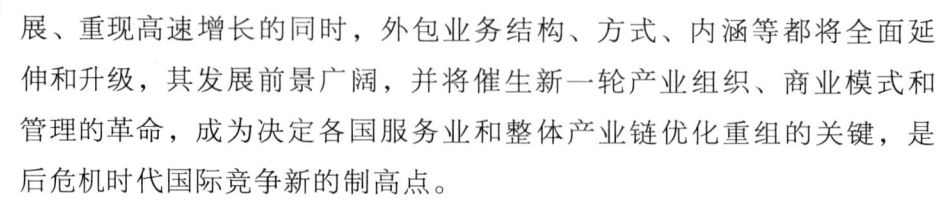

展、重现高速增长的同时,外包业务结构、方式、内涵等都将全面延伸和升级,其发展前景广阔,并将催生新一轮产业组织、商业模式和管理的革命,成为决定各国服务业和整体产业链优化重组的关键,是后危机时代国际竞争新的制高点。

我国也已经具备了进一步参与服务全球化、承接服务业国际转移的基本条件,优势主要有几个方面:一是良好的宏观经济态势和巨大的市场优势。二是庞大的制造业创造着巨大的服务需求,使我国对跨国公司保持着较强的吸引力,成为我国参与服务全球化、承接离岸外包的最重要支撑。三是巨大的人力资源储备。每年,我国接受高等教育的大中专毕业生达到五六百万人。四是产业升级对外包存在巨大的需求。五是我国坚持对外开放的政策,一些沿海发达地区有着良好的开放环境和意识,在制度创新和特殊功能区域开放开发方面走在前列,具备在服务业全面实施开放带动战略的基础。五是国家鼓励服务外包政策措施逐步完善,20多个服务外包示范城市引领作用不断加强。六是我国拥有港澳台这样的外包中转地。以中国香港为例,她既有一大批为服务业跨国公司服务的二级、三级代理商,也有一些高端的一级代理商和本地供应商,如香港利丰公司就具有比较强大的供应链管理能力,能够设计、预定、组装,并把产品交付给最终购买者。内地外包企业可以从承接两三家外包起步,逐步积累经验。总之,我国将成为国际服务转移和外包的重要目的地,越来越多的跨国公司将中国作为重要的外包基地甚至是区域战略基地。

三 扼住物流运输分销服务命脉 掌握资源集散和配置

如同服务外包作为一个产业或生产组织方式却具有战略性的重要意义一样,从国家经济安全和全球资源配置的战略高度来看,物流、运输、分销服务部门的崛起,已经超出了商品位移、使用价值传递、行业资源调配等经济范畴。以目前占世界运输总量约七成的海航为例,是它缔造着人类历史。航运可以创造一个国家的辉煌。西班牙、葡萄牙、荷兰、英国，一个个航海大国崛起，筑就了一个个世界经济霸主。航运可以改变世界发展的轨迹。哥伦布、麦哲伦开创的大航海时代，"地理大发现"，改变了世界的格局。中国的复兴，更离不开航运事业的大发展。中国地缘政治相当复杂。海岸线漫长，海防安全至关重要。只有大力发展航运事业，才能不断夯实中国实体经济基础。只有大力发展航运事业，才能有效保障中国国家经济与政治安全。只有大力发展航运事业，才能不断加快中国经济开放与发展的步伐。

中国在制造业和货物贸易领域的优势的传承、转型、升级，有赖于物流、运输、分销服务的支撑。中国是一个货物贸易大国，但是却做不到"国货国运"。中国货物贸易发展势头强劲以及吸引外资、对外投资、工程承包的持续快速增长，构成对外贸易货物运输量从2001年的7.186亿吨增加到2010年的37.2亿吨，增长了4.17倍。但是，我国货物出口使用离岸价格FOB、进口使用到岸价格CIF的比例一直很高。中国国际物流目前面临一些困境：从管理上看，主管机构多达十几个部门，各持章法，割裂了现代物流供应链的属性，缺乏协调管理的主导者。从政策上看，国际物流运作环节税率不统一，税负偏高。从运营成本上看，仓储类物流企业土地使用费不堪重负，道路交通费用过高，燃油价格上涨。从投融资方面看，物流企业基础设施用地难，中小企业贷款、融资难。从市场看，中国虽然是货物贸易大国，但是贸易合同的主导权在境外，从而加速了货物运输代理权的外移，中国的本土企业只能在狭小的市场中竞争，更多的成为境外代理者的区点服务商。从企业主体看，目前小企业占了货代物流企业的一半以上，小、少、弱、散是行业的基本特征。从运输条件看，船队规模小、服务航线少、全球调度营运能力弱。截至2009年年底，有142家境内外国际集装箱班轮公司在中国取得国际集装箱班轮运输经营资格，从事进出中国港口的班轮运输业务，

其中境外公司数量约占2/3。

2009年，中国运输服务出口和进口均出现负增长，其中运输服务出口236亿美元，比2008年减少38.6%；进口466亿美元，减少7.4%。2000~2009年，中国运输服务出口年均增长26.4%，占中国服务出口总额的比重由12.2%增长到18.4%；中国运输服务进口年均增长18.8%，占中国服务进口总额的比重基本维持在30%左右，成为中国最大的服务进口部门；中国运输服务贸易逆差从67亿美元上升到230亿美元，是中国服务贸易逆差最大的行业。

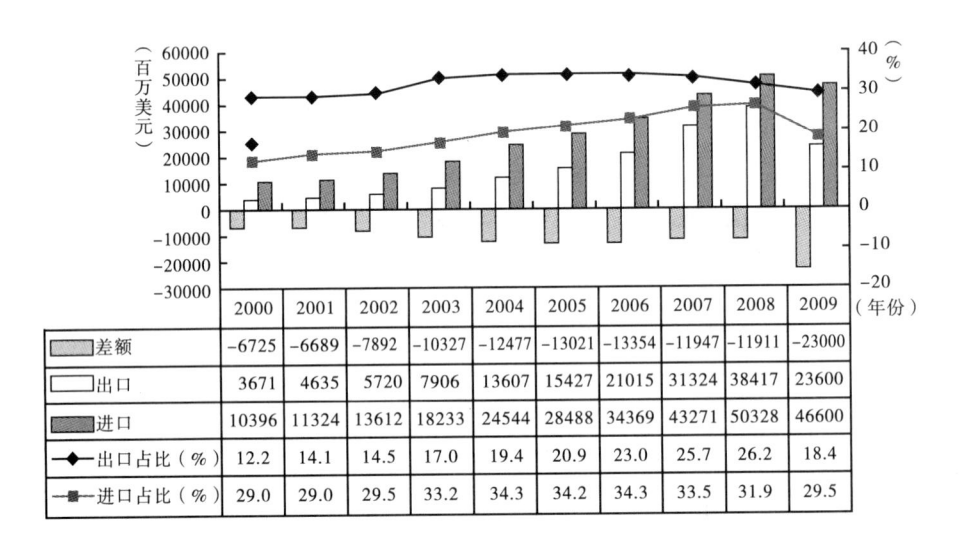

	2000	2001	2002	2003	2004	2005	2006	2007	2008	2009
差额	-6725	-6689	-7892	-10327	-12477	-13021	-13354	-11947	-11911	-23000
出口	3671	4635	5720	7906	13607	15427	21015	31324	38417	23600
进口	10396	11324	13612	18233	24544	28488	34369	43271	50328	46600
出口占比（%）	12.2	14.1	14.5	17.0	19.4	20.9	23.0	25.7	26.2	18.4
进口占比（%）	29.0	29.0	29.5	33.2	34.3	34.2	34.3	33.5	31.9	29.5

图7-2　2000~2009年中国运输服务进出口情况

资料来源：国家外汇管理局。转引自中国商务部《中国服务贸易发展报告2010》，中国商务出版社。

2010年，我国社会消费品零售总额达到15.5万亿元，生产资料销售总额36万亿元。随着我国扩大内需长效机制的确立以及经济增长向消费、投资、出口协调拉动转变，将进一步释放城乡居民消费潜力，国内市场总体规模将进一步扩大。预计到2015年，我国社会消费品零售总额和生产资料销售总额分别达到30万亿元、76万亿元。商贸物流将迎来一个快速发展的新局面，更多的国际物流企业将会把业务服务范围拓展到中国市场上。更多的本土物流企业也将做大做强，在物流业"引进来"、"走出去"良性互动的过程中逐渐成长壮大。

当前和今后一个时期，要从全球经济一体化的广阔视野拓展物流、运输、分销服务的产业外延和市场空间；要以改革创新的科学思维为物流、运输、分销服务的长远建设与发展创造良好环境。

应该立足于增长动力和发展模式的可持续，建立一个"创新驱动、内生增长"的发展模式，为航运发展提供持续的原动力，使之不断适应国际经济形势的变化，始终保持竞争优势。当前，主要是关注三点，一是要注重传统运输、仓储、销售方式与现代航运技术、物流技术、电子商务等的有机结合。例如，从国际货物运输的角度而言，电子舱单交换可能是一种新的商务制度模式。建立中国自己的电子舱单交换中心是物流科技进步的必然趋势，也是"绿色经济"发展的客观需要。二是要注重传统货物运输、仓储与现代航运服务、分销服务的融合共同发展。现代物流应该是综合性的服务网络。三是要注重物流企业、航运机构培育与航运中心建设相结合。伦敦作为世界性的航运中心，除了在传统货物运输方面具有雄厚的实力外，波罗的海航运交易所、克拉克松等全球著名的航运机构发布的运价指数还为国际航运企业的经营管理提供重要指引作用。中国的港口，航运吞吐量较高，但在航运服务领域包括航运咨询、船务经纪、船舶分级和登记、船舶融资和租赁、海上保险、船舶交易、海事仲裁等方面都还比较薄弱。同时，中国船舶公司的全球布点能力弱、船队规模有限、信息服务滞后，难以承担密集的全球调度航运能力。因此，大港口与大公司的强强联合是打造中国航运、中国物流的关键。首先，现代意义上的国际航运中心，基本功能是综合性的。世界上一些区域性或国际性航运中心主要都是伴随着历史上的工业与海运的发展而发展，难免留有一些传统的烙印，比如在航空运输发展方面可能会有所欠缺。随着全球经济一体化的发展，海运、陆运、空运开始共同分担全球资源配送。航运中心只有及时实现功能转型，与全球化时代的航运需求紧密相连，才能保持自己在全球航运业的地位。中国就要充分利用国际航空运输飞速发展这一机遇，利用上海等沿海港口城市、重庆等沿江交通枢纽等在江、海、空、铁等各种运输方式的核心枢纽地位，发展综合性的国际航运中心。实际上，向现代物流转型已经是亚洲港口的共同趋势。如韩国政府经济协调会近年提出釜山港的转型目标是以"全球物流网络策略"取代原来的"东北亚航运枢纽"。中国台湾地区的高雄港也把建设"境外转运中心"的目标修正为"区域物流中心"。航运中心功能的类似拓展和转型，可以促进港口从数量规模扩张为主转向以质量效益为主，进一步提升适应性和竞争力。其次，现代意义上的国际航运中心，辐射效应是全方位的。一方面，世界上重要的航运中心往往同时也承担着金融中心、贸易中心等多元角色。伦敦、纽约、中国香港、新加坡都是典型代表。其中部分原因在于，现代化的航运业务发展可以在金融、投资、贸易等领域产生辐射力。[1] 另一方面，经济全球化时代，国际航运中心在地理空间上的辐射效应也是大范围的。

要加大开放力度、加快改革进程。就外部环境而言，中国亟须提升在世界航运界的话语权。其中，规则制定、资源配置两个方面的话语权尤显重要。一方面，中国在国际航运新规则的制订中尚缺乏应有的影响力和话语权。因此，我们需要加大开放力度，既要全面参与国

---

[1] 以中国国际经济交流中心 2010 年发布和推介的课题研究成果"上海航运指数（SSI）"为例，它将有力地推动金融衍生产品的研发，加快上海金融业的发展。此外，2010 年 1 月 15 日，上海航交所与投行摩根士丹利达成了全球首笔集装箱运价衍生品交易，向金融衍生品发展方面迈出了重要的一步。下一步，应该继续研究推出其他衍生指数产品，形成反映国际航运业各方面信息的指数系列。通过这一系列指数产品，可以在上海逐步聚集一批在航运金融和服务方面实力强大的机构，加强与国际大公司之间的密切合作，加快上海航运金融业和高端服务业的发展。

际航运竞争、熟悉国际航运惯例,又要善于主动输出航运、海事法律制度和理念,积极参与国际航运规则的制定。另一方面,我国在全球定价及资源配置领域还缺少足够的话语权。① 这是我国国际航运贸易长期以来一直处于逆差状况的重要原因。此外,中国物流、运输、分销服务体系的构建,不能缺人才。高端国际航运营运管理人才培育力度不强,这也许是当前的一个重要瓶颈所在。目前,全国没有一个学校设有"国际航运"专业;现有的"交通运输"学科也正在失去国际与海洋的特色;而运输、航运又与管理、营销相割裂,认为地区分所为管理人才与技术人才,却只能培养出一些偏才,得不到全才。这一点着实令人担忧。必须抓紧通过完善学科设置、发展社会培训、加强国际人才交流与合作等渠道培养出一大批物流、运输、分销方面的综合型人才,形成充足的人力资源储备。

四 打造文化产业 增强国家软实力②

"文化、娱乐——而不是那些看上去更实在的汽车制造、钢铁、金融服务业——正在迅速成为新的全球经济增长的驱动轮。"③ 更重要的是,文化产业形成了国家的软实力,可以增强一国在国际社会、国与国之间、民族与民族之间的亲和力。

---

① 在这方面,"上海航运指数"的研发可以看做是加快这种软环境建设、增加话语权的一次重要探索。它是迄今为止国际上唯一一个旨在表征全球航运景气信息的综合性指数。它站在全球的角度,综合考虑影响行业价值的所有资源要素,包括产业需求规模、产业收益水平等宏观指标和船舶供给和海运需求、运价与成本等微观指标。通过这些指标数据的采集和加工,"上海航运指数"可以更全面、系统、真实地反映全球航运资源的利用情况,也可以从市场景气状况的角度更直观地引导全球航运资源的有效配置。

② 关于中国文化产业和文化贸易的发展,中宣部改革办高书生、中国对外文化集团张宇等进行了较深入的理论阐述,也具有较丰富的实践体验,本书参考了他们的研究成果。

③ 〔美〕沃尔夫:《娱乐经济》,光明日报出版社,2001,第14页。

文化产业是现代服务业的重要组成部分，要结合当前应对国际金融危机的新形势、国家扩大内需和文化领域改革发展的有利契机，加快振兴文化产业，充分发挥文化产业在调整结构、扩大内需、增加就业、推动发展中的重要作用。我国文化产业发展起步相对较晚，产业链短小，以传统的单向化经营模式为主。要加快发展文化产业，通过统一的市场环境配置文化市场资源，将资源条件与产业紧密结合，实现文化产业的跨领域融合，走产业化的道路。

联合国教科文组织认为，文化产品一般是指传播思想、符号和生活方式的消费品。它能够提供信息和娱乐，进而形成群体认同并影响文化行为。基于个人和集体创作成果的文化商品在产业化和在世界范围内销售的过程中，被不断复制并附加了新的价值。图书、杂志、多媒体产品、软件、录音带、电影、录像带、视听节目、手工艺品和时装设计组成了多种多样的文化商品。日本学者把文化产业划分为三类：第一，生产与销售以相对独立的舞台形式呈现的文化产品，如书籍、报刊、雕塑、影视等产品；第二，以劳务形式出现的文化服务行业，如戏剧演出、体育、娱乐、策划、经纪业等；第三，向其他商品和行业提供文化附加值的行业，如装潢装饰、形象设计、文化旅游等。① 文化产业是知识经济的重要组成部分，而且起着主导作用。进入21世纪以来，文化产业部门是世界经济增长速度最快的部门之一。

打造中国文化产业，意义深远。在世界范围内，以高新技术为依托的经济发展，扩大了国际间贫富差距，教育程度和高科技的开发能力是经济发展的主要基础，而发展中国家在这方面与发达国家存在着巨大差距，而且这种差距难以在短时间内消除。因此，如果仅仅想从这个领域去追赶发达国家，恐怕在短期内难以奏效。但是，

---

① 〔日〕日下公人著《新文化产业论》，范作申译，东方出版社，1989。

像中国这样的发展中国家，却具有发达国家所不具有的文化资源优势。文明历史悠久，文化遗产丰富，为发展文化产业提供了先天的条件。

文化产业化发展应当主要依靠市场。我国正在推进的文化体制改革，就应当在这方面作出大胆探索。要形成以文化企业为主体，以文化市场为导向的文化产业发展机制，充分发挥市场在文化资源配置中的重要作用。当前，我国在这方面的实力比较薄弱。《功夫熊猫》这样的好莱坞电影阁楼，恰恰是搭建在中国两大重要文化符号之上的，一是功夫，二是熊猫。是美国电影市场力量唤醒了中国传统文化符号背后的经济价值。用市场化、国际化的表现方式来包装中国文化符号，生产出具有原创性的文化产品，这是一条可行的路径。

但是，就像在其他领域一样，市场总有失灵的时候。市场对文化也有用进废退之虞。因此，文化资源的保护尤为重要。文化生产如同工业生产依赖于原始的自然资源一样，也要依赖于文化领域的原始资源。如同自然资源一样，文化资源有朝一日也会开采殆尽。因此，如何保护和合理运用我们丰富的文化资源也可以说是中国发展和参与国际竞争的重大的战略问题。这是一个经济问题，更是一个重大的社会问题，应当引起重视。重新认识文物和文化遗产在经济和社会发展中具有的不可代替的重大战略意义从而自觉予以保护，保护文物和文化遗产就是保护中国的经济发展，就是开辟中国的未来。

在新一轮经济全球化进程中，以高新技术为支撑的产业发展仍然是经济社会前进的动力，同时，以内容为支撑的文化产业发展也将给经济社会发展注入活力，两者有可能相互渗透，共同构成未来经济的主流。中国要打造自己的文化产业集团军，应当有更广阔的视野、更开放的思想和更长远的战略。当前的重点有两个：一是要推进文化体制改革；二是要实施文化贸易国家战略。

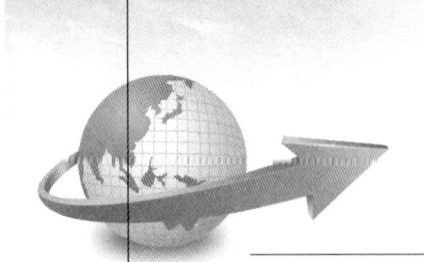

【专栏 7-2】

联合国推荐的创意经济发展政策①

根据联合国贸发会议的研究，各国创意经济发展政策一般包括以下内容：第一，明确具体目标。一般而言，创意经济发展的直接目标在于推动文化生产（包括产品和服务），进而实现两项相互结合的间接目标：一方面是促进经济增长，另一方面是通过促进文化发展加快社会进步。第二，制定政策举措。各国支持创意经济发展的举措主要包括：财税支持（包括财政补贴、税收减免、投资奖励、Business Star-ups）、法规规章（版权保护、当地成分比例、规划法、外商直接投资监管）、贸易相关措施（如进口配额等）、教育和培训、信息服务和市场开拓服务、国际合作（如文化交流、文化外交等）、社会保障和福利政策（包括保护文化多元化）。第三，政策实施、监督和评估。

就发展中国家而言，要推动创意经济发展，急需在以下几个方面采取有效举措：一是加强基础设施建设。政府要加强硬件和软件基础设施建设。在市场经济环境下，这两方面的基础设施既能够保障市场更加有效的运作，又能维护并提升公共利益。二是完善投融资体系。许多小型创意文化企业无法获得信贷及投资。三是推动体制机制创新。这对于计划经济向市场经济转型的国家而言十分重要。当前，中国在国家发展规划中已经明确提出了公益性文化事业与经营性文化产业的区分，文化领域的体制机制改革正在有序推进。四是开拓服务出口市场。国外经验表明，面向海外市场、积极利用 FDI、大力推动产品和服务出口等都是成功的创意文化产业发展策略。在东亚国家尤其如此。例如，新加坡创意经济发展策略的目标定位在把新加坡建设成"亚洲

---

① 资料来源：UNCTAD《2010 创意经济报告》。

的创意新港湾"。通过这一发展战略,新加坡成功吸引了电影国际投资商 RGM 控股,日本的电子游戏开发商 Koei 公司以及汽车及汽车产品设计商 BMW 设计室。此外,53 家外国媒体在过去四年间在新加坡设立了区域总部。与新加坡类似,中国香港地区创意经济的发展在很大程度上得益于其以中国内地为目标市场的出口导向型文化产业发展策略。美国的创意产业发展具有强大的竞争优势,其成功秘诀也在于从海外市场获取丰厚的发展机遇和企业盈利。五是保护知识产权。创意产业的发展基础是知识产权。因此,创意产业发展的法制体系的重要内容就是严格执行与文化产品和服务相关的知识产权保护制度。有效的知识保护体系可以维护文化原创者的合法权益,激励其持续创新,从而也成为进入国际市场的重要前提。当前,亚非拉地区很多发展中国家已经通过了知识产权保护立法,非洲地区包括阿尔及利亚、喀麦隆、科特迪瓦、吉布提、加纳、肯尼亚、马达加斯加、马拉维、马里、毛里求斯、纳米比亚、尼日利亚、南非、坦桑尼亚、赞比亚等国。但是,在其他很多发展中国家,文化产品和服务要么享有的知识产权保护非常脆弱,要么根本没有。即便在有知识产权保护体系的国家,其在执行和监督过程中也往往存在问题,突出表现为效率低下、程序不透明等。在很多发展中国家,盗版是创意文化产业发展面临的一大障碍。六是形成创意产业集群。产业集群形成了一个网络体系,在这个网络体系内,独立运作实体的个体功能和潜力可以得到最大限度发挥而又不至于枯竭。文化产业集群可以容纳那些相互竞争的创意产品和服务,也可以推动创意产品和服务在更大的范围内实现合作。经验表明,文化产业集群可以自然演化而来,也可通过规划方式人为促成。在范围上可以涵盖很多个部门,也可以只集聚几个行业。文化产业集群还可以为特定区域的经济发展作出贡献,如西班牙的巴塞罗那、阿根廷的罗萨里奥(Rosario)以及中国上海等城市的部分区域,近几年来创意产业园区建设方面都取得了可喜的成绩。文化产业集群对创意产业不同部门内部或不同部门之间的融合发展作出了积极贡献。七是加强创意经济统计。

政府推动创意经济发展的具体抓手主要包括：鼓励非正规创意活动发展，支持艺术家个人创意活动，鼓励和支持中小企业发展，完善公共文化体制，扶植大型文化企业集团，推进国际文化交流与合作。

(1) 鼓励非正规创意活动发展。

创意经济的市场主体，大多是小型企业，常常是家庭手工作坊，在最不发达国家尤其如此。这些企业往往不在政府监管范围之内，也不在扶持发展的对象范围之内。为了全面发掘此类创意产业的发展潜力，需要通过制定并实施有关策略和政策，推动这些"非正规经济部门"融入经济主流，使其享有其他经济部门所享有的法律保障和经营便利。

(2) 支持艺术家个人创意活动。

艺术家个人是创意灵感的根本来源和传统知识最好的诠释者，是大多数创意产品和服务价值链的前端不可或缺的关键元素。政府可以采取的措施包括：授权支持从事创意活动的艺术家；协助进行教育、培训和技能开发；支持艺术家组织，由其作为艺术家利益的代言人、维护者和协商者；实施版权监管，对艺术家个人创造提供法律保护。

(3) 鼓励和支持中小企业发展。

创意产业领域，中小企业占据主导地位，这就要求政府在制定政策、作出决策的时候，充分考虑企业规模。中小企业在从事创意活动时面临的制约与其在其他行业发展类似。其中重要的制约就是创意项目的融资存在困难。当前，将创意灵感转化为产品或服务的过程往往具有资本密集的特征。融资难是创意企业发展壮大面临的关键阻碍。有些国家，金融部门能够满足小企业的融资需求，创意产业得到了"正规"认可，中小企业发展起来就很顺利。这对大多数发展中国家而言可能正好相反。

中小企业还面临一个挑战,即缺乏市场营销、财务管理等足以影响技术更新的商务技能。对发展中国家的中小企业而言,这个挑战更加严峻,部分原因在于创意产业在大部分发展中国家中,"创意产业"还是一个十分新的概念,而且当地缺乏足够的配套服务。

因此,要鼓励和支持发展"草根融资",为中小企业从事创意活动提供启动资金。对于中小企业而言,微型贷款独具吸引力:一是它提供的资金足够中小企业作为启动资金和工作经费。二是它足够推动中小企业发展到可以吸引投资者或其他形式和更高金额贷款的阶段。三是它的灵活性和适应性强,适于当地特定条件下企业的发展。四是它帮助中小企业克服了一些融资困难,如创意产业内容本质上是无形的,难以此作为担保抵押而获得贷款;大额商业贷款还存在风险管理问题。

(4) 完善公共文化体制。

政府在大部分国家的创意经济发展中扮演着重要角色,主要手段是通过拥有并运营艺术展馆、博物馆和历史遗址等。政府是历史性公共建筑、艺术著作等文化遗产的所有者。政府在文化方面履行这些义务,应该作为创意经济的重要内容,特别是政府在利用这些设施发展旅游、促进社会融合、彰显文化多样性优势的时候。

(5) 扶植大型文化企业集团。

发展中国家大规模企业的崛起,是本国企业发展壮大、成立跨国公司的共同结果。发达国家如美国、德国,都是通过重点扶持大型文化跨国企业,带动文化产品和服务出口。

(6) 推进国际文化交流与合作。

国际文化交流与合作可以发现新的文化市场,从而激发文化产品、文化服务的新需求与文化创新的活力。

【专栏 7-3】

上海创意产业蓬勃发展①

创意经济、创意产业这样的概念对中国的经济和社会发展产生了重要影响,其中最突出的是它们帮助人们发掘了"文化"的经济价值。中国的政府、学界对创意经济的价值给予了充分的重视。这一新兴的文化观和经济发展实践,凸显了文化和艺术活动的经济效应,使得对文化和艺术经济活动采取支持和促进手段显得颇为重要。正因为这样,在中国许多城市,更多使用的是词汇是"文化创意产业"而不是"创意产业"。

中国有着悠久的历史和丰富的文化遗产,人们对文化产品的需求越来越旺盛。中国已经成为世界第一的出口大国,但是出口产品都只是"中国制造",而不是"中国创造"。新一代中国年轻人,玩儿的是韩国游戏,看的是日本卡通和好莱坞的电影。包围着中国消费者的产品越来越多是外国创意产品。2006年一次上海的创意产品调查显示,20~35岁的人群更钟情于国际品牌,而且年龄层次越低,这一倾向越强。这一现象背后的主要原因在于文化和经济往往是相互独立的。但是,创意产业的发展有助于扭转这种消费倾向。创意产业聚焦于文化和创意,进而向价值链上的其他相关产业延伸,为产品和服务价值增值带来更宽的拓展路径。

进入21世纪以来,越来越多的中国城市开始认识到创意产业的重要性并开始积极推动。长三角地区的16个城市中,已经有14个在大力推动创意产业发展。此外,北京也出台了有力举措,支持创意产业发展。

上海在促进创意产业发展方面是全国的领头羊。在这一过程中,上海市政府发挥了重要作用。在上海的"十一五"规划中,促进创意产业发展被列为发展现代服务业的关键内容。过去一段时期,上海是中国制

---

① 上海创意产业集聚发展被 UNCTAD 作为成功范例编写入《2010 创意经济报告》。

造业的佼佼者，但近年来，上海把产业发展方向转向服务业和金融业。2007年，优先发展创意产业，推动产业结构调整，构建一个聚焦服务经济发展的新机制。在《上海创意产业发展指导意见》中，创意产业发展包括五个方面的内容：研发（包括广告、动漫、软件和工业设计），建筑设计（包括施工设计和室内设计），文化传媒（包括艺术、书籍和报刊出版、广播、电视、电影、音乐以及表演），商务服务（包括教育与培训、咨询服务等），生活服务（包括时装、休闲、旅游和体育等）。

创意产业已经占上海GDP的7%左右。为了使上海发展为一个创意城市，上海市政府定下了2010年创业产业占上海GDP比重达到10%的发展目标。

上海的创意产业发展经过了三个发展阶段。

第一阶段，创业产业园区。这是"旧厂房+艺术家"的模式。早期，上海市内的很多旧厂房被翻新，成为现代化的办公场所，但在室内仍保留着许多原厂房的设备和外观。这些建筑有着高挑的楼层，视野开阔，为艺术家和企业家汇聚创意、起步创业创造了理想环境。由于这些旧厂房原本已经闲置，因此租金相对较低，这对创意公司和艺术家个人而言都非常有利。这一模式取得了很大的成功：截至2007年3月，上海已经建成了75家创意产业园区。由于很多创意公司都是小本创业，这种模式的创意产业园区在汇聚小型企业、创造便利发展条件方面发挥了重要的作用。而且，这种企业集聚也有利于创意产业的服务分销，因为客户可以在同一个地方发掘多家创意服务提供商。随着创意产业园区的发展，周边环境得到了很大的改善。但是，这一发展模式也存在一些缺陷，比如创意产业园区仍然是以租为主，园区的所有权人是原厂房的所有者，创意企业只是承租人。随着创意产业本身的发展，园区内房产租金也水涨船高，一些小型创意企业和艺术家个人就会选择退出，从而阻碍园区的进一步发展壮大。

第二阶段，创意产业集群。产业集群形成的难易程度取决于当地文化和艺术资源的独特性与丰富程度。如上所述，创意产业园区逐渐难以承载创意产业扩张的需求。上海市政府已经暂停设立新的创意产业园区，已经设立的75家创意产业园区得以保留并继续发展。在这些既有的产业园区基础上，政府开始推动形成创意产业集群。创意产业集群区别于产业园区的新特点在于它充分考虑到当地文化和艺术资源的特点，从而有意识地集聚一些特定的创意产业。结果这些特定产业的价值链上的各类企业和相关业态就逐步汇聚成一个创意产业集群，它们在此专精于发展某个特定的创意产业。这一类特定的产业主要包括：剧院和文化演出产业集群，电影电视产业集群，动漫卡通和游戏产业集群以及知识产权集群。例如，张江文化和技术创意产业集群就吸引了大量的动漫、游戏、电影和电视及其后期制作服务产业。目前，这一产业集群的游戏软件产出达到了中国总量的70%。

第三阶段，创意产业项目建设。指的是以价值链为基础的重大项目。上海积极推进创意产业项目建设。上海将集衣、食、住、行、游为一体，形成一个综合性的创意产业项目，为办好2010年上海世博会奠定了基础。

中国文化专业的崛起要把大力发展文化贸易作为一项国家战略加以推进实施。文化产业大发展有利于推动国民经济快速增长，文化产业大繁荣有利于传播本国文化，扩大国家的国际影响力和辐射力，提高国际综合竞争力。文化具有独特的渗透力。中国应该在世界广泛传播中国文化的影响力，并通过国家文化软实力的提高，提升国家形象的美誉度。文化产品和文化服务传达着观念、价值和生活方式，是极具个性化的产品和服务。文化贸易的价值超过了其商业价值，与其他贸易相比，它会在意识形态等方面对输入国消费者产生潜移默化的影响。因此，文化贸易是各国服务贸易政策关注的重点领域。同时，由于文化贸易标的物的特点，各国无法通过统一的国际标准或关税进行

限制，而更多地采用国内的政策、法令的修改进行限制，如市场准入制度以及非国民待遇等非关税壁垒形式。

丰富的文化内涵和不同的文化服务，融入了几乎所有的产业和贸易领域，餐饮文化、居住文化、服饰文化等，在不同的文化背景下都反映出多样的文化价值取向。尤其是文化产品和文化服务与信息技术的结合，更加速了文化的传播速度，加大了扩展范围，因而更增强了文化产品和文化服务的可贸易性。

新一轮经济全球化全面启动的时期，也是中国改革开放和现代化建设的重大战略机遇期。大力发展对外文化贸易，对于我们抓住这一战略机遇期，全面推进我国的文化建设、政治建设、社会建设和经济建设，具有十分重要的意义。

第一，实施文化贸易国家战略，是提升对外文化经济功能的必然要求。随着服务经济时代的到来，消费结构发生很大的变化，对于文化商品和文化服务的需求越来越广泛，市场也越来越大。国际文化市场包括文化产品市场、文化服务市场、文化要素市场、文化附加值市场等，已成为国际竞争新的焦点，成为各国共同关注的重要战略领域。中国经济要在国际舞台迅速崛起，必须在文化贸易市场中抢占一块自己的领地。

第二，实施文化贸易国家战略，是传播中国文化理念、树立中国良好国际形象的必然要求。文化产品和文化服务具有一般商品和文化特殊商品的双重属性。一个国家的对外文化贸易，不仅具有经济的价值，而且具有外交、外宣功能，传播了它的意识形态和价值观念。美国政府之所以大力推动美国电影走向世界，是因为好莱坞的电影走到哪里就把美国的价值观念和商业利益带到哪里。通过大力发展对外文化贸易，能够树立起一个改革开放的新中国形象，赢得更多的贸易伙伴和国际朋友。

第三，实施文化贸易国家战略，是开发文化产品附加值，转变中国对外贸易发展方式的必然要求。优质的文化产品和文化服务，可以向其他的制造业、服务业、养殖业和种植业，提供丰富的文化附加值，为其

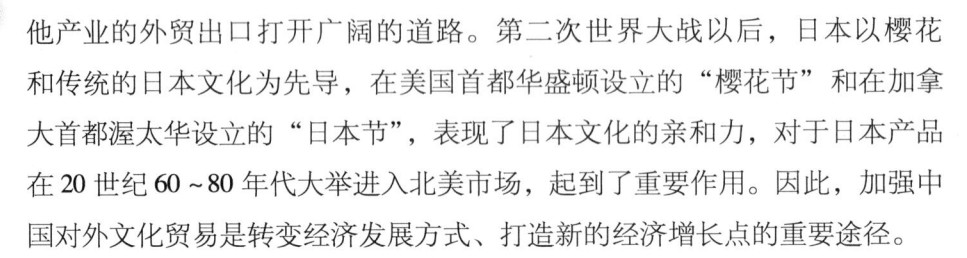

他产业的外贸出口打开广阔的道路。第二次世界大战以后，日本以樱花和传统的日本文化为先导，在美国首都华盛顿设立的"樱花节"和在加拿大首都渥太华设立的"日本节"，表现了日本文化的亲和力，对于日本产品在20世纪60~80年代大举进入北美市场，起到了重要作用。因此，加强中国对外文化贸易是转变经济发展方式、打造新的经济增长点的重要途径。

长期以来，各国都不遗余力地扶持和鼓励文化产品和服务出口，其中一些发达国家或地区的制造业产品出口优势地位已经让位于文化产品和服务出口。这主要得益于它们的国家文化产业发展战略的实施。

【专栏7-4】

韩国的文化产业发展战略

从20世纪90年代开始，韩国政府就一直强调培养本国文化产业。韩国创意内容署在这一方面发挥了重要作用。韩国创意内容署的运作资金主要来自韩国政府的拨款，拨款数额大约是1800亿韩元（约合1.521亿美元）。其主要作用包括制定发展战略，帮助韩国文化作品进军国际市场，以及培养文化产业人才。其管理措施主要包括以下几个方面。

（1）加强立法立规，建立健全文化产业发展的管理机制。韩国政府先后制定或修订了《文化产业振兴基本法》、《影像振兴基本法》、《著作权法》、《电影振兴法》、《演出法》、《广播法》、《唱片录像带暨游戏制品法》等，还建立了文化产业局、文化产业振兴委员会、韩国工艺文化产业振兴院、文化产业振兴中心等机构全面负责文化产业的各项事务。同时，还成立了各种行业协会，具体负责协调各个行业的发展，如韩国卡通形象产业协会等。

（2）确保文化产业发展资金的供给。韩国政府通过加大国家财政投入、设立专项基金、动员社会资金、完善相关文化经济政策等措施，保证了文化产业的健康迅速发展。

（3）建立集约化生产机制，大力开拓国际市场。韩国政府规划在全国建立多个文化产业园区，形成全国文化产业链，旨在优化资源配置、实现集约化经营、提升整体实力。同时，韩国充分认识到国内市场狭小的局限性，为此瞄准国际大市场，以中国、日本为重点，大力促进出口，通过海外市场创造赢利机会。

（4）建立健全人才培养机制。韩国政府的主要措施是完善人才管理系统，利用高等院校培养专门人才，利用网络及其他教育机构加强专业培训，并加强与国外的人才交流与培训等。

（5）建立奖励机制。韩国在文化产业相关领域基本上都有一套奖励措施，尤其加大了对影像、游戏、动画、音乐等重点文化产业的奖励力度。2002年，游戏、动画业分别评出15个、12个获奖产品和单位，其中"国务总理奖"（大奖）为最高奖项，奖金1000万韩元；"文化观光部长官奖"（优秀奖）奖金500万韩元；"特别奖"奖金300万韩元。

在政府的产业政策支持下，韩国的文化企业在文化产品的生产和推介方面很成功。其文化产品的生产，不仅深挖文化内涵，并以现代意识为包装，树立起诸如"韩剧"等文化品牌，并对品牌元素进行整合营销。即品牌在营销过程中，销售的不仅是产品本身，还有附加在品牌内涵之上的其他相关信息。如韩剧在营销过程中，除了利用电视剧本身的销售外，还同时采用其他传播方式来整合营销韩剧品牌内涵中蕴涵的韩国的文化理念、生活方式、服饰、化妆品、旅游、饮食等。文化产业不仅带来了可观的经济效益，更在传播的过程中树立了韩国的形象。

【专栏7-5】

日本的文化产业发展战略

日本政府大力支持和发展文化产业，为文化产业发展提供支持，

制定相关鼓励政策,是日本文化产业得以快速发展的重要原因。

(1) 政府制定发展方略。1995年确立了日本在21世纪的文化立国方略;2001年全力打造知识产权立国战略,明确提出10年内把日本建成世界第一知识产权国;2003年又制定了观光立国战略。对振兴地区和地方文化,日本政府有明确的规定。比如,政府应支援地区文化活动,包括重新挖掘、振兴具有地方特色的文化遗产、民间艺术、传统工艺和祭祀活动等;制定长期规划,对具有地方特色的文化艺术提供综合援助;中央政府与地方政府联手举办全国规模的文化节等。

(2) 建立和完善文化产业法律法规。为促进文化产业发展,日本不仅在政策上予以鼓励,而且还制定了健全的法律、法规。其中最具代表性的法律是1970年颁布的《著作权法》。该法经过20多次修改,于2001年更名为《著作权管理法》并开始实施。近来,根据文化产业发展的新形势,日本又制定了多部新的法律,如《IT基本法》、《知识产权基本法》、《文化艺术振兴基本法》等。可操作性强是日本文化产业法律法规的特点。新的法律颁布后,往往还有更为具体的措施相配套。

(3) 文化和市场深入结合。在日本,企业是文化产业发展的主体,大型文化活动要靠企业的参与和赞助,更重要的是,在演出界、电影界、出版界、广告界等拥有一支成熟的知名文化企业队伍。日本的文化产业不是由政府"包办",文化产业项目都进入市场进行操作。这是日本促进文化产业发展的重要经验。

(4) 中介组织作用明显。日本文化行业协会很多,几乎每个行当都有自律性的组织或机构。这些行业协会都是社团法人,负责制定行业规则,维护会员的合法权益,同时进行行业统计。日本文化行业协会的作用十分突出,被看做是政府职能的延伸。日本文化产品的审查,通常不是由政府直接负责,而是由行业协会把关。

(5) 积极开拓海外市场。日本经产省与文部省联手促成建立了民间的"内容产品海外流通促进机构",并拨专款支持该机构在海外市场开展文化贸易与维权活动。

中国的文化政策缺少实质性的支持,如税收问题、投资优惠等,特别是文化产品创作、生产的风险都大大高于普通商品,生产的周期也大大长于普通商品,如果从事文化产业的社会投资得不到应有的回报,文化的产业化、市场化、国际化也许会变成一句空洞的口号。目前,在这一方面,与发达经济体相比,我国还明显缺乏经验。政府对于是否要引进社会资本发展文化产业似乎达成了共识,但是对外资引进却讳莫如深;对是否要扶持文化产业发展,是否要扶持文化产业"走出去"似乎不存异议,但是对于如何扶持、扶持多少,却没有可预见的规则和长远的谋划。以文化产业的优惠税率为例,目前文化产业中某些行业如音像产业的税负依然是比较重的。此外,根据我国支持文化产业发展的有关规定,文化产品出口可按照国家现行税法规定享受出口退税政策。但在实际出口时,申请程序复杂、通关程序繁琐,大大增加了公司的运营成本。这样的政策体系,显然与扶持文化"走出去"的初衷相违背,但是一执行就是五年、十年。海外市场就这样被风蚀了。

从总体上看,中国文化贸易仍远远落后于对外贸易的总体水平,并且存在巨大逆差。中国文化产品和文化服务的出口,依然十分薄弱。如何改变当前这种形势,实现国际文化贸易的平衡发展,对中国而言,既是挑战也是机遇,更是时代所赋予的历史使命。

我们认为,中国文化产业大发展、大繁荣,需要在几个方面作出努力:第一,以更开放的胸怀、更广阔的视野推进文化体制改革。敢于和善于引进外资、引入社会资本,共同参与和推动中国文化产业发展。事实证明,迄今为止,中国对外开放程度最高的部门,都是同创业发展最快的部门。文化产业也不会例外。近年来这方面的工作力度正在加大。2009年，国家发布了《文化产业振兴规划》，文化产业作为一个重点领域进入公众的视野焦点。2010年，国家进一步推动文化产业成为支柱产业，社会资本向文化产业汇聚的动力明显增强。2011年，中央有关部门开始着手编制文化体制改革"十二五"规划。中国文化大繁荣时代即将来临。第二，以更灵活的举措、更高效的手段增强海外文化资源掌控能力。这里主要指的是在文化产业之外寻求资源，保障和推动文化企业"走出去"发展。要善于运用金融和投资手段，掌握海外文化资源为我所用。其中，主要的措施之一是直接或间接地在海外控制文化产品和服务销售渠道。发达国家文化产业在长期的国际文化贸易过程中，已建立了相当成熟的国际营销体系，逐渐形成了在文化贸易中实际上的全球垄断地位。进入21世纪以来，一些亚洲国家也开始探索国际市场的推广和营销策略，并取得了突出成绩。中国文化贸易的海外渠道控制与运营问题已经刻不容缓。当前，有两项重点工作不容忽视：一是抓住海外营销制高点。就是牢牢把握世界文化产品消费的主流人群和高端平台，通过建立完整的票务网络系统、文艺演出院线、出版物发行机构等，通过这些制高点来推广中国文化的品牌产品和服务。二是在重点市场建立海外营销机构，通过境外商业存在方式更多输出高质量的中国文化服务。当前，可以选择在亚洲传统市场、欧美高端市场、其他新兴市场的重点城市建立海外营销机构，进行专门的市场调研、开发和推广，保证营销投放的精准度。① 第三，以更广阔的公共服务平台帮助企业建立文化产品和服务的海外营销体系。当前，文化企业"走出去"发展可能遇到最多的是法律、语言、文化障碍，而具体到项目中来，就是翻译服务、法律服务等的差异。

---

① 比如，韩国政府为了更好地推广韩国文化产品，在文化出口战略地区，如北京、东京等城市设立了办事处。世界著名的尤伦斯艺术中心、古根汉姆博物馆等都在其他国家设立了分支机构。

要克服这些差异，一方面，政府应当通过多种手段搭建公益性或半公益性的信息、咨询、法律、语言服务平台，降低企业运营成本；另一方面，政府携手学校、企业一起，培育文化贸易综合型人才。

第三节 "中国服务"崛起：实施四大战略举措

在经济全球化时代背景下，服务革命方兴未艾，谁掌握了服务市场的导向，谁主导了服务产业的创新，谁引领了服务经济发展的潮流，谁就更能抓住经济发展的主动权和主导权。但是，在这场经济革命中，中国的服务业发展落后了。中国经济发展过度依赖于制造业领域的投资和出口，服务业作为一个完整产业，在市场化、知识化、国际化三个维度上的发展都非常有限。[①] 服务业增加值仅占 GDP 的 40% 左右，占比偏低；服务业比重低的关键原因在于生产性服务业发育不充分，其占服务业比重不到一半，而且发展水平低下，无法满足产业升级的需要，很多关键性的专业服务如研发、法律、会计、管理咨询、信用评级等，主要依赖从美国等发达国家进口；生产性服务业发育不完全直接导致中国服务业国际竞争力弱，服务贸易在对外贸易中的比重偏低，仅占 1/10 左右，而且长期处于贸易逆差状态。更重要的是，服务业在引领创新方面的机制还没有成型，对促进产业结构升级、经济结构调整和发展方式转变的支撑作用还极其有限。面对发达国家服务业的强势扩张，中国经济自主权、产业主导权、市场话语权正在接受一场前所未有的考验。加快转变经济发展方式是我国经济社会领域的一场深刻变革。在加快转变经济发展方式的过程中，宏观经济要实现战略转型、产业结构要实现优化升级、发展方式要实现尽快转变，服务业是主导，服务业是关键。

---

① 张祥：《大力发展服务经济加快转变发展方式》，2011 年 1 月 15 日《国际商报》。

战略举措一：坚持改革开放，以开放促改革，以开放促发展。

我们的民族曾经勇于用自己的思想定义一个时代、改变一个时代、塑造一个时代。这个时代的中心词"改革开放"，其实含义非常简单：改革也就是开放。① 经济领域的工作，过去、现在都是站在开放的角度来思考"改革"，也是从"改革"角度出发来实践"开放"的。中国改革是从局部市场化到全面市场化这样一个过程，其中局部市场化主要通过对外开放来首先突破计划体制，继而走出一条由点到面、以开放促改革、以改革促发展的渐进式改革道路。②

我们的民族，我们的国家，我们的事业，在遇到战乱纷争的时候，在遇到艰难险阻的时候，在遇到彷徨不前的时候，无不是通过开放促进变革，挽救我们的民族，挽救了我们的国家，挽救了我们的事业。30多年前，那一场解放思想的洗礼，就是最大的开放。10多年前，那一场"入世"之役，就是最紧迫的开放。30年后、10年后的今天，我们还有没有这样的气魄，还有没有这样的勇气？当前，阻力最大来自部门心态上的"纠结"，这种"纠结"源于利益上的"纠结"。我们甚至可以清醒地看到，在有些领域、有些部门，它们似乎已经被改革既得利益集团所"绑架"和"僭越"。要与这样的顽固力量角力，只有像10年前那一场开放战役一样，通过开放来打赢。当前和今后一段时期，开放是中国服务经济发展崛起的突破口。要对外开放，让清新活力源源不断地淌进我们的经济躯体；要对内开放，让我们的经济动力源源不断地迸发。

---

① 《邓小平文选》第135页。"对中国改革的两种评价"（会见坦桑尼亚联合共和国总统尼雷尔时的谈话）。"我们的经济改革，概括一点说，就是对内搞活，对外开放。对内搞活，也是对内开放……"

② 《邓小平文选》第113页。"改革是中国第二次革命"（会见日本自由民主党副总裁二阶堂时的谈话）。"两个开放，即对外开放和对内开放，这个政策不会变，我们现在进行的改革是两个开放政策的继续和发展。改革需要继续开放。"

（1）政府首当其冲要开放思想。

服务经济发展要取得关键性突破，必须首先从老观念的桎梏中解放出来。最重要的是政府要尽快转变思想观念和发展思路。第一，作为经济总量世界第二的经济体的驾驭者，中国政府要具有对全球资源进行运筹的能力和信心，从全球化的战略高度明确以"对外开放"作为中国服务经济发展的主要路径和基本方向。通过开放促改革、通过开放促发展，应该是服务经济体制改革和服务业发展的基本取向。适应世界服务业现代化、全球化潮流，加快我国服务业发展和升级，已不单单是一个产业发展问题，而是涉及我国现代化建设的重大国家战略问题，关乎全面落实科学发展观、转变经济发展方式的大局。中国的服务业对外开放力度还要加大，要通过承接服务业国际转移和发展服务贸易，大力发展离岸服务外包，积极利用外资以深化重点领域服务业的对外开放，将中国服务业融入国际分工体系。要从促进竞争的角度出发，遵守国民待遇和最惠国待遇要求，推进外国资本与民营资本进入相关行业市场，推动中国融入全球服务贸易分工。同时，要与贸易伙伴国就服务贸易管理制度进行具体协调，提升中国政府对外资服务业的管理水平。第二，为了切实促进中国服务经济对外开放、参与国际竞争，政府行业主管部门的产业发展理念遵循"国际导向"。要将服务业开放与服务业改革并举，而且要确保服务业开放先行；要将服务贸易发展与货物贸易发展并举，而且要确保服务贸易先行。要充分考虑国际政治因素、密切掌握外国政策动向、体现国际经济惯例、反映国际市场需求、运用国际交往手段，保持中国产业政策的灵活性、科学性和开放性，真正突破内外经济体制"两张皮"，真正实现制造业与服务业共同提升、货物贸易与服务贸易协调发展。要加大市场多元化战略、自由贸易区战略实施力度，鼓励和扶持服务业企业"走出去"；积极拓展服务经济领域的国际交流与合作渠道，善用国际规则维护我国服务业和服务贸易发展利益。第三，政府要梳理服务业发展的竞争、税收、金融、自主创新、产业布局等方面的政策，形成符合服务业发展规律的政策制定思路。关于服务业发展政策，国家"十二五"规划明确，要建立公平、规范、透明的市场准入标准，探索适合新型服务业态发展的市场管理办法，调整税费和土地、水、电等要素价格政策，营造有利于服务业发展的政策和体制环境。因此，当前务必在垄断经营现象严重的生产性服务业领域，尽快树立鼓励民营资本和外资进入、激发行业竞争和技术创新的开放意识；在服务业税制方面，形成三产、二产分类指导，增值税、营业税区别征收的差异化意识；在完善服务业融资制度上，培养重点支持中小企业融资等方面的服务意识。此外，还要形成鼓励服务业自主创新的工作思路，加强人力资本培养、知识产权保护、信息通信技术推广应用；要形成产业布局协调互动的发展思路，支持北京和上海等特大型城市引领服务经济转型、完善区域性城市群的城市间服务业分工格局和合作机制。第四，政府要有推进自身职能转变的勇气和策略，使公共服务的供给和需求得到充分释放，推动公共服务、生产性服务、生活性服务的大发展。对公共服务体系建设，国家"十二五"规划明确，要改革基本公共服务提供方式，引入竞争机制，扩大购买服务，实现提供主体和提供方式多元化。当前，中国经济转型的同时面临着政府职能转变的特殊任务，要树立市场化、社会化的意识，推进政府职能转变，通过职能社会化激活公共服务市场，通过社会保障和公共服务水平的提高刺激生活性服务业需求，通过提供公共科技服务、融资服务等引导和促进生产性服务业发展。

（2）对内开放，打破行业垄断，降低服务业准入门槛，引入民营资本，提升服务领域的竞争效率。

改革开放的对象是不适应生产力的生产关系和上层建筑。这里的生产关系和上层建筑，围绕的核心问题可以具体简化为一个词——权力（Power）。权力是经济的政治外衣。这里说的权力，不是指政治上的争权夺势。从法律上讲它指的是"公权力",与"私权利"相对应;从经济上讲,指的是"资源集中"、"资源优势"等资源配置不均衡的状态。开放的主要对象就放在权力上。

计划与垄断具有极大的相似性,其核心就是"集中",也就是经济资源配置不均衡的"权力"形态。资源集中,竞争减弱,经济黏性加强,活力下降,反垄断法、反不正当竞争法应运而生。我们会发现,中国颁布的《垄断法》(以及之前的《反不正当竞争法》)与其他国家的垄断法有一点明显区别,我国的《垄断法》(和《反不正当竞争法》)花了很大的篇幅在规定行政垄断和地方保护主义。在我国现阶段,垄断、集中、计划,一开始就与市场自由、地方自主、下放权力等概念联系在一起。我们的改革开放,大部分人力、物力和财力都投入在打破行政垄断、冲破计划集中上。

上述问题的逻辑结果就是:改革开放的本质是"放权"。放权的直接含义是中央给地方放权(下放权力、打破集中),计划给市场放权(放开权力、开放市场)。放权是一举两得的行为,既突破了计划的束缚,又赋予了地方以主动。在改革开放的初期,权力下放给地方是最可靠、最有效的举措。随着改革开放的深入,给地方放权的范围和力度要加大。

改革开放之前,我们国家的外贸体制是一个高度集中、独家经营的国家垄断型外贸体制,体现为"四个集中"的特征:一是外贸专营权集中,对外贸易由外贸部所属的专业进出口公司统一经营,而且生产厂商不能直接参与出口销售。二是经营自主权集中,一切外贸活动由国家计划安排。三是财务收益权集中,中央统负盈亏,中央财政包干。四是市场手段集中,即一方面在商品价格上,国内市场价格割断,国内、国外两种价格,出口商品一律按国内价格收购,进口商品原则上按国内价格作价;另一方面在外汇价格上,国家统一确定汇率,而且国家集中管理外汇、统一经营外汇。这种外贸体制是高度集中的计

划经济体制的一部分，也是封闭经济的体现。

作为这一封闭外贸体制开放过程的见证人和参与者，现在回过头来看，发现其主要轨迹正是两个"放权"：放权给地方，放权给市场。

在服务业领域，当前最紧迫的任务之一，就是要降低服务业准入门槛，提升服务领域的竞争效率。要打破行业垄断建立服务业投资主体多元化机制。通过竞争机制和市场机制的调节作用，在开放的服务业竞争领域中，除了引入外资参与市场活动外，也要为国有企业、民营企业等多种市场主体创造公平竞争的环境，提供平等竞争的机会。形成政府投资、民间投资、企业融资和吸引外资等多元化投资机制，引导资金合理流向服务业，鼓励企业在更广泛的领域尤其是高端服务业参与竞争。

当前，我国垄断性服务行业，尤其是公共服务行业投资主体和融资渠道单一。主要依靠政府和企业自身，投资主体行为、决策方式、运行机制、经营管理方法、资产运作等市场作用还没有发挥出来。从投资结构来看也存在明显的不合理。从资金流向看，主要流向通信、电力、供水、供热等公用事业，垃圾和污水处理、道路桥梁、公共交通等方面的投资严重不足。由于垄断性等原因，各产业间经济效益差异巨大，而价格和投融资制度改革的进程明显滞后于产业发展需要，从而在一定程度上造成了投资障碍。使得服务业发展投资主体多元化的问题较为突出。

今后，垄断性服务行业投资应积极吸收社会资本和非财政性资金。尤其是竞争性服务行业通过运用市场机制，按照市场经济原则，通过非财政性资金渠道直接从市场融资，即市场融资、引进民间资金和外资相结合，允许非公有资本进入法律法规未禁入的基础设施、公用事业及其他服务行业和领域，通过大力发展国有资本、集体资本和非公有资本等参股的混合所有制经济，实现投资主体多元化。

还要加强对国内民间资本和外资投向引导，鼓励、支持民间资本进入城市供水、供气、供热、污水和垃圾处理、公共交通、城市园林绿化等领域。对非自然垄断业务放宽市场准入、引入竞争机制，非公有资本可通过独资、合资、合作、项目融资等方式进入，有条件的企业积极推行投资主体多元化；对自然垄断业务，非公有资本可通过参股等方式进入，形成国家财政、民间资本等多元化投资主体相结合的格局。

为了鼓励非公有制经济的发展，我国出台了一系列促进措施。中共十四届三中全会通过了《关于建立社会主义市场经济体制若干问题的决定》，强调要以公有制为主体、多种经济成分共同发展；中共十六届三中全会通过《关于完善社会主义市场经济体制若干问题的决定》，要求"清理和修订限制非公有制经济发展的法律法规和政策，消除体制性障碍"，这为非公有制经济的巩固和发展提供了政策保障。"十一五"期间，为鼓励支持个体私营等非公有制经济发展，出台了一系列政策法规，2005年国务院发布"非公经济36条"，[①] 非公有制经济发展环境进一步改善，2010年5月13日，国务院"新36条"[②] 进一步拓宽民间投资的领域和范围，允许民间资本进入金融、石油等领域，鼓励民间资本投资建设政策性住房。

民营企业在大力发展服务经济、促进发展方式转变中拥有更广阔的空间。过去，我们以追求GDP总量为目标的增长模式，形成了投资、出口发展导向。"十二五"将处在投资主导向消费主导、工业主导向服务主导的转变中。未来几年，导向的转变是大势所趋。这个大趋势，需要民营经济成为推动服务业发展的重要力量；需要民营经济成为吸纳就业的重要力量；需要民营经济成为扩大社会需求的重要力量。

---

① 《国务院关于鼓励支持和引导个体私营等非公有制经济发展的若干意见》（国发〔2005〕3号）。
② 《关于鼓励和引导民间投资健康发展的若干意见》（国发〔2010〕13号）。

我国城镇化加速推进、扩大内需方针政策逐步落实，为民营经济又好又快发展提供了广阔空间。我国城镇化率仅为46%，而世界平均水平已超50%，发达国家已达70%，我国仍处于城镇化加速发展阶段。预计2010年之后，中国城市化的发展会以每年至少1个百分点的递增速度上升，至2020年达到60%左右的水平，到2030年达到70%左右的水平。城市是服务业集聚发展的空间。城镇化将带动大量投资，促进服务业集聚，这为民营经济发展提供了广阔的地理和投资空间。我国正致力于调整国民收入分配格局，提高城乡居民收入，这将极大地释放13亿多人口的消费需求潜力，为民营经济发展提供更广阔的内需空间。占GDP一半以上的非公有制经济对于推动扩大内需的巨大潜力将在新36条出台之后逐步得到进一步释放和发挥。

民营企业向服务转型的道路宽广。在国外，一些跨国企业早在20世纪90年代已纷纷开始从以产品为中心到以服务为导向的转型，比如IBM、通用电气等。今天，在欧美主要发达国家制造业中，兼有服务和制造业务的企业已达20%以上。其中，美国制造业中服务比重高达58%，英国的服务比重已占制造业的30%，然而中国制造业的服务比重不足5%，97.8%的制造型企业仍停留在产品生产加工阶段。未来中国制造业要在全球竞争中获得优势，必须开始考虑向服务转型，适应制造业向服务转型的全球浪潮。民营企业进入生活性服务业、生产性服务业两大领域，转型的主要路径有三条：一是行业壁垒较低的生活性服务业，有助于全面提升生活性服务业的发展水平。二是提供基于产品的增值服务，IBM、GE转型前后的基调就是如此。GE董事长兼CEO杰克·韦尔奇1996年说："我们下一个世纪的定位是一个全球性的服务公司，同时出售高品质的产品。"IBM前首席执行官路易斯·郭士纳认为，"硬件和软件都在服务的包装下进行销售"。三是提供脱离产品的专业服务，利用在研发、供应链、销售等运营服务能力上的优势，为其他企业提供专业服务。当前，第一种路径的风险较小，进入壁垒较低，对社会产生的就业效应、经济拉动效应比较直接，但是程度有限。第二种路径在相当大程度上可以延续企业原有的制造优势，只需要微调业务模式，风险也不大，对大多数已经具备一定实力的民营企业而言比较切实可行。难度较大的就在于第三条路径。历史上和现实中，不论是政治领域还是经济舞台，"第三条路"似乎都比较难走，但是往往可以走得更远、更光明。正如中国现在正面临走出就制造业论制造业、就制造业谈产业升级、就技术创新谈技术创新的怪圈，走上大力发展服务经济、通过服务业发展来带动制造业升级、经济结构调发展方式转变之路一样，民营经济要敢于走上生产性服务业的"第三条路"。

民营企业可以在大力发展服务经济、促进发展方式转变中更有作为。经济发展方式转变凸显民营经济的战略地位。要调整经济结构，需要民营经济在提升服务业比重中有重要贡献；形成消费主导的基本格局，需要民营经济在扩大内需中成为主体力量之一；自主创新能力的提高，需要民营经济成为科技创新的重要推动者。

民营经济是转变发展方式的重要主体。转变经济发展方式的主体归根到底是企业。没有企业发展方式的转变，就没有整个国家经济发展方式的转变。我国自20世纪90年代中期就提出要转变经济增长方式，十几年过去了，外延型、粗放型的经济增长方式始终没能根本扭转，这除了与我国所处的经济发展阶段有关外，也与我国企业总体上技术水平有限、产品档次不高，能源资源消耗、环境污染相对较大有很大关系。目前我国1000多万家企业中私营企业占70%以上。这些企业多属于加工贸易型、资源依赖型、能源消耗型企业，科技创新能力不足、品牌建设能力不强、国际竞争能力偏弱，基本上都处在产业链条的低端。民营企业要承担起促进经济发展方式转变的责任，任重道远。民营企业对此要有清醒认识，要看到我国经济已经进入一个必须依靠加快发展方式转变来提升竞争力的阶段，转变发展方式是必经之

路，已经迫在眉睫。

民营企业投身服务经济领域，可以促进经济更好更快发展。西方的经济学家指出："农业、采掘业和制造业是经济发展的砖块，而服务业是把它们黏合起来的灰泥。"大力发展服务业，可以推动科技创新、催生新的业态、推进产业集聚、提升经济效益、优化经济结构、促进就业增长。

民营经济投身服务经济领域，可以增强市场竞争。例如，"新36条"提出，要进一步拓宽民间投资的领域和范围，全面开放国有垄断行业；鼓励民间资本参与交通运输、参与水利工程建设、参与电力建设、参与石油天然气建设、参与土地整治和矿产资源勘探开发、基础电信运营市场；支持民间资本重组联合和参与国有企业改革。这些规定，都充分反映了发展方式转变需要民营经济尽快成为市场竞争主体的基本要求。

民营企业投身服务经济领域，可以扩大社会就业、改善民生。服务业已经成为发达国家的就业主渠道。世界银行经济学家路易斯·库吉斯曾指出："长期以来，中国的增长是资本密集型的，没有创造出众多的城市就业机会。"麦肯锡曾有研究表明，如果中国能通过在人力资本和技术上投资来促进生产力，到2025年时，向服务业的转移就能创造出1亿多个就业机会。

民营经济应该走上支持扩大内需和自主创新的方向，而主要舞台应该是在服务领域。随着民营企业的加入，服务业快速发展带来服务业增加值在GDP中的比重上升从而改善经济结构，这是毋庸置疑的。在此，需要强调一下，民营企业还应该成为科技创新的中坚力量，而科技创新是服务业发展、产业结构升级、发展方式转变的关键。

因此，我们会说"科技创新不仅仅是科学家的事，更是企业家的事"。现在，要再补上一句，科技创新更是民营企业家的事。在美国，服务经济比重接近80%，而这一经济比重是由小企业在支撑。美国的小企业数占企业总数 99.7%，就业人数占总就业人数 50% 以上，小企业对 GDP 的贡献在 50% 以上。尤其值得关注的是，美国超过 50% 的发明是小企业创造的。所以，中国的民营企业不一定要求规模大，不一定要求资本雄厚，关键是要有竞争力。

为此，政府要为民营企业在服务经济领域的发展创造更多的机遇、提供更多的扶持。

鼓励、支持、引导非公有制经济发展是党和政府坚定不移的方针。国务院继 2005 年和 2009 年出台"非公经济 36 条"和"中小企业 29 条"后，2010 年"新 36 条"又明确要进一步坚持市场化改革的基本取向，进一步放宽基础设施、公用事业、社会事业领域准入条件，对民间投资与其他投资一视同仁，为民间资本开辟了更广阔的发展空间。这有利于提振民间投资意愿，增强经济发展内在动力和活力，预示着中国民营经济将迎来新一轮更大发展。

政府应该在鼓励、支持、引导民营资本进入服务业方面花更大的力气。

第一，民营企业在服务经济的生存空间需要政府帮助开拓。服务业领域蕴藏着可观的潜在能量，但是这些潜在能量至今仍被传统的计划经济体制和单一的国有垄断体制所束缚、所压制，其中相当一部分至今仍被当做"官办事业"而不是作为现代服务产业来发展。要深度拓展服务业发展空间，必须按照深度市场化的要求，着力做好以下几件事：第一是打破"垄断性"，把服务业从垄断性行业和领域中解放出来。2008 年以来，这方面的改革步伐在加快。比如在文化产业，国家允许非公有资本有序介入。第二是突破"意识形态性"，把不带强烈意识形态的服务业谨慎剥离出来。

服务业必须对内开放，降低国内市场的垄断程度，适当放宽对内资企业的审批标准，允许国内有条件企业投资这些行业，通过充分的国内竞争来鼓励创新，提高国内企业的效率和国际竞争力，为我国服务业的进一步对外开放创造条件。当前，民企能否进入中国一些垄断行业，关键看政府的作用。要看政府能否有效协调各方利益，看政府能否在国企与民企之间搭建有效沟通和资源整合的平台。

第二，民营企业服务经济的发展动力需要政府提供保障。融资是小企业的生命线。小企业要培育核心竞争力，进行服务创新和产品创新，创新的基础来源是发明创造。美国超过一半的发明是小企业完成的，但是研发工作遇到的市场风险是很大的，美国小企业为何能够在风险之中游刃有余呢？原因就在于政府的直接资助和间接扶持。一方面，提供公共资金支持。为扶持小企业发展，美国政府为符合条件的小企业提供担保，引导商业性金融机构对小企业放贷，担保额不超过贷款额的90%。担保贷款风险损失由政府预算列为风险处理。2008年，通过这种方式得到贷款的小企业比重是61.8%。小企业投资公司是为小企业提供融资服务的创业投资公司，依美国《小企业法》相关规定成立。该投资公司从政府获得优惠贷款，投资于小企业，支持小企业进行技术创造。2009年，全美小企业投资公司有370多家，对2121家不同小企业投资约3400项，年度内投资额为24.3亿美元。美国进出口银行作为美国官方出口信贷机构，协助美国货物和服务出口获得融资，主要提供资本担保、出口信贷保险、贷款担保和直接贷款等贸易融资。为解决小企业普遍存在的融资困难问题，作为美国政策性银行的美国进出口银行侧重向小企业提供融资支持。平均而言，美国进出口银行项目80%的受益者是美国小企业。另一方面，促进社会融资。小企业可以通过证券市场直接融资。2009年，美国大约有25个天使投资者向约3万个初创企业提供资金，资金总额达200亿美元。最后，美国政府出台了一系列鼓励小企业发展的法案，如《小企业法》、《小企业投资法》、《小企业技术革新促进法》、《小企业投资奖励法》、《小企业开发中心法》等，为小企业融资提供服务是这些法案的重要内容。

当前，政府要建立健全适应服务业发展的金融服务体系，解决服务业中占绝对数量的中小企业的融资问题。一是要大力发展中、小、微型银行，有针对性地服务于中、小、微型企业。鼓励大型国有和股份制银行设立中小企业金融服务专营机构，发展中型银行，在城市地区发展社区银行、小额贷款公司等。二是设计合理的金融产品，拓宽抵押质押和担保的种类和范围。三是加强配套金融服务。政府建立公共扶持基金，用于直接或间接支持民营服务企业发展，现有的中小企业发展基金要用到实处；抓紧建立和完善适合中小服务企业特点的信用评级制度，便于中小服务企业获得融资支持。四是通过放宽市场准入、改善服务、税收等方式鼓励私人投资主体以资本、资产、房产、设备、技术、劳务等形式投资现代服务业，支持符合条件的现代服务业企业进入资本市场融资。

第三，民营企业在服务经济的发展环境需要政府维护和创新。要坚定推进改革开放，不动摇、不折腾。民营经济面临诸多现实困境，根本的解决之道在于改革。"十七大"报告指出："坚持和完善公有制为主体，多种所有制经济共同发展的基本经济制度，毫不动摇地巩固和发展公有制经济，毫不动摇地鼓励、支持、引导非公有制经济发展。"在发达国家，20世纪70年代，面对严重的经济"滞涨"，自由主义经济思潮的重新崛起，强调政府放松管制，充分发挥市场机制的作用重新成为占主导地位的经济思想。有关政府管制理论以及自然垄断产业理论研究的新进展，促进了西方国家在金融、电信、邮政、交通运输等服务领域大规模的管制变革。放松产业进入管制，打破垄断，促进竞争，是管制变革的中心内容。进入管制的放松，开始是对国内企业，然后是对国外企业，由此使服务业出现了放松管制与大规模企业兼并相互影响的两股潮流，促进了发达国家之间服务业投资规模的迅速扩大。①

---

① 参见本书第二章关于服务创新之制度创新的介绍。

此外，要完善符合服务经济发展规律、符合民营资本进入服务业发展的税收优惠政策、价格政策等。①

第四，民营企业在服务经济的发展壮大需要政府积极扶持。政府要扶持服务业"走出去"，大力发展服务贸易。这有利于民营企业充分利用两个市场、两种资源，优化资源和要素配置，加快做精、做强、做大进程。前期市场调查阶段，政府应发挥窗口指导、信息服务和公共培训职能，进入运营阶段后，对于已纳境外所得税的企业境外常设机构实行税收抵免。投资、出口、内需"三驾马车"中，出口过去主要倚重货物出口。美国在20世纪70年代开始重视服务贸易，服务贸易抵消了一大部分的货物贸易逆差，也带动了经济发展。中国在强调内需的同时，也要继续重视外需，一方面，要维持货物贸易水平并逐步提升质量，改善我国贸易条件；另一方面，要逐步改善贸易结构，加快提升服务贸易在对外贸易中的比重。这可以适当缓解货物贸易领域的贸易摩擦，又可以继续保持中国经济增长的动力。

（3）对外开放，加大开放力度，引入外国资本。

人类历史上，绝大多数文明的湮灭，不是源于外来侵略，而是源于闭关自守、故步自封。

在世界经济大调整、大变革、大重组的背景下，我们要实施积极开放、互利共赢的全球战略，开创以开放促改革、促发展、促创新的新局面。

第一，要全面统筹国际、国内两个大局，强化全球视野和战略思维。从维护和发展国家根本利益的战略高度出发，积极营造和谐稳定的国际环境、睦邻友好的周边环境、平等互利的合作环境、互信协作的安全环境和客观友善的舆论环境，以更能为国际社会接受的方式实现持久发展。在这方面，一是处理好中国利益与世界利益的关系。全

---

① 参见后文关于服务业发展环境的论述。

力维护中国的经济利益和安全利益，兼顾世界各国特别是发展中国家的合理利益诉求，大力支持最不发达国家的发展，取得最大多数国际社会成员的支持，为中国和平发展赢得良好的国际环境，在互利共赢中实现中国与世界的共同发展。二是处理好经济与政治、外交的关系。发展是第一要义，政治、外交重点要为保障我国经济利益、拓展经济发展空间服务，同时经济要配合国家政治、外交大局。三是处理好开放与改革的关系。让开放成为深化改革的不竭动力，让改革成为扩大开放的制度保障，形成良性互动。四是处理好扩大内需和稳定外需的关系。坚持扩大内需的长期战略方针，继续坚定不移地拓展外需空间，实现二者协调发展、有效互补，促进我国经济在更高水平上均衡发展。

第二，要全面谋划全球战略布局，不断拓展外部发展空间。动态看待我国在世界上的地位和作用，全面谋划，形成动态均衡、互利共赢的全球战略布局。实施积极、开放、包容、务实的双边战略。处理好与发达大国的关系，加强重大问题沟通交流。对新兴大国，加强战略对话，坚持通过磋商解决分歧，在公平竞争基础上开展务实合作，维护新兴大国整体战略利益。对广大发展中国家，坚持互利合作、多予少取，加大进口、投资和援助，强化合作基础。特别是要着力推进亚洲区域和次区域经济合作，加快东亚区域一体化进程。把沿边开放和境外资源开发、区域经济合作、产业转移、周边大通道建设等结合起来，做实与周边国家经贸合作，营造以我国为主的稳定、共赢的周边经贸合作环境。全面推进自贸区战略。把自贸区建设作为创造外需、拓展经济发展空间的务实选择和战略重点。以周边自贸区建设为支点，逐步向拉美、非洲、欧洲辐射，加快形成依托周边、辐射全球的自贸网络。创造于我国有利的舆论环境。

第三，要全方位深化对外开放，为现代化建设提供新的综合性引擎。更加注重发挥对外开放在优化资源配置、推动自主创新、提升全要素生产率方面的作用，全面提高开放型经济水平。把服务业作为新一轮对外开放的重点。总结学习制造业开放的成功经验,以开放带动服务业的跨越式发展,要坚持主动开放,短期局部利益必须服从长远全局利益。积极稳妥推进资本账户开放和利率、汇率市场化进程,加快金融"走出去"步伐。加快推进电信、运输、旅游、公用事业和教育、文化、医疗等社会事业的开放,大力承接服务外包,扩大服务贸易。进一步优化开放布局。东部地区要以开放推动经济结构向先进制造业和现代服务业转型,中部地区要打造承接国际国内产业转移的新高地,西部要探索建设内陆开放型经济区。在大力发展服务业和服务贸易过程中,中西部地区的中心城市、沿边的重要边境城市,要成为重要的服务业集聚区,发挥更加重要的作用。要促进进出口平衡发展。完善政策,继续推动出口稳定增长,着力扩大先进技术、关键设备及零部件和国内短缺的能源、原材料进口,充分发挥进口对引入竞争、提高效率和改善民生的作用。"走出去"和"引进来"并重,加快服务业"走出去"发展步伐。在坚持积极有效利用外资的同时,把"走出去"作为我国未来五年对外开放的重要突破口,不断完善政策服务体系,大力支持有实力的企业开展核心能力型跨国并购,整合利用关键技术、管理系统、品牌和高端人才,大力培育我国自己的跨国公司和国际知名品牌。鼓励有条件的服务企业灵活运用跨国并购、绿地投资等多种方式,追随制造业企业"走出去"开展海外投资活动。重点支持对外承包工程、建筑、运输、分销等服务企业在发展中国家进行直接投资和本地化经营。积极争取在运输、分销、金融、教育、文化、广播影视和旅游等领域的对外投资方面取得明显突破。

第四,要全面参与世界产业大重组,提升产业国际竞争力。抓住新一轮国际产业转移的宝贵机遇,大力承接高端制造业转移,推动产业结构升级和新兴战略产业发展。大力加强技术引进和跨国合作,利用全球科技和智力成果,全面提升我国技术水平和创新能力。通过并购、战略合作、管理咨询等多种方式,全方位引进国际先进的管理方法与理念。大力发展生产性服务业，集成全球优势生产要素，推动整体产业链的优化重组，全面提升我国产业国际竞争力。

第五，要全面参与服务经济、绿色经济领域的国际合作，抢占制高点。抓紧时机发展服务经济和低碳经济，研究制定应对全球气候问题的整体战略，加强国际合作，努力抢占绿色经济制高点。积极引进节能环保技术，缩短与国际先进水平的差距。适应绿色革命新潮流，着力推进绿色经济领域的制度创新，营造良好的政策和市场环境。大力推广清洁能源和节能环保技术，加快推进产业"低碳化"进程。积极参与国际气候谈判，有效防范和应对国外"绿色壁垒"，增强在全球绿色规则制定方面的话语权，推动发达国家向我国转移低碳技术，实现绿色经济领域的互利共赢。

第六，要积极参与全球治理，谋求更多的话语权和高端利益。抓住我国综合实力上升的机遇，积极参与国际规则制定，推动构建更加合理的国际经济金融新秩序。推动对主要国际金融组织治理结构的改革，推动国际货币基金组织、世界银行等国际机构的议事规则、投票权、治理结构的民主化。深入参与G20等重要的国际多边机制协商对话。以更加积极主动的姿态，推动多哈回合谈判早日达成协议，促进多边贸易体制更加开放、公平和透明，反对各种形式的贸易投资保护主义。积极推进联合国气候变化框架公约的公正、有效和持续实施。

战略举措二：调整产业发展思路，规划产业升级道路，促进产业大融合。

服务业是关联度极广、渗透性极强、社会效应极强的综合性产业门类。产业融合与渗透，即使它的产业功能所在，又是它的产业动力所来。单独发展某个领域甚至某个行业的服务业，往往提升的是服务经济的某个维度——比如广度，以印度的服务外包为典型，过度倚重服务业信息化和知识化参与国际竞争而忽视国内服务市场的培育，容易导致服务产业基础的脆弱性。但是印度的其他产业没有被带动起来，

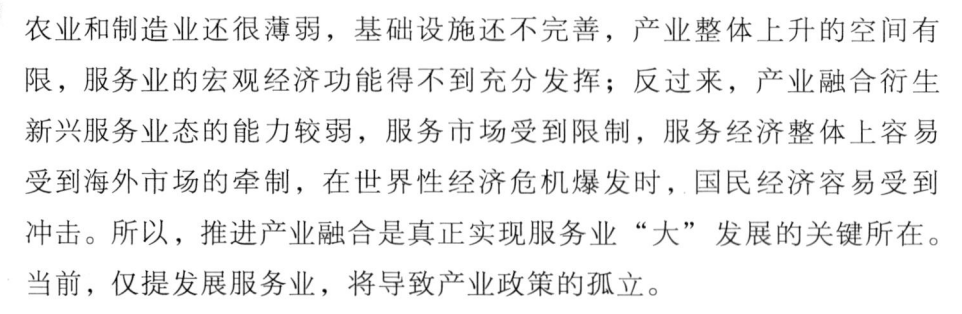

农业和制造业还很薄弱，基础设施还不完善，产业整体上升的空间有限，服务业的宏观经济功能得不到充分发挥；反过来，产业融合衍生新兴服务业态的能力较弱，服务市场受到限制，服务经济整体上容易受到海外市场的牵制，在世界性经济危机爆发时，国民经济容易受到冲击。所以，推进产业融合是真正实现服务业"大"发展的关键所在。当前，仅提发展服务业，将导致产业政策的孤立。

2008年国际金融危机暴露了服务经济发展逃不开市场缺陷，单纯依靠金融创新将衍生出虚拟经济过度膨胀的危害后果。由于市场经济诞生以来，天然地与制造业保持亲和，后来才推动工业向后工业生产模式升级转化。各国特别是新兴经济体也是在逐步实现工业化之后开始关注服务业的发展。在这一发展轨道上，生产性服务业依然是服务业的主导力量。新中国经济建设，前期走过的主要是构建完整的工业体系，产业配套成龙，制造业有了比较扎实的基础。因此，在服务经济发展过程中，制造业与服务业融合发展是中国服务经济发展的必经之路。而大力发展生产性服务业便是推动这种分工细化与融合的关键。

此外，中国发展服务经济又必须走出一条中国特色的产业大融合之路。首先，如前所述，中国是发展中国家的制造业大国，由于特定的历史原因，我国建立了完整的工业体系，而且这个工业体系在出口导向型发展模式的引导下日趋成熟，同时又不堪"重"负（指重工业比重过高，后同），在某些领域甚至有积"重"难返之嫌。因此，产业融合的首战应该在制造业与服务业之间。服务业承担着降低制造业能耗、提升其质量和效益的重要任务。其次，中国是农业大国，国土面积辽阔，农业人口众多，农业资源相对匮乏，农业的市场化、产业化、现代化发展是经济工作的重中之重。制造业、服务业对传统农业的共同提升十分关键。农业科技的传播、农产品流通体系的健全、农业多元化如农业旅游的发展等，都与服务业密切相关。再次，中国人口众多，人力资源丰富，随着教育事业的快速发展，每年培养走上社会的大中专院校学生高度五六百万。充分发挥人力资源的优势,推动我国经济发展从主要依靠物耗走向主要依靠激发人力资源的生产潜能,产业融合在这方面可以做得更多。通过服务业与服务业、制造业与服务业、农业与服务业的大融合,可以不断衍生新的服务业态,吸引大量的人力资源创业、就业。

战略举措三:创造优化的政策环境和市场环境。

(一)完善法律法规及行业标准

要尽快制定既适应国情又符合国际规范的服务业法律体系。美国在促进服务业发展方面,相关法律法规的出台起到了积极的推动和促进作用。首先是健全服务经济法制,立法保障货物和服务并举但服务先行。1974年,美国《外贸法》首次提出,国际贸易既包括商品贸易,也包括服务贸易。1984年《贸易与关税法》、1988年《综合贸易与竞争法》都把服务贸易与商品贸易并列作为扩大出口的两项内容。同时,美国政府还推出了一系列法律法规,1978年有《国际银行法》、1984年有《航运法》、1991年《加强外资银行监管法》和《存款保险改进法》等。借鉴美国等发达国家在发展服务业方面法律法规建设的经验,我国在发展服务业方面加强服务业法制建设,积极推动制定和修订促进服务业发展法律、行政法规的相关工作,为服务业发展提供法制保障。

中国加入WTO以来,服务领域的法律规章逐步健全,但是,距离服务业市场化、社会化、产业化、国际化发展的需要还有较大的差距。今后要着眼于法律体系的统一性和整体性,逐步建立和完善服务业各个领域的法律法规,规范服务活动秩序,并保护我国企业和个人在海内外的合法权益。

要完善服务业的标准化建设。规范化服务是由国家和行业主管部门制定并发布的某项服务应达到的统一标准,要求从事该项服务的人员必须在规定的时间内按标准进行服务。服务标准化是以服务活动作

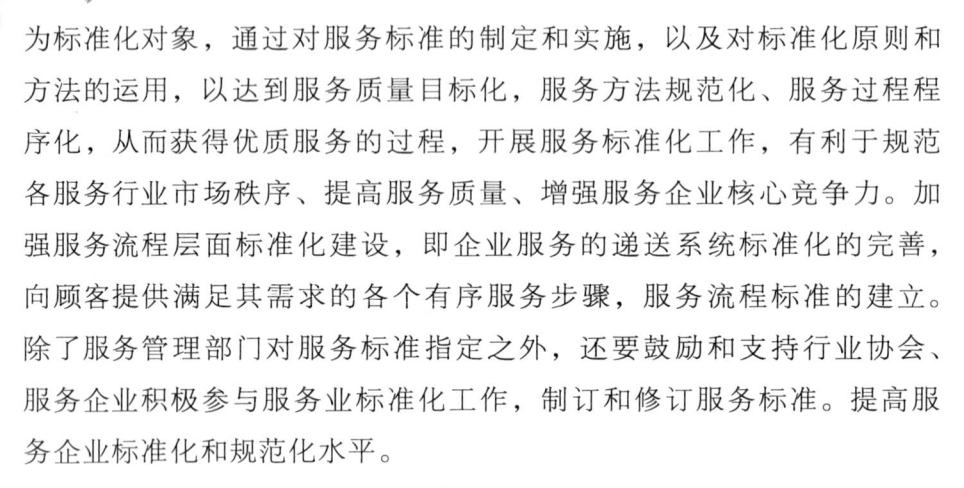

为标准化对象，通过对服务标准的制定和实施，以及对标准化原则和方法的运用，以达到服务质量目标化，服务方法规范化、服务过程程序化，从而获得优质服务的过程，开展服务标准化工作，有利于规范各服务行业市场秩序、提高服务质量、增强服务企业核心竞争力。加强服务流程层面标准化建设，即企业服务的递送系统标准化的完善，向顾客提供满足其需求的各个有序服务步骤，服务流程标准的建立。除了服务管理部门对服务标准指定之外，还要鼓励和支持行业协会、服务企业积极参与服务业标准化工作，制订和修订服务标准。提高服务企业标准化和规范化水平。

（二）建立和完善企业信用体系

社会信用体系是包括信用法律法规体系、现代信用服务体系、信用市场监管体系、企业信用管理体系和失信惩戒机制等多个体系的综合体。① 当前，要从几个方面建立健全服务领域的信用体系。

第一，要普及、提高现代市场经济的信用意识。普及信用文化，营造诚实守信的社会文化环境。利用学校、企业、行业协会等组织机构广泛开展信用道德培养和教育，加强信用的宣传和教育。提高市场主体的守信意识和维权知识。

第二，要建立完善信用法律法规体系。加强信用方面的立法和执法。尽快制订与公平信用信息服务有关的法律和法规，通过加强法制引导企业参与诚信服务体系的创建。着手修改与建立社会信用体系有冲突的部分现行法律和法规。应尽快研究并完善失信惩罚机制，加大政府执法力度，为企业诚信服务体系建立做好保障。

第三，要建立政府信用市场管理体系。与社会信用体系建设关系最为密切的行政执法和司法部门主要包括：工商、税务、海关、外汇、

---

① 国务院研究室"建立社会信用体系基本框架研究"课题组，建立社会信用体系的基本构架，http://www.people.com.cn/GB/jingji/1045/2294166.html。

质量技术监督、人事、社会保障等行政执法和管理部门，公用事业部门（通信、供水、供气、供热），公安、法院等司法部门，银行、保险等金融部门。这些重点部门的主要工作：一是尽快普遍建立信用等级分类管理制度。要结合部门特点和管理要求，建立信用等级分类的方法和标准，实行分类管理，提高监管工作效率和质量。二是建立行业或部门基础数据库。要广泛收集和及时加工处理监管对象身份和经营行为的信用数据，建立行业或部门内部共享的数据库。三是建立信用信息公开制度。要依法向其他执法部门和社会信用中介机构开放在执法和履行公务过程中收集或产生的有关信用信息，实现资源共享。

第四，要推进社会征信体系建设，并建立失信惩戒机制。要尽快建立社会征信体系，对服务企业、消费者进行征信采集，对社会形成诚信监督系统。惩戒是对征信体系的保障。应综合运用法律、行政、经济道德等多种手段，使失信者付出与其失信行为相应的经济和名誉代价，直至被市场淘汰；使守信者得到各种方便和利益，获得更多的市场机会，不断发展壮大。具体可以包括由政府综合管理部门做出行政惩戒；由政府专业监管部门做出监管惩戒；由金融、商业和社会服务机构做出市场惩戒；通过信用信息广泛传播形成社会惩戒；最后，由司法部门做出司法惩戒。

第五，要开展企业诚信服务的监管工作，健全并完善社会信用信息的透明和开放制度。公开和开放社会基本信用信息、减少信用信息的不对称性，在构建企业诚信服务体系过程中，发挥媒体、消费者协会等引导和监督作用，健全和完善信用监管体系和相关制度。

（三）建立和完善服务行业协会

要引导和规范服务产业形成行业协会等中介组织，使各行业协会成为推动本行业创新经营方式、走现代经营之路的引领力量，推动我国服务业企业"走出去"，为适应国际市场竞争提供支持。

服务行业协会应以服务为重点，发挥政企间的桥梁作用，充分发挥服务、联系、协调的功能。行业协会可以通过收集发布行业信息、统计分析资料和行业管理政策，组织举办产销会展，行业推介宣传，招商考察，交流论坛等活动，帮助服务企业开拓市场。行业协会可以参与相关行业规划、行业准入条件、行业标准的研究制定或修订；加大行业标准的推广力度。行业协会可以开展各类培训，提高从业人员素质。行业协会可以协助政府部门做好行业统计等基础性工作，帮助建立与完善服务业和服务贸易业务统计指标和体系。行业协会可以制订行业自律条例，提高行业自律水平，发挥信息交流、中介协调、平台服务等社团组织功能，做好业内企业间、企业与消费者及其他社会组织间，就行业经营活动产生争议事项的协调、处置。

服务业行业协会要发挥行业协会在社会信用体系建设中的作用。通过行业协会的作用，强化会员的守信和维权意识，引导行业内企业健全信用管理制度；开展行业内的联合征信活动，建立行业内信息共享平台，实现行业企信用资源信息共享；建立行业内的失信惩戒机制，约束行业内失信行为，改善行业内的信用秩序。

当前，组建全国性质的服务外包行业协会和文化产业行业协会更为迫切。如前所述，中国服务参与经济全球化的重要举措包括主导全球服务外包价值链以掌控全球资源布局、打造文化产业以增强国家软实力。借鉴发达经济体和其他新兴经济体在这两大产业领域的成功经验，行业协会的组建十分关键。

组建全国性质的服务外包行业协会十分迫切。它可以在服务贸易重大活动与会展中起到组织协调作用，帮助与指导企业开拓国际市场，加快"走出去"步伐。通过服务外包行业协会，制定成熟的对外宣传策略，对外公布权威的外包企业信息，通过对当地服务外包业的资源整合、信息沟通、行业发展趋势研究等，对推动服务外包业的发展发挥了积极地促进作用。国际外包服务专业人员协会（IAOP）、印度全国软件与服务公司联合协会（NASSCOM）、英国国家外包协会（NOA）

等组织对当地服务外包发展过程中起的重要作用很好的证实了服务外包行业协会不可替代的作用。

服务外包行业协会可以强化推动服务外包产业发展的基础工作。参照国际成功经验，设立服务外包行业协会，与各级政府及企业共同致力产业发展，负责如为政府制定行业政策提供建议，为企业引入全球最佳实践提升运营和交付能力，进行国际市场的营销与品牌建设等工作；同时政府应协调相关部门或者中介机构建立和完善服务外包统计体系、统一统计口径，出台针对服务外包的统计制度和管理程序。[①]

我国文化产业刚刚起步，在资本、技术、市场等方面与西方发达国家相比还有一定差距。为缩小这个差距，相关的行业协会要在搭建行业自律、发展创新的平台，建立政府与企业之间沟通交流的平台，支持文化企业在境外参展、宣传推广、培训研讨和境外投标等市场开拓活动中，提升文化产业在整个社会层面的话语权和影响力，并将其延伸到世界范围，是文化产业企业在国际市场竞争中协同合作，提升行业竞争力。

行业协会在促进行业发展的过程中，也要完善行业协会自身的组织、管理、功能。加强行业协会自身的监督与评估，促进行业协会的自律，预防行业协会的违规行为；完善行业协会内部的治理结构，提高行业协会的公开透明性，实现从管理体制上变革，从制度上创新完善行业协会的功能。

（四）税收政策要向符合服务经济发展特点和需要的方向改革完善

要积极稳妥地推进税制改革。要在充分结合中央、地方分税制改革，研究完善服务业营业税向增值税转型，改变服务业税负过重的状况，支持企业自主创新，促进服务业和战略性新兴产业发展。在我国

---

① 麦肯锡公司：《服务外包发展趋势及中国对策》，载中国商务部：《中国服务贸易发展报告2007》，中国商务出版社，2007。

分税制体制中，营业税和增值税分属国、地税两个征管系统，营业税收入归地方，增值税收入中央和地方的分成比例是3:1，由于我国服务业纳入增值税征收范围，对产品和服务实行统一的税制，营业税制的完善只能部分缓解税制对服务业的制约，所以，要根据"十二五"规划中提出的要按照财力与事权相匹配的要求，在合理界定事权基础上，进一步理顺各级政府间财政分配关系，完善分税制。扩大增值税征收范围，相应调减营业税等税收。就是要把扩大增值税征税范围改革与完善分税制财政管理体制结合起来，同时也要调整增值税中央与地方的分成比例。在此基础上，进一步完善税制。一是要逐步调整增值税和营业税的征税范围。在流转税方面，调整营业税征税范围，扩大增值税范围，尽快实现增值税由生产型向消费型转变，以解决服务业可抵扣进项税额较少、税负偏重的问题。在所得税方面，要注意运用加速折旧、纳税扣除等间接优惠方式，实现产业税收优惠调节多元化。当前，有几项重要工作可以先行启动：第一，要有步骤地将一些服务业增值税征收范围，可以将矛盾最突出的交通运输、建筑服务、物流仓储等先行纳入。第二，要逐步拉开生产性服务业与生活性服务业税率之间的差异，充分发挥税收杠杆的调节作用，促进服务业尤其是生产性服务业的发展。二是要对服务业创新做出更合理、更有效的税收优惠。通过设计各类科研基金和落实专项经费，支持科研咨询、信息服务网络建设，支持行业技术中心、中介组织等技术创新基础平台建设。利用税收豁免、优惠税率、加速折旧、财政补贴等降低科技投入风险，扶持民营企业加强自主创新。三是要充分结合服务业的行业特点设计灵活的税收计征、减免方法。四是通过完善税收优惠政策，鼓励和支持服务贸易发展。对国家鼓励发展的服务贸易重点领域内的投资项目，在规定范围内，进口自用设备及其按照合同随设备进口的技术及配套件、备件，免征进口关税和进口环节增值税。

此外，要尽快完善服务业税收优惠政策体系。将税收优惠政策的着力点放在有利于服务业总体规模增长、就业容量大、产业结构优化、竞争力增强等方面，加大间接优惠手段的运用。加强对服务业发展的政策倾斜，尤其是金融、信息、教育、文化卫生、社区服务等行业实施税收优惠。鼓励服务业创新，通过各种政策导引和扶持，积极营造有利于服务业科技成果产业化的外部环境，通过设立各类科研基金和落实专项经费，支持科研咨询、信息服务网络建设，支持行业技术中心、中介组织等技术创新基础平台建设。鼓励、支持有条件的服务企业"走出去"，通过出口退税、签订税收协定、实行税收饶让等方式，促进服务外包、劳务输出等国际服务贸易，提高服务业的国际竞争力。

最后，还要推进征管信息化建设，建立税企联系制度。让企业及时、全面、准确地了解各项税收政策、实施条件及具体操作程序，更好掌握优惠政策，积极引导、帮助企业依法享受税收优惠政策权利。服务业企业中的中小企业、微型企业税收负担比较重、赢利空间有限，因此需要采取灵活的鼓励支持措施促进中小企业、微型企业发展。在税收具体操作程序上，优化办税流程，减少审核、审批环节，简化办事程序，提高服务效率，为服务业企业尤其是中小服务业企业发展创建良好的税收环境。

（五）财政支出要向服务经济发展倾斜

当前，对于市场不能提供或市场不愿提供的、只能由政府作为供给主体的纯公共用品服务业，或者部分准公共物品，需要强化政府责任，加大财政投入，建立政府供给保障机制。对于部分准公共物品的服务也或纯私人物品的服务业，应按照市场规律，以市场化、产业化和社会化为发展方向，政府将整合服务领域的财政扶持资金，综合运用贷款贴息、经费补助和奖励等多种方式导引社会上资金流向服务业，另外在财政方面，国家中央预算内投资将加大对规划内重点服务业项目的投入，同等情况下优先支持服务业项目，支持、促进服务产业的快速发展。

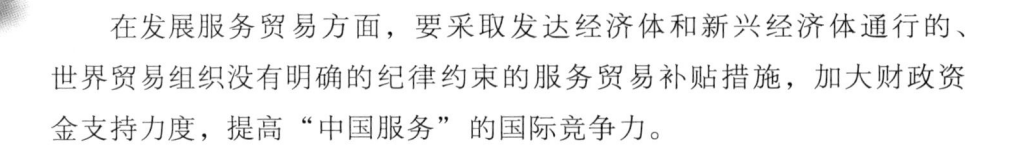

在发展服务贸易方面,要采取发达经济体和新兴经济体通行的、世界贸易组织没有明确的纪律约束的服务贸易补贴措施,加大财政资金支持力度,提高"中国服务"的国际竞争力。

【专栏 7-6】

各国政府对服务贸易实施补贴

目前,WTO/GATS 框架下没有对服务贸易补贴作出明确的纪律约束。这既是对服务业开放程度普遍低于制造业的现实的妥协,也是发达国家扶持本国服务业海外扩张之企图的写照。

从世界范围看,政府补贴是许多国家促进服务业发展与创新、扩大服务贸易出口和吸引外国直接投资的重要手段。WTO 已建立一套完整的对货物贸易补贴的约束机制,但在服务贸易领域,各成员的补贴措施主要受各自的服务贸易承诺表约束,补贴的多边纪律相对松散,《服务贸易总协定》也未对服务贸易补贴的范围做出界定,对国际服务贸易有扭曲作用的非歧视性补贴的纪律尚在谈判之中。

根据 WTO 秘书处编撰的 WTO 成员贸易政策报告,WTO 成员在服务部门采取的补贴措施广泛涵盖了旅游、海运、空运、银行、证券、建筑、信息技术、电信、视听、文化娱乐和体育、能源服务、批发与零售等部门。其中,收集到的补贴信息最多的部门是旅游服务、金融服务和运输服务(尤其是海运),其次是电信部门。就服务部门的出口补贴而言,接受补贴最多的部门包括旅游服务、金融服务、运输服务和商务服务。

政府的补贴可能会扭曲服务贸易的进行。缔约方应举行谈判来制定一项必要的多边纪律以避免这类服务扭曲的影响。谈判还应强调适当的反补贴程序。这种谈判应确认补贴在发展中国家发展计划中的作

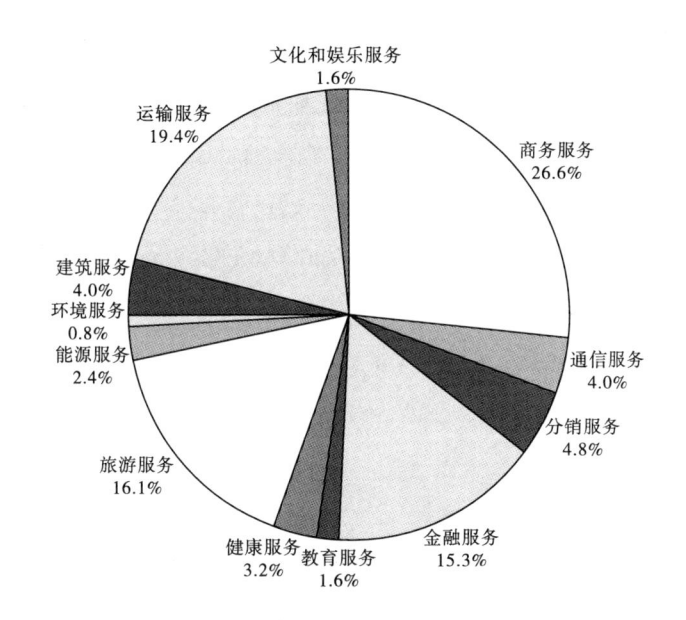

图 7-3 服务贸易补贴分布的领域

资料来源：OECD，2008。转引自中国商务部《中国服务贸易发展报告2009》，中国商务出版社。

用，并考虑参加方，特别是发展中国家缔约方，在这领域中的灵活性需要。在这里所强调的只是"适当"的反补贴程序，不是全面绝对的反对补贴，必要的补贴被容许存在，缔约方政府有某些补贴的权利。如果是发展中国家，在政府补贴方面有更大的灵活性。缔约方政府在实施对国内服务行业进行补贴时，这一利益可不给予外国的服务者。

WTO秘书处参照WTO《补贴和反补贴协议》，把服务贸易补贴分为六类：(2) 直接拨款；(2) 优惠信贷和担保；(3) 股权注入；(4) 税收激励；(5) 对投入品的免税以及自由贸易区政策；(6) 其他补贴方式。其中，税收激励是发展中国家和发达国家普遍采用的补贴手段。例如，《2004年美国创造就业法》对特定企业给予逐渐免税9%的优惠待遇，使电影制作公司、软件公司、建筑公司，以及工程和建筑设计企业也从中受惠。据估算，这些特定企业从2005~2014年的减税额将达到

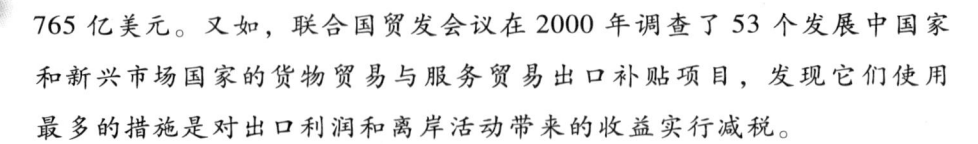

765亿美元。又如，联合国贸发会议在2000年调查了53个发展中国家和新兴市场国家的货物贸易与服务贸易出口补贴项目，发现它们使用最多的措施是对出口利润和离岸活动带来的收益实行减税。

OECD以WTO《补贴和反补贴协议》中的"出口补贴清单"为参照，对WTO成员贸易政策报告中的出口补贴方式进行了比较，发现WTO成员使用最多的方式是关于"直接税"的激励措施，其次是关于"间接税"和"进口费"的激励措施。

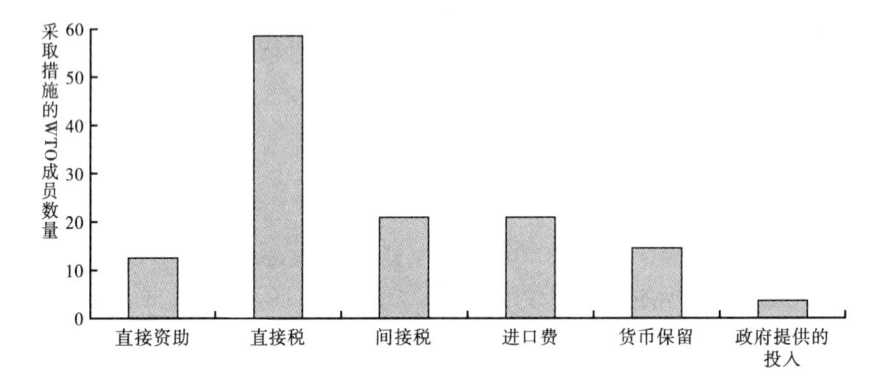

图7-4 服务贸易补贴的具体措施

资料来源：OECD，2008。转引自中国商务部：《中国服务贸易发展报告2009》，中国商务出版社。

表7-2 电信服务补贴措施国际比较

国家或地区	补贴措施
美国	建立了普遍服务基金为电信普遍服务融资。电信运营商缴纳的资金，由政府提供普遍服务所需的资金决定，按季度进行修正。2002年，美国普遍服务基金的总额是59亿美元。
日本	从2006年4月开始实行普遍服务基金制度，以补贴那些提供普遍服务的电信运营商。
加拿大	从2001年起，加拿大"广播电视和电信委员会"通过普遍服务基金的方式对普遍服务进行融资，为农村和偏远地区的高成本电话服务提供补贴。
澳大利亚	向国内所有的电信运营商征收普遍服务基金，以补贴普遍服务提供商（如澳大利亚电信公司）。

资料来源：中国商务部：《中国服务贸易发展报告2009》，中国商务出版社。

表7-3 金融服务补贴措施国际比较

国家或地区	补贴措施
美国	官方通过"海外私人投资公司"(OPIC)为本国金融公司的国际化经营提供巨额资金支持。1999~2002年,该公司为美国金融机构提供的贷款、贷款担保和投资保险金额达18亿美元,花旗银行、美国资本市场投资公司和美国银行均从中受益。美国政府还通过税收豁免等方式,为房地美公司、房利美公司、联邦农业按揭公司等六家"政府赞助企业"提供支持。
欧盟	从1995年到2003年,以"国家援助"方式实施了86笔"救助和重组"援助项目,其中金融业是接受"救助和重组"援助最多的部门之一,仅次于建筑与工程业。被重组的银行包括法国农业信贷银行、法国里昂信贷银行、西德意志地方银行、西班牙Banesto银行等。
巴西	1995年,颁布"重建与加强国家金融体制计划"决议,授权政府对经营困难的银行提供资金援助。该决议规定,如果国有银行被私有化或进入破产清算,联邦政府可以承担全部的重组成本。1998年,巴西颁布法令规定:对农业部门的保险业务,以及对本国卫星发射与运行的保险业务,可完全免征"金融服务税"。
澳大利亚	对金融部门的援助总量的90%左右是通过税收减免来实现的。

资料来源:中国商务部:《中国服务贸易发展报告2009》,中国商务出版社。

(六)融资体系要更加健全,逐步建立起有利于服务业和小企业发展的"草根金融"体系,针对服务业知识资本为主、抵押物不多、经营规模等特点,提供高效的融资服务

要鼓励国外资本、民间资本和社会资本加大对发展服务业和服务贸易发展的投入,拓宽企业融资渠道。

央行、金融监管机构等要引导和鼓励各类金融机构开发适应服务企业需要的金融产品,积极支持符合条件的服务业企业通过银行贷款、发行股票债券等多渠道筹措资金。

探索通过建立政策性金融机构等给予中小企业一定的支持,设立与中小企业相配套的、专门为中小企业服务的地方性中小金融机构。

商业银行机构要创新适合这类企业的金融产品,建立相应的监管制度,为服务类企业提供专业化的金融配套服务。可以贯彻落实国务

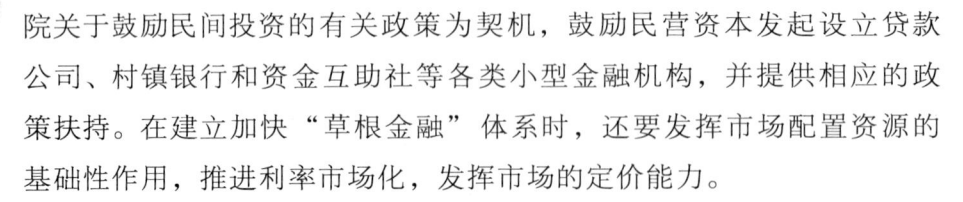

院关于鼓励民间投资的有关政策为契机,鼓励民营资本发起设立贷款公司、村镇银行和资金互助社等各类小型金融机构,并提供相应的政策扶持。在建立加快"草根金融"体系时,还要发挥市场配置资源的基础性作用,推进利率市场化,发挥市场的定价能力。

要深化改革,在发挥大银行作用的同时,完善为小型、微型企业服务的金融服务系统,支持群众性创业活动和技术创新成果的产业化。目前,专门为小企业、个体户和农户服务的小额贷款体系缺位或者不到位,制约了中小型服务企业的进一步发展。要建立面向小型、微型企业的小额金融贷款体系,可以探索发展中小企业联保贷款业务,支持劳动密集型中小企业发展。要加大面向中小企业的金融产品创新力度,完善信贷管理制度,对符合条件的中小企业,积极提供融资支持。

鼓励银行类金融机构上市融资和探索推进综合化经营,积极提供综合性、多样化、优势互补的金融服务。探索建立有利于服务业发展的商业银行社会责任评价体系,积极引导资金流向加快发展服务业的领域。要通过改革完善金融服务体系,支持服务领域的创业活动和技术创新成果的产业化。

金融机构要研究完善支持服务业发展的区域策略和激励约束机制,建立健全服务业贷款利率差别化定价机制,注意发挥重点区域的区位优势和特色产业的辐射拉动作用,推动餐饮、商贸、旅游等传统服务业改造升级,培育信息服务、环保服务、中介服务等现代服务业发展壮大。

要完善金融服务内容,大力支持服务企业"走出去"。适应国际市场竞争新形势,积极支持服务贸易发展。完善服务贸易外汇管理政策,健全服务贸易非现场监管体系,简化境内服务贸易企业对外支付手续,满足服务贸易企业合理用汇需求。对"走出去"服务企业的后续用汇及境外融资提供便利,支持有实力的中资服务企业开展境外投资和跨国经营。

要完善服务企业出口信贷、服务产品买方信贷政策措施，对服务贸易给予与货物贸易同等的便利和支持。适应国际产业转移新趋势，重点支持服务外包发展，鼓励政策性金融机构在自身业务范围内积极支持服务外包发展；鼓励出口信用保险机构积极开发新型险种支持服务外包产业发展；对服务外包企业办理外汇收支提供便利，大力支持服务企业对外承揽服务外包业务。

最后，十分重要的是建立与服务经济、虚拟经济发展相适应的金融监管制度。我国金融机构与金融市场的发展与发达国家不同，产生的系统性风险也会有所区别，应借鉴发达国家金融市场发展过程中的经验教训，加强相应的金融监管体系建设，确立系统性金融风险防范制度，建立健全部门间协调配合、信息共享机制和国际合作机制，加强金融监管的信息共享，在尽可能降低金融企业成本的基础上，实现系统性风险的防范，促进金融服务业的健康发展，发挥金融服务业对其他行业发展的服务功能。还要注重规范地方金融管理体制。

战略举措四：踏踏实实抓好服务业发展的基础工作。

不同于制造业和农业发展，服务业发展一开始就在认识上存在差距，既包括不重视，更重要的是不了解、不认识。因此，有四项工作十分重要：一是转变观念、提高认识、扩大宣传。二是建立起有利于引导服务业健康发展的行业分类标准和统计体系。三是培养服务经济发展的国际型、复合型人才。四是支持产业发展基础研究。

（一）扩大宣传，目的是转变观念、提高认识

第一，不论是社会、市场还是政府，在对服务经济的认识上都存在很大的局限性，缺乏全局性、深刻性、规律性的把握。观念还是老观念，这不利于指导实践，比如，对经济发展方式转变、经济结构转型的紧迫性和重要性的认识，不能流于形式和表面，仅仅停留于对资源耗费、环境污染等表面现象的批判，而要认识到，过度倚重出口和投入的经济增长模式更深层的忧患在于容易使中国经济受制于人，使中国在国际经济舞台上日益边缘化。第二，是对如何实现经济发展方式转变、经济结构转型的理解和把握，不能过于机械和教条的问题。如果仅仅就技术创新谈技术创新，就制造业谈制造业，不利于技术创新和制造业发展，服务业特别是生产性服务业的全面发展，才是制造业升级和产业结构优化的关键。第三，是对服务业在促进经济发展方式转变、经济结构转型的规律和机制的认识，应该更加深入和科学。这种科学性，主要体现在发展服务业有突出的经济、社会效应，它可以推动科技创新、催生新的业态、推进产业集聚、提升经济效益、优化经济结构、促进就业增长。在促进就业上面，服务业已经成为发达国家的就业主渠道。世行的路易斯·库吉斯曾指出："长期以来，中国的增长是资本密集型的，没有创造出众多的城市就业机会。"这就一针见血地说明了我们国家服务业在提供就业上，还有很大空间。

要通过各种途径向社会各界宣传服务业的重要作用和发展服务业的必要性。第一，世界经济结构已经向服务型经济转型，而中国服务业发展和经济结构转型明显滞后。向服务经济转型是世界经济发展的战略方向和总体趋势。以服务业为突破口推进经济结构调整和发展方式转变，是符合经济发展根本规律和基本趋势的。第二，世界服务经济发展不平衡，服务业跨国公司全球扩张步伐加快，中国服务业如果不实现跨越式发展，服务业本身和整体经济都有可能很快就被边缘化。第三，中国经济增长急需向"创新驱动、内生增长"的发展模式转变，重化工业为支撑的产业结构亟待优化，货物贸易比较优势式微、贸易条件逐步恶化等，经济发展方式转变迫在眉睫。

（二）建立起有利于引导服务业健康发展的行业分类标准和统计体系

要健全服务业统计制度，加强统计、分析与研究。目前美国已经建立起了世界上最科学、最完整和最有借鉴价值的服务贸易统计体系与方法，是世界上唯一能够提供与 GATS 服务贸易概念相一致的、连续的、系统的双向服务贸易统计数据的国家。在科学统计的基础上，美国对服务贸易的研究也在全世界居领先地位。美国商务部出版的基本数据与分析报告，不仅对政策制定、多双边谈判有重要意义，更重要的是对服务业企业开展市场调查和出口经营决策有很大作用。我们需要借鉴国际上在服务业方面的分类和统计方法，结合我国具体情况建立、完善符合国际惯例、反映服务业发展特点和水平的统计指标体系，加快建立科学、统一、全面、协调的服务业统计调查制度和信息管理制度。加强和协调各部门及行业协会的服务业统计工作。更重要的是，要强化统计体系的决策功能，为服务业和服务贸易发展决策提供科学可靠的依据。

（三）形成灵活的人才培养、引进和保障机制，为服务业发展提供国际型、复合型人才

要加大服务业人才的培养和引进力度。大力探索和创新服务业人才培养，提高服务业从业人员素质和水平，增强其就业、创业和适应职业变化的能力，满足由于产业结构调整而带来对人才的大量需求。加快培养服务业所需的各类人才，特别是适应市场需求的技能型、熟悉国际规则的开放型等复合型、国际型的服务业人才，以适应国际服务业竞争要求。充分发挥各类高等院校、职业院校、科研院所的作用，鼓励建立服务业人才培养基地。鼓励和支持大中专学生参与社会实践和实习。建立健全现代服务业人才评估体系，形成促进服务业各类人才脱颖而出的机制。通过引智创新，积极引进服务业高级人才，重点引进现代服务业发展的紧缺人才，同时努力营造良好的服务业人才创业、工作环境和工作条件。

（四）加强理论研究，发挥理论对实践的指导作用

要加强服务业和服务贸易的理论研究，动态跟踪服务业态和国际市场趋势，调整扶持发展政策，增强服务业和服务贸易理论对服务业和服务贸易发展的指导作用。特别要注意加强对政府在促进产业融合中的作用、服务业国际化和全球化发展的一般规律、服务贸易补贴制度的发展前景、国际经济组织对服务业和服务话题的关注与进展、全球化与区域合作框架下的服务业自由化发展、服务业重点领域和重点行业发展趋势动态分析、服务业和服务贸易统计分析与运用等重要问题的研究。

跋

  这本书的写作，源于对中国经济发展方式的思考。在过去一段时间里，笔者长期在外经贸领域工作，近年来，担任中国国际经济交流中心（CCIEE）常务理事，组织完成金融服务、航运服务等数项中心研究课题。在这个过程中，常常在思考一个问题：中国经济发展方式的关键在哪里？对于这个问题的回答，应当能够切住中国经济发展的脉搏，符合全球经济发展的潮流。当前，世界经济和中国经济的不平静，一次次让我们将视线逼近产业发展与创新的前沿——服务经济领域。

  本书的核心内容，已经由笔者在中共中央党校、全国人大常委会办公厅、国家发展与改革委员会、国家行政学院、上海市发展与改革委员会等政府机构，清华大学、复旦大学、上海交通大学、中欧商学院、同济大学等单位，以及香港、台湾等地区的研究机构，通过30余场专题讲座的方式做了互动交流。同时，经过反复修改、补充和完善，其中核心理论内容也已经在《人民日报》、《国际商报》等报刊正式发表。

  成书过程中，中国国际经济交流中心给我很大的支持，中心常务副理事长郑新立同志鼓励和支持我研究服务经济问题。同时，笔者与中共中央党校、国家发改委、商务部、中国社会科学院、国务院发展研究中心等机构的专家、学者、研究人员们进行了广泛的交流与探讨。我在商务部的同事和老朋友们也对本书的相关学术研究提供了协助，在此一并表示真诚的感谢！我的学生李国清博士在文稿审校、文献整理方面付出了辛勤劳动。CCIEE研究部徐伟博士在文稿编辑等方面也做出了重要贡献。同时感谢社会科学文献出版社社长谢寿光关心本书的出版，感谢邓泳红、郭峰女士的精心审校！

本书内容参考了互联网和各种权威学术期刊发表的研究文献。参考文献难免挂一漏万，因此，我们要在此对所有本书参考过、引用过的作品及其作者表示真诚的敬意！正因为你们精湛的分析和深入的研究，在很多地方激发了我创作的灵感。

服务经济离我们很近，但是她的真实面目似乎总是隐在神秘面纱背后。为了更靠近她，笔者在撰写本书过程中，力求以一种更亲和大众的方式加以展示。唯愿读者朋友们可以更多地从中受益，既感受到中国经济发展方式转变的紧迫性，又领会到服务经济对于中国经济崛起的战略意义。

诚如我在《自序》中所述，转型和崛起，是服务经济书写中国经济新历史的历程。我们的观察，我们的思考，希望能够成为这一段历史中的一个问号或者一个注脚。服务经济发展是一个长久的话题。本书还有很多地方给我们留下了共同思考的空间。思维不停息，我们将继续前行。

张祥

二〇一一年十二月

参考文献

[著作]

张祥:《新经济和国际经济贸易》,中国对外经济贸易出版社,2001。

张祥:《知识经济和国际经济贸易》,中国对外经济贸易出版社,1999。

陈宪:《国际服务贸易:原理·政策·产业》,立信会计出版社,2000。

陈宪、程大中:《黏合剂:全球产业与市场整合中的服务贸易》,上海社会科学院出版社,2001。

程大中:《中国服务业的增长、技术进步与国际竞争力》,经济管理出版社,2006。

黄少军:《服务业与经济增长》,经济科学出版社,2000。

江小娟:《服务全球化与服务外包:现状、趋势及理论分析》,人民出版社,2008。

姜伟、李庆杨:《现代服务业发展研究》,辽宁出版社,2008。

任旺兵等:《我国服务业的发展与创新》,中国计划出版社,2004。

李江帆：《中国第三产业发展研究》，人民出版社，2005。

林毅夫、蔡昉、李周：《中国的奇迹：发展战略与经济改革》，上海三联书店、上海人民出版社，1994。

裴长洪、彭磊著《中国服务业与服务贸易》，社会科学文献出版社，2008。

商务部、国务院发展研究中心联合课题组：《跨国产业转移与产业结构升级——基于全球产业价值链的分析》，中国商务出版社，2007。

魏江、Mark Boden：《知识密集型服务业与创新》，科学出版社，2004。

夏斌、陈道富：《中国金融战略2020》，人民出版社，2011。

夏杰长：《高新技术与现代服务业融合发展研究》，经济管理出版社，2008。

杨春妮：《全球服务业直接投资：理论与实证》，中国经济出版社，2007。

周振华：《现代服务业发展研究》，上海社会科学院出版社，2005。

周振华主编《城市转型与服务经济发展》，格致出版社、上海人民出版社，2009。

朱小明等：《服务外包——把握现代服务业发展新机遇》，上海交通大学出版社，2006。

〔美〕亨利·基辛格（Henry Kissinger）：《美国的全球战略》，胡利平、凌建平等译，海南出版社，2009。

〔美〕西蒙·库兹涅茨：《各国的经济增长》，常勋等译，商务印书馆，2005。

〔英〕麦基（Charles Mackay）：《非同寻常的大众幻想与群众性癫狂》，李绍光等译，中国金融出版社，2000。

〔美〕克里斯托弗·H. 洛夫洛克：《服务营销（第三版）》，中国人民大学出版社，2001。

温迪·多布森、皮埃尔·雅凯:《WTO 中的金融服务贸易自由化》,北京出版社,2000。

Saul Berman、Perter Korsten、Ragna Bell 等著《未来企业之路——洞察全球顶尖企业愿景与制胜策略》,华晓亮、冯月圻编译,北京大学出版社,2010。

[英文著作]

Castells, M., The Rise of the Network Society. Oxford: Blackwell, 1996.

Colin Clark, The Conditions of Economic Progress, London: Macmillan, 1940.

OECD, Employment in the Service Economy: A Reassessment. OECD Publishers, 2001.

Wolfgang Ochel, Manfred Wegner, Service Economy in Europe: Opportunities for Growth, London: Westview Press, 1987.

World Resources Institute, World Resources 2000 – 2001: People and Ecosystems: The Fraying Web of Life, 2002.

[报纸]

张祥:《服务经济的发展规律和特征》,2010 年 12 月 24 日《人民日报(理论版)》。

张祥:《服务业成为引领创新的主导力量》,2011 年 1 月 8 日《国际商报》。

张祥:《大力发展服务经济加快转变发展方式》,2011 年 1 月 15 日《国际商报》。

王子先：《服务业全球化发展五大趋势》，2008年11月27日《经济日报》。

[文章]

张祥：《科技兴贸战略：外贸跨世纪发展的必然选择》，《求是》2000年第3期。

曹吉云：《我国服务贸易与经济增长关系的再探讨》，《国际商务——对外贸易大学学报》2007年第4期。

陈菲：《国际服务业转移的动因机制分析和发展趋势预测——美国服务业转移的验证》，《国际贸易问题》2006年第10期。

陈建军、陈国亮：《集聚视角下的服务业发展与区位选择：一个最新研究综述》，《浙江大学学报（人文社会科学版）》2009年7月号。

陈景华：《承接服务业跨国转移的效应分析——理论与实证》，《世界经济研究》2010年第1期。

陈湛匀、忻蔚：《外商直接投资对中国服务业转移行为的模型分析》，《世界经济研究》2007年第8期。

程大中：《中国经济正在趋向服务化吗？——基于服务业产出、就业、消费和贸易的统计分析》，《统计研究》2008年第9期。

程大中：《中国生产性服务业的水平、结构及影响》，《经济研究》2008年第1期。

程大中：《中国服务业增长的特点、原因及影响》，《中国社会科学》2004年第2期。

程大中：《论服务业在国民经济中的"黏合剂"作用》，《财贸经济》2004年第2期。

程大中：《服务业就业与服务贸易出口：关于中国和美国的对比分

析》,《世界经济》2000年第11期。

程大中:《美国服务贸易中的政府行为及其启示》,《经济纵横》2000年第1期。

邓于君:《发达国家后工业化时期服务业内部结构的演变、机理及启示》,《学术研究》2009年第9期。

冯华、司光禄:《基于演化视角的中国服务业发展分析》,《经济改革与发展》(国家行政学院学报)2009年第4期。

顾乃华:《服务业低效率体制的成因以及后果》,《社会科学研究》2006年第5期。

韩冬芳:《加快服务业发展的经济学分析及其路径选择》,《中国流通经济》2009年第9期。

韩晶、李沁:《世界生产性服务业发展的新趋势及我国的战略对策》,《东南亚纵横》2008年第4期。

何德旭、姚战琪:《加快发展现代服务业的几个问题》,《财贸经济》2008年第5期。

华而诚:《论服务业在国民经济发展中的战略性地位》,《经济研究》2001年第12期。

吉庆华:《基于产业结构优化的服务业发展研究》,《经济问题探索》2009年第8期。

景跃军、王晓峰:《美国三次产业结构现状及未来趋势变动分析》,《东北亚论坛》2006年第1期。

贾曼莹:《促进我国现代服务业发展的财税政策研究》,《财经研究》2009年第22期。

姜长云:《促进服务业、中小企业和民营经济发展的对策思考》,《宏观经济研究》2009年第12期。

江静、刘志彪:《政府公共职能缺失视角下的现代服务业发展探析》,《经济学家》2009年第9期。

江小涓：《服务全球化的发展趋势和理论分析》，《经济研究》2008年第2期。

江小涓、李辉：《服务业与中国经济：相关性与加快增长的潜力》，《经济研究》2004年第1期。

李京：《全球直接投资转向服务业：相关的对策》，《国际经济合作》2005年第1期。

李江帆：《世界第三产业与产业结构演变规律的分析》，《经济理论与经济管理》2001年第2期。

李江帆：《中国第三产业的战略地位与发展方向》，《财贸经济》2004年第1期。

李江帆、毕斗斗：《国外生产性服务业研究述评》，《外国经济与管理》2004年第11期。

李俊男、陈龙飞、韩磊：《谈金融危机给我国服务业发展带来的机遇》，《商业时代》（原《商业经济研究》）2009年第29期。

李庆杨、孙秀秀：《刍议生产性服务业与制造业的互动发展》，《经济问题》2009年第10期。

李雪梅、刘辉煌、邱建：《服务贸易与中国服务业全要素生产率增长》，《技术与创新管理》2009年第5期。

李勇坚：《体制变革下的服务业增长——一个定量分析框架》，《经济管理》2007年第3期。

李志能：《持久性战略转移——美国服务业国际转移背景分析》，《国际贸易》2004年第8期。

刘帮成、刘学方：《关于知识密集型服务业的研究述评》，《科技管理研究》2009年第9期。

刘亚军：《城市化进程与服务业、制造业发展的关系——一个新兴古典经济学的分析方法》，《华东经济管理》2009年第10期。

刘焱、钟燕：《加快发展生产者服务业促进我国产业结构升级》，

《经济与贸易》2008年第6期。

刘志彪：《论现代生产者服务业发展的基本规律》，《中国经济问题》2006年第1期。

刘志彪：《发展现代生产者服务业与调整优化制造业结构》，《南京大学学报（社科版）》2006年第5期。

聂清凯、李京：《现代服务业的发展态势及对我国的启示》，《天津行政学院学报》2009年第6期。

裴长洪、谢谦：《集聚、组织创新与外包模式》，《财贸经济》2009年第7期。

裴瑱：《服务贸易发展中的政府行为研究——以美国和印度为例》，《国际贸易》2006年第5期。

秦嗣毅：《世界服务业吸引FDI状况及其促进经济发展的机理研究》，《学术交流》2008年第2期。

卿前龙、陈昭、胡跃红：《服务业："鲍莫尔病"还是经济发动机？——美国的经验数据及其对中国的启示》，《世界经济研究》2009年第5期。

尚庆琛：《聚焦政府服务外包》，《中国服务外包》2010年第7期。

申宏丽：《美国次贷危机与现代服务业主导的经济结构》，《财经科学》2009年第3期。

汪斌、韩菁：《论美国产业结构调整的特点》，《生产力研究》2002年第2期。

王有志、汪长柳、黄斌：《世界服务业发展的现状、特点和趋势》，《中国科技信息》2009年第24期。

王子先：《全球化下中国服务业跨越式升级的路径及开放战略》，《宏观经济研究》2011年第7期。

王子先：《服务型经济跨越式升级的路径与选择》，《中国金融》

2011 年第 3 期。

王子先：《全球化视野下中国的外部失衡与经济模式转型（一）》，《国际贸易》2010 年第 8 期。

王子先：《全球化视野下中国的外部失衡与经济模式转型（二）》，《国际贸易》2010 年第 9 期。

王子先：《后危机时代中国参与世界产业大重组的十大机遇》，《中国金融》2010 年第 5 期。

王子先：《后危机时代我国对外开放的战略选择》，《经济界》2009 年第 6 期。

王子先：《国际服务外包发展新趋势及我国的战略选择》，《财经界》2008 年第 10 期。

吴汉洪：《美国政府在产业结构调整中的作用》，《经济理论与经济研究》2002 年第 6 期。

徐现祥、李郇：《中国城市经济增长的趋同分析》，《经济研究》2004 年第 5 期。

谢康、陈燕、黄林军：《美国服务贸易的发展及政策分析》，《国际贸易问题》2004 年第 12 期。

夏杰长：《中国服务业三十年：发展历程、经验总结与改革措施》，《首都经济贸易大学学报》2008 年第 2 期。

夏杰长、霍景东：《以发展生产性服务业为突破口》，《浙江经济》2006 年第 7 期。

夏杰长：《我国服务业发展的实证分析与税收政策选择》，《经济与管理研究》2007 年第 2 期。

徐元国：《发达国家服务贸易规制的比较分析》，《国际贸易问题》2005 年第 6 期。

杨樊勇、吴育华、张晓林：《基于价值链管理的服务性企业创新体系研究》，《电子科技大学学报（社科版）》2008 年第 1 期。

杨继明：《香港服务业发展的路向分析——基于服务创新进路的考察》，《中国科技论坛》2009年第9期。

杨玉英、郭丽岩：《对我国服务业发展现状的再认识》，《宏观经济研究》2009年第4期。

袁奇、刘崇仪：《美国产业结构变动与服务业的发展》，《世界经济研究》2007年第2期。

张茉楠：《现代服务业是经济企稳回升的重要产业引擎》，《中国经贸》2009年第9期。

张向阳：《基于全球价值链视角的产业升级研究》，《外国经济与管理》2005年第5期。

郑玉香、袁少峰：《我国生产性服务业发展和国际竞争力实证分析》，《生产力研究》2008年第8期。

周振华、陶纪明：《改革开放中的城市转型及服务业发展》，《科学发展》2009年第2期。

郑吉昌：《基于服务经济的服务业和制造业的关系》，《数量经济技术经济研究》2003年第12期。

Bart Van Ark, Robert Inklaar and Robert H. McGuckin：《改变的引擎：欧美生产率与信息通讯技术和服务业》，李霞译，《经济资料译丛》2009年第4期，原载 The Industrial Dynamics of the New Digital Economy, October 2003。

Goodman and Steadman, Services: Business Demand Rivals Consumer Demand in Driving Growth. Monthly Labor Review, 2002 (4).

Kenneth L. Deavers. Outsourcing: A Corporate Competitiveness Strategy, not a Search for Low Wages. Journal of Labor Research, 1997.

Robert M. Hayesa & Timothy Ericksona, Added Value as a Function of Purchases of Information Services, The Information Society, Vol. 1, Issue 4, 1982.

[课题]

中国国际经济交流中心（CCIEE）2009重点课题报告：《上海国际金融中心建设研究》。（课题组长：张祥；副组长：夏斌）

中国国际经济交流中心（CCIEE）2009重点课题报告：《上海国际航运中心建设研究》。（课题组长：张祥）

中国服务外包研究中心课题组：《云计算、物联网背景下服务外包产业发展政策研究——新一代服务外包环境分析及政策》。

沈丹阳：《美国是如何促进服务贸易出口的》，商务部研究院网站。

[年鉴、报告]

国家统计局：《国际统计年鉴（2009）》，中国统计出版社，2009。

中国商务部：《中国服务贸易发展报告》（2006~2010年各年），中国商务出版社，2006~2010。

江小涓：《中国服务业发展报告 No.4：中国服务业的对外开放与发展》，社会科学文献出版社，2005。

何德旭：《中国服务业发展报告 No.5：中国服务业体制改革与创新》，社会科学文献出版社，2006。

何德旭：《中国服务业发展报告 No.6：加快发展生产性服务业》，社会科学文献出版社，2007。

何德旭：《中国服务业发展报告 No.7：中国服务业30年：1978~2008》，社会科学文献出版社，2009。

裴长洪：《中国服务业发展报告 No.8：服务业：城市腾飞的新引擎》，社会科学文献出版社，2010。

荆林波、史丹、夏杰长：《中国服务业发展报告 No.9：面向"十二五"的中国服务业》，社会科学文献出版社，2011。

UNCTAD：《2008 创意经济报告》（英文版）

UNCTAD：《2010 创意经济报告》（英文版）。

UNCTAD：《世界投资报告》（英文版），2004~2009 年各年。

图书在版编目（CIP）数据

转型与崛起：全球视野下的中国服务经济/张祥著.
—北京：社会科学文献出版社，2012.1（2012.5重印）
ISBN 978-7-5097-2965-6

Ⅰ.①转… Ⅱ.①张… Ⅲ.①服务经济-研究-中国
Ⅳ.①F719

中国版本图书馆CIP数据核字（2011）第253076号

转型与崛起：全球视野下的中国服务经济

著　者/张　祥

出版人/谢寿光
出版者/社会科学文献出版社
地　址/北京市西城区北三环中路甲29号院3号楼华龙大厦
邮政编码/100029

责任部门/皮书出版中心（010）59367127　　责任编辑/郭　峰　周映希
电子信箱/pishubu@ssap.cn　　　　　　　　责任校对/杜若佳
项目统筹/邓泳红　　　　　　　　　　　　　责任印制/岳　阳
总经销/社会科学文献出版社发行部（010）59367081　59367089
读者服务/读者服务中心（010）59367028

印　装/北京画中画印刷有限公司
开　本/787mm×1092mm　1/16　　　印　张/19.75
版　次/2012年1月第1版　　　　　　彩　插/1
印　次/2012年5月第2次印刷　　　　字　数/274千字
书　号/ISBN 978-7-5097-2965-6
定　价/69.00元

本书如有破损、缺页、装订错误，请与本社读者服务中心联系更换
▲ 版权所有　翻印必究